REGIERUNGSVIERTEL

...ISTRIKT

...NZLEI OBEN

...ÄSIDIUM

MAGISTRATUR
PALAST

...ITTE

LÄNDLICHE
RANDBEZIRKE

ZIRKUS

FLUSS OHNE NAMEN

...FEN

N

Hobbit
Presse
Klett-Cotta

MEIKE STOVEROCK

DAS STRAHLEN DES Herrn HELIOS

Ein Fall für Skarabäus Lampe

Klett-Cotta

Hobbit Presse
www.hobbitpresse.de
© 2022 by J.G. Cotta'sche Buchhandlung
Nachfolger GmbH, gegr. 1659, Stuttgart
Alle Rechte vorbehalten
Cover: Birgit Gitschier, Augsburg
unter Verwendung einer Abbildung von Max Meinzold
Karte: Thilo Corzilius
Gesetzt in den Tropen Studios, Leipzig
Gedruckt und gebunden von GGP Media GmbH, Pößneck
ISBN 978-3-608-98666-2
E-Book ISBN 978-3-608-11924-4

Für Skarabäus Lampe

Den der Zufall in meinen Kopf warf,
Wo er sich aufrappelte,
Sich den Staub aus dem Mantel klopfte,
Mir seine Welt zeigte,
Und mir Gefährte und Alter Ego wurde,
Auch wenn er entschieden zu viel raucht.

Danke, mein Freund.

INHALT

EIN ANRUF
UND VIELE SPUREN

S ymmetrisch oder asymmetrisch?«
»Ich mag nicht! Hast du nicht etwas anderes? Schmetterlinge oder so? Fliegen sind langweilig!«

Der kleine dunkelbraune Kater, der so nachdrücklich gegen die ihm zugedachte Nachmittagsbeschäftigung protestierte, ließ das Vergrößerungsglas sinken, mit dem er eben noch ein Beweisstück aus der Gruppe der Insekten untersucht hatte, rutschte auf dem viel zu großen Schreibtischstuhl zurück und zog sich die karierte Schiebermütze über die Augen.

Skarabäus Lampe verdrehte die Augen. Da sich ein berühmter Meisterdetektiv aber nicht von den Launen eines Kindes den Nerv rauben ließ, atmete er tief ein und aus.

»Du weißt genau, dass das keine Fliegen, sondern Bremsen sind, und wenn du so werden willst wie ich, musst du lernen, wie man sie auseinanderhält.«

Er schob den Schaukasten mit den Vergleichsbremsen näher an den Kater. »Also – symmetrisch oder asymmetrisch?«

Widerwillig nahm der Junge die Lupe wieder in die Hand. »Als ich gesagt hab', ich will so sein wie du, hab' ich doch nicht *das* gemeint«, er machte eine verächtliche Kopfbewegung in Richtung der offenen Insektenkästen, »sondern das andere! Gangster! Verfolgungsjagden! Schießen!«

Und mit diesen Worten sprang er vom Stuhl, flitzte durch das Zimmer, wobei er Lampes Gehstock umwarf, der am Schreibtisch lehnte, und duckte sich hinter das Sofa. Von dort aus gab er mit der Lupe, die er mit beiden Händen wie eine Waffe hielt, mehrere Schüsse auf Lampe ab, die er akustisch untermalte. »Ähähähäh!«

Lampe sah ihm ausdruckslos zu und hob seinen Stock auf. »So wie du sie hältst, tippe ich auf Pistole, und die macht nicht ›Ähähähäh‹«, kommentierte er trocken. »Aber wenn du nicht so sein möchtest wie ich, kannst du natürlich deinen Lebensunterhalt auch weiter damit bestreiten, braven Bürgern, zum Beispiel mir, ihre Wertgegenstände, zum Beispiel goldene Füllfederhalter, zu stehlen und an die dubiosen Gentlemen, mit denen du zu verkehren pflegst, für ein Butterbrot zu veräußern.«

Der Kater ließ die Pistolen-Lupe sinken und kam hinter dem Sofa hervor. »Ich habe den Füllfederhalter nicht gestohlen, sondern du hast ihn liegengelassen und dann habe ich ihn gefunden!«

Lampe seufzte. »Ich habe ihn nicht liegengelassen, sondern ihn kurz abgelegt, um mir die Nase zu putzen. Das ist etwas anderes.« Er wies erneut auf den Insektenkasten. »Also, zum letzten Mal, Zacharias – symmetrisch oder asymmetrisch?« Wenn Lampe ihn bei seinem richtigen Namen nannte und nicht bei seinem Spitznamen Teddy wie sonst, wusste der Kater, dass die Stimmung zu kippen drohte. Er sah ein, dass ein strategischer Rückzug für dieses Mal klüger war. Maulend und mit hängenden Schultern kehrte er zum Schreibtisch zurück.

Missmutig nahm er die Nadel, auf der eine dicke braunschwarze Bremse steckte, wieder in die Hand und untersuchte unter dem Licht der grünen Schreibtischlampe die Fühlerglieder des aufgespießten Insekts. »Immernurdieblö denBremsenasimmtrischkannichjetztgehen?«

Lampe überhörte den erneuten Meutereiversuch.

»Asymmetrisch, richtig. Und das heißt was?«

Zacharias gab sich große Mühe, so gelangweilt wie möglich zu klingen, und zog jedes Wort in die Länge. »*Tabanus sudeticus* oder *Tabanus bovinus*. Genauer geht es nur mit Mikroskop. Kann ich jetzt gehen, *bitte*?«

Lampe lehnte sich zufrieden zurück.

Zacharias Bärlein gehörte zu der Art von unverwüstlichem Straßenkraut, deren besondere Fähigkeiten von normalen Personen weder erkannt noch gefördert werden konnten. Mit seinem beeindruckenden Repertoire an Widerborstigkeiten war er Waisenhäusern, Prinzipalen und Pflegeeltern so weit voraus, dass alle Institutionen ihre Erziehungsbemühungen nach kurzer Zeit aufgegeben hatten. Da er dadurch auf Umwegen in den Lichtkegel von Lampes Aufmerksamkeit geraten war, konnte man das Scheitern staatlicher Bildungseinrichtungen als glücklichen Zufall betrachten. Der kleine Kater war ein exzellenter Beobachter und hatte ein Gedächtnis, das sich die Beobachtungen in beinahe fotografischer Genauigkeit einprägen konnte. Nicht auszudenken, was aus diesen Begabungen unter dem Einfluss eines Lehrers geworden wäre, der Geschichtsdaten und Benimmregeln für Bildung hielt. Das Bestimmen der Bremsen war für den kleinen Kater nicht mehr als eine Fingerübung und sein Protest nichts als Theater gewesen.

»Na bitte«, sagte Lampe, »das hätten wir alle auch schneller haben können. Jetzt lass dir von Mamsy ein paar Krabben geben und dann läufst du zu Inspektor Sutten und sagst ihm, dass es entweder das Pferd oder der Stier war. Den Rest sollte selbst jemand wie er alleine schaffen, meinst du nicht auch?« Dabei zwinkerte er Teddy zu.

Als sei das das erwartete Stichwort, flitzte der Kater aus dem Zimmer und polterte durch das Treppenhaus. Unten sprach er kurz mit Helene und nur Sekunden später fiel die Haustür krachend ins Schloss.

Lampe verdrehte mit einem Seufzen die Augen. Tausendmal hatte er dem Jungen gesagt, er solle um Himmels willen lernen, leiser zu sein, wenn er jemals Gangster fangen wolle. Aber nun ja, Teddy war sieben und im Leben eines Siebenjährigen gab es nun einmal Dinge, gegen die auch ein genialer Meisterdetektiv nicht ankam.

Skarabäus Lampe steckte die Beweisbremse zurück in die kleine Beweistüte und legte sie in die Mappe mit den Fallunterlagen. Er räumte die Schachtel mit den Vergleichsbremsen in den großen Apothekerschrank, in dessen unzähligen Schubladen sich genug Exemplare für eine ganze Insektenzivilisation befanden. Alle tot und in penibel beschrifteten Kästen, Pappschachteln, Marmeladengläsern, Blechdosen, Briefumschlägen und Zigarrenkisten verstaut. Oh, und ein Puderdöschen war auch dabei, in dem er sein einziges Exemplar eines seltenen *Lomechusa pubicollis* aufbewahrte.

Als er sein silbernes Zigarettenetui suchte, das seelenruhig neben den Bremsen in der Schublade mit den Zweiflüglern auf seine Entdeckung wartete, klingelte das Telefon. Ohne ein Wort des Anrufers abzuwarten oder seine Suche zu unterbrechen, sagte er: »Herr von Oben! Was hat Sie aufgehalten?«, und kramte weiter auf dem Schreibtisch herum. Wie immer genoss er den kurzen Moment verblüfften Erstaunens am anderen Ende der Leitung, den solche Sätze bei Normalsterblichen für gewöhnlich erzeugten. Der Anrufer gab ein gurgelndes Geräusch von sich, das vermutlich ein Seufzen darstellen sollte.

»Wissen Sie«, sagte von Oben, »ich frage mich wirklich langsam, warum ich mir überhaupt noch die Mühe mache, Sie anzurufen. Wenn Sie schon wissen, dass ich Arbeit für Sie habe, kommen Sie doch einfach zu mir, und wir ersparen uns diese entwürdigenden Tricks.«

Der Detektiv gab sich entrüstet. »Aber lieber Freund! Wo bleibt denn da der Spaß? Ich mache den Zirkus doch nicht umsonst – auch nicht für Sie!«

Anstelle des Zigarettenetuis fand er in der untersten Schublade, unter einem Stapel Papier seine zerfledderte Ausgabe von *Professor Redlichs Kompendium der rezenten Gliederfüßer*« die er bei seinem letzten Fall schmerzlich vermisst hatte.

Von Oben knurrte leise. »Sie bekommen einhundert Gimmling für Ihre Arbeit, Lampe. Und jetzt hören Sie auf mit den Spielereien und kommen Sie in mein Büro. Es gibt zu tun.«

Skarabäus Lampe legte auf, nahm Stock und Mantel und verließ sein Arbeitszimmer. Stock, gesunder Fuß und fehlgebildeter Fuß erzeugten auf der Treppe einen Dreiklang, aus dem Helene, sein ehemaliges Kindermädchen, über die Jahre die feinen Nuancen seiner Launen heraushören konnte. Heute klang sein Schritt robust und gut gelaunt. Im Vorbeigehen rief er in die Küche, »Mamsy, mein Zigarettenetui ist verschwunden. Wenn du es findest, sag ihm, ich will

13

es nicht mehr, es kann sich ein neues Zuhause suchen. Bis später!« Noch bevor Helene etwas antworten konnte, war der Detektiv zur Türe hinaus.

Lampe wohnte in der südlichen Weststadt, auf der bürgerlichen Grenze zwischen dem Arbeiterviertel im Norden und der Villengegend im Süden. Auf diese Weise konnte er alle für sein Metier relevanten Parteien gleichermaßen im Blick behalten. In der Weststadt waren die Wohnhäuser eine adrette Mischung aus Einfachheit und Vorzeigbarkeit. Die Straßen waren ohne besonderen Reiz, aber sauber, die städtische Infrastruktur funktionierte vorbildlich. Die Leute, die hier lebten, waren überwiegend rechtschaffen, aber einer *Gelegenheit* nicht grundsätzlich abgeneigt. Wenn sie das Wort aussprachen, schauten sie im Allgemeinen wie Zauberkünstler kurz vor der entscheidenden Pointe ihres Auftritts. Dennoch führten Lampes Fälle nur selten in seine eigene Gegend.

Der Detektiv steuerte mit langen Schritten den Brunnenplatz an, wo die Elektrische hielt. Sein Humpeln hatte ihn noch nie davon abgehalten, sich zügig zu bewegen, es war nur eine Frage der Humpeltechnik.

Das Büro des Anwalts lag im Finanzdistrikt am oberen Ende von Überstadt, auf den Hügeln hinter dem Fabrik- und Arbeiterviertel. Bei gutem Wetter ging Lampe gerne zu Fuß, auch wenn es länger dauerte, weil er dann mehr sah, roch und hörte von der Stadt und ihrer Bevölkerung. So viel wie möglich zu wissen, war das Fundament seiner Arbeit und ausgedehnte Spaziergänge halfen ihm dabei. Im Arbeiterviertel hatte er ein paar Wiesel-Springer: Extraaugen, -nasen und -ohren, die ihn bei zufälligen Begegnungen auf seinen Wanderungen unauffällig über neueste Entwicklungen informierten.

Doch heute war der Himmel grau und ein rauher Ostwind klappte ihm ständig die Ohren vor die Augen, also nahm er die Straßenbahn.

Während die Bahn die Weststadt ruckelnd hinter sich ließ, lösten schäbige Arbeiterquartiere und hastig zusammengenagelte Hütten die adretten Häuser der anständigen Leute, die zu *Gelegenheiten* nicht Nein sagten, ab. Auf den Straßen wimmelte es von zerrupften Gestalten. Fußputzjungen, Zigarettengeckos und andere Händler boten schreiend ihre Waren und Dienste feil. Dreischnecks krochen allerorts herum und waren meist irgendwem im Weg, der diese Zumutung mit lautem Geschrei quittierte. Mitunter schrien auch die Insassen der Dreischnecks, weil sie das Tempo zu langsam fanden, um als geldwerte Transportleistung zu gelten. Kleine Kinder, deren Kleidung nur noch von den Nähten zusammengehalten wurde, steckten sich am Gehsteig schmutzige Dinge in den Mund, und Lampe konnte nur hoffen, dass sich unter der dicken Schmutzkruste etwas von Nährwert verbarg. Aus Gullis und unterschiedlichsten Straßenküchen quoll Dampf und zog durch die Gassen. Die Luft war erfüllt mit Gerüchen von Armut und elastischer Moral. Hinter den Arbeiterquartieren lagen die Fabriken. Große Hallen mit turmhohen Schloten, wie das ganze Straßenbild für alle Zeiten vom Ruß geschwärzt. Was einmal farbig gewesen war, hatte den Kampf gegen Schlacke, Qualm und Staub schon vor Jahren verloren. Hier wurden aus Arbeitern Waren. Das Stampfen der großen Maschinen übertönte jeden stimmlichen Laut. Eigentlich sehr klug, dachte Skarabäus Lampe, ein Arbeitsumfeld zu schaffen, in dem jeglicher Protest gegen miserable Bezahlung im Keim ersticken musste, weil man ihn nicht hören konnte. Großformatige Burschen schulterten Säcke, Kisten, Taurollen. Sie steuerten Handkarren, luden Rohmaterialien ab und fertige Waren auf und die meisten von ihnen kauten unentwegt auf einem Priem Sbolut herum, um nicht zu viel über die knochenzersetzende Arbeit nachzudenken.

Weiter hinten, im Finanzdistrikt, wurden die Waren zu Geld. Die Elektrische folgte dem Weg der Wertschöpfung von der harten, schweißtreibenden Körperarbeit hin zu der wirklich anstrengenden Kopfarbeit, von den Muskeln zu den Geldscheinen.

Die Brutalität der aus modernstem Beton gefertigten Bauten wirkte wie eine Drohung gegen die Armut und den Dreck der vorherigen Viertel, eine robuste Phalanx, die dafür sorgte, dass der Wohlstand sich an die Stadtteilgrenzen hielt. Niemand nahm hier einen Dreischneck, um zur Arbeit zu kommen, nicht einmal die Sekretärinnen und sonstigen Bürogehilfen. Die Straßenbahn fuhr mitten hinein ins Wirtschaftsherz der Stadt und hielt so, dass alle großen Firmen bequem zu erreichen waren. Die ganz großen Fische freilich kamen mit dem eigenen Wagen zur Arbeit.

Etwas zurückgesetzt zwischen einem Bankgebäude und einer Kanzlei für Zehntberatung stand das Gebäude, das sich Anwalt Freiherr von Oben mit einer Wechselstube und einem Notar teilen musste, der vorwiegend die Aussagen von Eidhörnchen beglaubigte. Dessen Kundschaft kam nicht ganz so betucht daher wie die der renommierteren Kanzleien, aber von Oben brauchte Mitmieter, um sich überhaupt ein Büro im Finanzdistrikt leisten zu können. Zugegeben hätte er das freilich nicht, er behauptete, er hielte sich die bodenständige Bürogemeinschaft, um den Kontakt zur normalen Bevölkerung nicht zu verlieren, zu der er sich selbst nicht zählte.

Als Skarabäus Lampe schließlich das Büro des Anwalts betrat, schaute der noch immer grimmig drein. Das verlieh ihm einen etwas blöden Ausdruck, denn der Mimik von Fischen waren von Natur aus gewisse Grenzen gesetzt.

Von Oben saß an seinem viel zu großen Schreibtisch und angelte vergeblich nach einem Blatt Papier auf der gegenüberliegenden Seite, das sich außerhalb der Reichweite seiner kurzen Flossenärmchen befand. Lampe hatte ihm einmal zu helfen versucht, indem er das Benötigte über den riesigen Tisch schob. Aber von Oben war dadurch nur wütend geworden, weil es ihn demütigte, wie er fand. Also blieb der Detektiv reglos stehen und wartete. Der Anwalt fluchte, ließ sich vom ebenfalls zu großen Schreibtischstuhl rutschen, watschelte um den Schreibtisch herum und nahm immer noch fluchend das Blatt.

Er trug die gleiche Atemvorrichtung, die es allen Fischen erlaubte, an Land zu leben: einen Briser. Er bestand aus einer flüssigkeitsgefüllten Blase, die den Hinterkopf umschloss und in die eine kleine Pumpe eingebaut war, die den Sauerstoff aus der Umgebung ins Blaseninnere leitete. Filter verhinderten, dass dabei Staub oder Schmutz in den Briser geriet. Schläuche führten das Wasser von der Blase zu fest auf den Kiemen installierten Kuppeln. Auf diese Weise merkten die Kiemen gar nicht, dass der Fisch, an dem sie hingen, nicht im Wasser war, denn sie waren es die ganze Zeit.

Der Grundaufbau dieser Briser war immer gleich, doch unterschieden sich die Ausführungen je nach Geldbeutel der Träger erheblich. Die hochpreisigen Markengeräte der ersten Generation waren Kunstwerke, für die Ewigkeit gemacht. Die späteren Briser-Generationen waren etwas weniger ausladend und mehr auf Zweckmäßigkeit und Tragbarkeit gestaltet. Handwerklich begabte Geschäftsleute hatten sich schließlich über das Patent hinweggesetzt und den Markt in den folgenden Jahren mit deutlich billigeren Nachbauten aus Gummi, Glas und wassergefüllten Hammelblasen geflutet.

Der Briser des Anwalts war eine hochwertige Arbeit aus hauchdünn geschliffenem Amethyst und goldenen Gewinden. Er war eine Einzelanfertigung und ein Familienerbstück, wie von Oben einmal erzählt hatte. Sein Großvater war während der großen Besiedelungswelle unter zwielichtigen Umständen zu Reichtum gekommen, indem er wertlose Landgrundstücke an reiche, aber mit festem Boden vollkommen unerfahrene Fische verhökert hatte. Seitdem wurde der Briser mit einer Mischung aus Stolz und Scham unter den männlichen Familienmitgliedern der von Obens von einer Generation an die nächste weitergereicht.

Jetzt kletterte von Oben wieder auf seinen Stuhl – Skarabäus Lampe beschäftigte sich derweilen angestrengt mit den Flusen auf seinem Mantel, um nicht an Teddy Bärlein zu denken, der heute ebenfalls in kindlicher Würdelosigkeit mehrmals den großen Stuhl in Lampes Arbeitszimmer hinauf und hinunter geklettert war – und drehte das Ventil an seiner Briser-Pumpe auf, um den Wasserdurchlauf an seinen Kiemen zu erhöhen. Dann wandte er sich immer noch etwas kurzatmig dem Detektiv zu.

»Also schön, Lampe, wie?«, schnappte er und verschränkte die Flossenfinger vor seinem für seine geringe Größe beachtlichen Bäuchlein. Skarabäus Lampe ließ sich auf den – deutlich kleineren – Besucherstuhl fallen und holte ein Päckchen Zigaretten aus seiner Manteltasche, das er wegen des verschwundenen Etuis hatte kaufen müssen. Er steckte sich ein Stäbchen zwischen die Lippen und tastete in seinen Taschen nach Streichhölzern, fand jedoch keine.

»Ach, von Oben, schmollen Sie etwa immer noch? Sie kennen doch meine Methoden! Ich habe in der Frühausgabe vom Mord in dem Wanderzirkus gelesen und auch davon, dass man bereits einen Verdächtigen verhaftet und Ihnen die Pflichtverteidigung übertragen hat. Das bedeutet, dass der Delinquent entweder zu arm ist, um sich einen normalen Anwalt zu leisten, oder dass den Fall niemand übernehmen will.«

Lampe drehte die Zigarette zwischen den Fingern. Den Anwalt musste er gar nicht erst um Feuer bitten: Fische begegneten Feuer mit einem natürlichen Misstrauen und die meisten waren daher Nichtraucher.

»In dem Artikel stand, dass der Verdächtige über einiges Vermögen verfügt, also wollte wohl keiner Ihrer geschätzten Kollegen sich seiner annehmen. Und da Ihr Berufsstand für gewöhnlich kaum eine Möglichkeit ausschlägt, Geld zu verdienen, ging ich davon aus, dass die Situation für den Verhafteten derart erdrückend aussieht, dass seine freiwillige Verteidigung der Verbrennung der eigenen Anwaltsreputation gleichkäme. Bei einer so schwierigen Beweislage habe ich spätestens um zwölf mit Ihrem Anruf gerechnet.«

Der Detektiv nahm einen tiefen Zug von seiner nicht brennenden Zigarette, blies nicht vorhandenen Rauch an die Decke und lächelte von Oben an.

Der saß mit steif durchgedrücktem Rücken da und schaute

ihn mit starrem Blick an, also mit noch starrerem Blick, als es Fische für gewöhnlich tun. Ein Muskel zuckte neben seinem lippenlosen Mund. Dann wurde sein Rücken weich und sein ausdrucksloses Gesicht zerlief wie geschmolzene Butter, er fuhr sich seufzend mit der Hand über den von der Muschel unbedeckten Teil seines Kopfes und klappte mutlos die vor ihm liegende Akte auf.

»Ach, mein guter Lampe, was soll ich nur tun? Ich habe heute Mittag den Bericht der Beamten vom Tatort bekommen und es sieht dunkelschwarz aus. Wenn Sie mich fragen: Er war es. Punktum. Alles, aber auch alles deutet auf ihn als Täter. Er hat nicht gestanden, aber er wird dem Galgen auch ohne Geständnis kaum entgehen können. Und ich muss bis Freitag die Verteidigungsschrift aufsetzen. Tun Sie etwas, Lampe. Ohne Sie bin ich verloren!«

Skarabäus Lampe zog eine Augenbraue hoch.

»Er. Sie meinen, ohne mich ist der Verdächtige verloren.«

Mit einer unwirschen Handbewegung wischte der Anwalt den vermeintlichen Versprecher vom Tisch. Er hob an, um dem Detektiv die wichtigsten Fakten des Falles zu erläutern, doch Lampe griff sich die Akte und stand auf.

»Lassen Sie gut sein, von Oben. Alles, was ich wissen muss, steht in der Akte. Ich nehme sie mit und bis heute Abend kriegen Sie etwas.« Der Fisch wollte kurz protestieren, winkte dann aber resigniert ab.

Skarabäus Lampe verließ das Büro und ließ sich von der Vorzimmerdame Fräulein Pantanananarabi Feuer geben. Fräulein Pantanananarabi war ein malwesisches Fingertier, was bedeutete, dass sie erstens nachtaktiv und zweitens von gewöhnungsbedürftigem Äußeren war. Fingertiere waren wache Geister, konnten tagaktive Arbeiten aber in der Regel nur mit Hilfe von Unmengen Kaffee und Tabak bewältigen.

Was die Natur bei Fräulein Pantanananarabis Aussehen eingespart hatte, hatte sie bei ihrer Stimme doppelt ausgezahlt. Sie war tief und warm, und die Zigaretten hatten Tiefe und Wärme zur Vollendung gebracht. Wenn Anrufer, die noch nie persönlich in dem Anwaltsbüro gewesen waren, zum ersten Mal ihren fremd klingenden Namen und ihre schmeichelnde Stimme hörten, verfielen sie regelmäßig in eine Art Fernverliebtheit, wie Fräulein Pantanananarabi Skarabäus Lampe einmal amüsiert erzählt hatte. Traten sie ihr dann persönlich gegenüber, erlitten die Ärmsten regelmäßig einen romantischen Schock. Aus irgendeinem Grund verknüpfte jeder eine exotische Frau mit erotischer Ausstrahlung. Die meisten Anrufer stellten sich wohl einen rassigen Papagei vor oder eine geheimnisvolle Eidechse, nicht aber ein unansehnliches Äffchen, an dem kein Körperteil so recht zum anderen passen wollte und in dessen Gesicht vor Müdigkeit stets eine Reihe von Muskeln zuckten.

Lampe hatte Fräulein Pantanananarabi gleich in Person kennengelernt und sich daher, von ihrem Äußeren völlig unbeeindruckt, vollumfänglich ihren anderen unschätzbaren Vorteilen widmen können. Sie war aufmerksam, viel aufmerksamer als von Oben, und sie hatte vollen Zugriff auf seine Klientenakten und Kalender. Der Anwalt vertraute ihr völlig, weshalb sie in seinem Büro uneingeschränkt ein- und ausgehen konnte, selbst wenn er sich gerade in einem Gespräch befand. Sie versorgte den Detektiv selbstständig und ohne dass er danach fragen musste, mit zusätzlichen Informationen und das machte sie zu einer wertvollen Verbündeten im Kampf gegen das Verbrechen. Er betrachtete sie insgeheim eher als seine Mitarbeiterin als als die des Anwalts. Außerdem hatte Fräulein Pantanananarabi immer Feuer.

Im Laufe der Zeit hatten sie beide ein tiefes Vertrauensverhältnis entwickelt und sie war die Einzige, die ihn bei seinem Spitznamen aus Kindertagen – Skar wegen der großen Narbe auf seiner rechten Wange – nannte. Dass er überdies hin und wieder nach dem Verlassen der Kanzlei neben ihrer stets offen stehenden Bürotür innehielt, um ihrer wunderbaren Stimme zuzuhören, die dem nächsten Anrufer geduldig erklärte, das von Oben keine Zeit habe, musste sie ja nicht wissen.

Die Elektrische brachte ihn wieder nach Hause, diesmal dem umgekehrten Weg des Geldes folgend; vom Reichtum in die Armut. Wie in einer umgekehrten cinematografischen Aufnahme verwandelten sich die edlen Anzüge und aufwändigen Briser zurück in schäbige Lumpen und ungepflegte Gesichter.

Zu Hause legte Lampe die Akte auf den schlanken Teetisch neben dem Sessel am Fenster, wand sich aus seinem Mantel und warf ihn achtlos über den Kleiderständer unter der Dachschräge. Er erinnerte sich daran, dass sein Zigarettenetui nebst dem darin befindlichen Feuerzeug nach wie vor verschollen war, und die neugierige Vorfreude auf das Lesen der Akte bei einer guten Zigarette wich einer leisen Verärgerung. Er holte Luft und riss die Tür auf, um nach Helene zu rufen, doch das Huhn stand bereits mit einem Teetablett vor seiner Tür und hatte die Hand zur Türklinke erhoben. Für gewöhnlich klopfte sie nicht, wenn sie sein

Arbeitszimmer betrat; als sein ehemaliges Kindermädchen gab es nichts an ihm, das sie über die Jahre nicht hatte mitwachsen sehen. Lediglich wenn Klienten bei ihm waren, verwandelte sie sich auf geradezu unheimliche Weise in eine zurückhaltende und rundherum vorbildliche Hausangestellte.

Jetzt runzelte Mamsy allerdings missbilligend die Stirn über einige schmutzige Fußabdrücke, die den dicken Fransenteppich zierten.

»Näh, und wieder mit den dreckigen Füßen. Wie oft habe ich dir schon gesagt, dass du dir die Füße unten abtreten sollst, Skarabäus Lampe.«

Sie stellte das Tablett so heftig auf die Akte, dass die Teetasse auf dem Unterteller klirrte und etwas Tee aus dem Hals der Kanne schwappte.

»Und hier«, sie zog das Zigarettenetui aus ihrer Schürzentasche und warf es ihm beiläufig zu, »hab ich wieder bei dem Ungeziefer gefunden. B wie Bremsen.«

Lampe fing es erfreut auf und tat das, was er immer tat, wenn Helene ihn wegen seiner Unordnung schalt: Er beschuldigte Teddy. Doch Helene wollte nichts davon wissen.

»Ach was, lass das unschuldige Kind da raus. Du lässt das Etui ständig bei den toten Käfern, ständig. Letztes Mal war es erst in der letzten Schublade, bei den Zikaden, das war eine schöne Sucherei, sag ich dir. Du denkst wohl, nur weil ich ein Huhn bin, krame ich gerne in dem Kroppzeug herum. Näh! Eine Schublade ekliger als die andere! Und dieser muffige Geruch! Nächstes Mal kannst du deine Sachen selber aus den staubigen, stinkenden Kästen holen.«

Der Detektiv gab ihr einen Kuss auf die Wange, hustete eine kleine, weiße Feder aus und sagte »Danke, Mamsy, du bist die Beste!«, doch da schlug die Tür bereits hinter ihr zu. Er ließ sich in den Sessel am Fenster fallen, zog vorsichtig die Akte unter dem Teetablett hervor, biss genüsslich in eines von Mamsys vielen Küchenwundern – ein Bananenmais-Plätzchen – und begann zu lesen.

Freiherr von Oben hatte nicht zu viel versprochen: Der Verhaftete – ein Gorilla namens Dante – war angesichts der Indizienlage nahe daran, durch den Strang vom Leben zum Tod befördert zu werden. Der Direktor des kleinen Wanderzirkus Helios, der jedes Jahr im Herbst nach Überstadt kam und seit einer Woche wieder hier war, war ermordet worden. Das Opfer, ein Löwe, war an einen Stuhl gefesselt und danach mit einer sehr dünnen Schnur oder einem Draht erdrosselt worden. Allem Anschein nach hatte man ihm vor seinem Tod den Kopf rasiert und ihm einen Spiegel vorgehalten.

Zahlreiche Spuren wiesen auf den Gorilla als Täter hin. Die Polizeibeamten hatten Zigarettenkippen von Drahid & Falut, der bevorzugten Marke des Gorillas, sowohl vor dem als auch im Wohnwagen gefunden. Außerdem hatten sie einen starken Gorillageruch und an den Krallen des Toten einige Affenhaare festgestellt. Des Weiteren hatten einige andere Artisten den Gorilla am Vorabend mit dem Direktor streiten gehört. Alle Hinweise schienen glasklar. Allerdings wurden die Ermittlungen von Inspektor Sutten geleitet, und das bedeutete, dass die Hinweise nicht viel bedeuteten.

Resfaldo Sutten war wie die meisten Polizisten ein Hund, verließ sich wie die meisten Hunde nur auf seinen Geruchssinn und übersah deshalb meist das Allerwichtigste. Wer keinen Geruch hinterließ oder sich hinter dem Geruch eines anderen verbarg, war für Inspektor Sutten nicht wahrnehmbar. Er würde an der Schuld eines geständigen Mörders zweifeln, nur weil der Tatort nicht befriedigend nach ihm gerochen hatte. Sein Geruchssinn war hervorragend, aber es mangelte ihm an der Kreativität und Fantasie, sich Tathergänge vorzustellen. Von den schummrigen Wandelgängen der Seele hatte er keine Ahnung. Die Indizien, die auf Dante als Mörder hinwiesen, betrachtete Skarabäus Lampe daher als nichtig.

Der Spiegel lag noch auf dem Boden vor dem Stuhl, als Zirkusmitarbeiter den toten Direktor am Morgen gefunden hatten. Ebenso das Rasiermesser, mit dem man Helios seiner Mähne beraubt hatte. Neben dieser auffälligen Häufung von Spuren machte ihn aber auch die Mordmethode skeptisch. Warum sollte ein Kraftprotz wie ein Gorilla, der Hände wie Bratpfannen hatte, der mühelos die dicksten Ketten sprengte und die schwersten Gewichte hob, auf eine dünne Schnur zurückgreifen? Würde er nicht eher seine Hände eingesetzt haben, die dem Zirkusdirektor ebenso zuverlässig das Lebenslicht gelöscht hätten?

Lampe sah sich die Liste mit den Zirkusartisten an. Alle trugen blumige Namen, vermutlich Bühnennamen:

Dame Avalea, Schwertschluckerin

Pavo, Fakir

Florence, Bärtige Dame

Polonius, der Junge mit der Menschenhaut

Monsieur Coteau, Messerwerfer

Dr. Johnson, Wunderheiler

Miniko, der Tätowierte Tod

Madame Rosalie, Hellseherin

Außerdem gab es einige Hilfskräfte. Ein junges Kaninchen namens Millie besorgte je nach Wetter Eiswagen oder Popcornstand und ein Rabe erledigte alle sonstigen Hilfsarbeiten, er war eine Art Faktotum und hieß Sal.

Der Detektiv griff zum Telefon und rief den Inspektor an.

»Lampe, Sie Pestbeule! Der Fall ist wasserdicht, den krempeln Sie mir nicht um! Der Kerl wird hängen!«

Der Inspektor versuchte, seiner Sicherheit durch Lautstärke Nachdruck zu verleihen. Es war immer das gleiche Spiel. Jedes Mal gab es diese überflüssigen und vollkommen aussichtslosen Verhandlungen, in denen er um seinen Sieg rang.

»Er war es nicht.« Lampe blieb ganz ruhig, während sich die Stimme von Inspektor Sutten fast überschlug.

»Nein! Nein, nein, nein und nein! Diesmal nicht, diesmal nicht! Er war es, er ist gesehen worden, Lampe!«

Zum dritten Mal heute verdrehte der Detektiv halb belustigt und halb genervt die Augen.

»Sie haben den Falschen, Sutten.«

Der Polizist schrie fast. »Seine Haare und Zigaretten waren am Tatort!«

Lampe besah sich seine Fingernägel, stellte stirnrunzelnd fest, dass er mal wieder eine Maniküre brauchte, und schwieg. Sutten tobte weiter.

»Der ganze Wohnwagen hat nach ihm gestunken!«

Der Detektiv blieb bei seinem Schweigen und überlegte sich, dass er bei der Gelegenheit auch seine Füße putzen lassen würde, damit Mamsy nicht wieder schimpfen musste.

Die Stimme des Inspektors bekam einen flehentlichen Klang.

»BITTE!«

Als der Detektiv immer noch nichts sagte, seufzte er geschlagen. »Sie sind ein Nagel zu meinem Sarg, Lampe.«

Gut gelaunt straffte Skarabäus Lampe sich und sagte mit seiner fröhlichsten Stimme »Prima! Nachdem wir das also geklärt haben, würde ich sagen, Sie holen mich morgen früh ab. Passt es Ihnen gegen acht Uhr dreißig?«

Statt einer Antwort hörte er nur ein Klicken in der Leitung, Sutten hatte einfach aufgelegt.

Skarabäus Lampe beschloss, die geplanten Besorgungen sofort zu erledigen, und als Helene ihm am Abend sein Essen brachte, entdeckte sie seine sauberen Füße. »Nah, wurde auch Zeit«, brummte sie, aber er wusste, dass sie sich freute, weil er von selbst darauf gekommen war, sie putzen zu lassen.

Sie schob das Chaos auf dem Schreibtisch ein wenig zur Seite, um Platz für den Teller Gelbwurz-Ragout zu machen. Sie mochte es nicht, wenn Lampe in seinem Arbeitszimmer aß. Unten gab es ein wunderbar geräumiges Esszimmer, in dem sie manchmal mit Teddy zu dritt speisten. Wie eine Familie. Aber wie immer, wenn der Detektiv einen neuen Fall hatte, nahm er sich heute nicht die Zeit dafür. Das Kindermädchen von Skarabäus Lampe, dem Meisterdetektiv, ermahnte ihn wie ein kleines Kind, nicht zu kleckern, und wandte sich missmutig zum Gehen.

»Nicht böse sein, Mamsy«, sagte er zu ihr. »Aber diesmal geht es um Leben und Tod. Wenn ich nichts tue, stirbt ein Unschuldiger.«

Sie drehte sich um, sah ihn mit einem ungewohnt warmen, leicht nachdenklichen Blick an, kam zu ihm herüber und zupfte eine Staubfluse von seinem linken Ohr. Er hatte es sich achtlos über die Schulter nach hinten geworfen, damit es nicht ins Ragout hing.

»Du bist ein guter Junge, Skarabäus«, sagte sie. »Du bist der nervigste Ziehsohn, den ich je hatte, vermutlich sogar auf der ganzen Welt, aber du bist ein guter Junge.« Und damit strich sie ihm über den Haarwirbel auf seiner Stirn, wünschte ihm guten Appetit und verließ das Zimmer.

Skarabäus sah ihr überrascht und auch ein wenig berührt hinterher. Manchmal kam es ihm vor, als hätte Helene genauso viele Geheimnisse vor ihm wie er vor ihr. Er schob sich den Löffel Gelbwurz-Ragout in den Mund, das wie immer köstlich schmeckte, und dachte kauend nach.

BUNTE GERÜCHE UND
EINE BÄRTIGE DAME

Am nächsten Morgen war Skarabäus Lampe gerade damit beschäftigt, seine Schnurrhaare zu kämmen, als die Türglocke ging. Er hörte, wie Helene öffnete, und verfluchte sich, weil er den Inspektor so früh herbestellt hatte. Dann brüllte er durch den Türspalt, er sei gleich unten, knöpfte sein Hemd zu, ließ die Hosenträger darüberschnalzen und griff sich seinen Stock. In der Küche, wo ihn Sutten erwartete, kippte er noch rasch einen Schluck Tee hinunter. Sutten wartete für gewöhnlich mit seinen Vorhaltungen, bis Helene nicht mehr in der Nähe war, seitdem er einmal miterlebt hatte, wie sie Partei für Lampe ergriffen hatte.

Auf dem Fahrersitz des Polizeiautos lehnte sich der Inspektor zurück und schaute Lampe von der Seite an. »Also, Lampe, jetzt mal unter uns. Was war los gestern? Sie können das am Telefon nicht ernst gemeint haben. Waren Sie betrunken? Haben Sie wieder Gürteltier genommen? Sagen Sie es einfach, ich werde Sie auch nicht verknacken.«

Der Detektiv lachte und ignorierte Suttens Frage. »Hat Zacharias Ihnen gestern die Nachricht überbracht? Wissen Sie schon, wer es war?«

»Wir haben den Stier gestern festgenommen. Er hat gestanden, seine Mutter im Schlaf ermordet zu haben.«

»Sehr gut. Fahren Sie, Sutten, ich habe einen weiteren Fall zu lösen.«

Unterwegs ließ er sich von dem Inspektor erzählen, was noch nicht in der Akte stand. Der Direktor hatte ein lukratives Übernahmeangebot einer Varietéshow erhalten und beabsichtigte, den Jahrmarkt zu verkaufen. Weil im Varieté aber keine Freaks, sondern fast nur Hupfdohlen auftraten, hätte diese Übernahme faktisch das Ende des Zirkus bedeutet. Die Angestellten wären mit einem Schlag arbeitslos geworden. Sie hatten versucht, dem Direktor ein Gegenangebot zu machen, sich quasi selbst einzukaufen, aber gegen den Betrag, den das Varieté bot, waren sie chancenlos. Der Gorilla Dante verfügte über einiges Vermögen und war deshalb in den Verhandlungen als Redeführer aufgetreten. Am Vorabend des Mordes hatte er nochmals versucht, den Direktor zu überzeugen.

»Sie sehen, Lampe, es ist klar. Für das Zirkusvolk geht es um die Existenz, ohne den Zirkus landen sie entweder bei der Wohlfahrt oder in der Gosse. Ohne den Direktor ist die Übernahme allerdings hinfällig und die Gefahr beseitigt.«

Der Detektiv nickte nachdenklich. »Aber das wäre ein Mordmotiv für alle Artisten, nicht nur den Gorilla. Was ist mit der Mordwaffe? Und haben Sie überprüft, woher Seil, Rasiermesser und Spiegel stammten?«

Suttens Miene hellte sich auf. »Selbstverständlich! Halten Sie uns für Dilettanten?!« Skarabäus Lampe antwortete nicht.

»Der Spiegel gehört der Hellseherin und das Rasiermesser der Bärtigen Dame. Die Seilfasern überprüfen wir noch, wahrscheinlich stammt es aus der Kiste des Fakirs. Die Mordwaffe ist bis jetzt unauffindbar.«

Eine kleine Verstimmungsfalte erschien zwischen den Augen des Detektivs. »Sie haben also keine Mordwaffe, mit den Hilfskräften fast ein Dutzend Leute, die von dem Mord profitieren, finden eine ganze Reihe von Gegenständen am Tatort, von denen keines dem verdächtigten Gorilla gehört, und halten diesen Fall für eindeutig? Sutten! Das ist selbst für Sie eine unübersichtliche Situation.« Er fixierte den Beagle.

Der hielt seinem Blick einen Moment stand, blaffte dann aber: »Was?! Wir waren eben noch nicht fertig mit der Beweisaufnahme!«

Lampe rollte mit den Augen.

Beide schwiegen, der Detektiv genervt, der Inspektor beleidigt. An einer Ampel hupte er wütend, weil der Dreischneck vor ihm sich nicht schnell genug in Bewegung setzte, als das Zeichen auf Beine umsprang. Bei nächster Gelegenheit überholte Sutten das Gefährt und hupte nochmals. Die Schnecke, die seinem Auto am nächsten war, zog erschrocken ihr Auge ein, wodurch das Vehikel vom Kurs abkam. Lampe ahnte, dass die Leitschnecke für die Kurskorrektur mindestens eine Dreiviertelstunde benötigen würde, und entschuldigte sich in Gedanken bei den Insassen des Gefährts.

Sie mussten bis ans andere Ende der Stadt. Der Wanderzirkus hatte seine Zelte in den Hügeln am Rand der Oststadt aufgeschlagen.

Die Magistratur hatte dem Zirkus nur eine größere Industriebrache im Nirgendwo zugestanden, nachdem es in der Vergangenheit immer wieder Zusammenstöße zwischen den Carnies, wie sich das Zirkusvolk nannte, und der Bevölkerung gegeben hatte. So weit draußen konnten wenigstens keine Dreischnecks in Flammen auf- oder Fensterscheiben zu Bruch gehen, wenn es Uneinigkeiten über die Qualität der gebotenen Show gab. Hier gab es außer der Straße nur Schutt, eine vergessene Baustelle, deren Reichtümer längst von der hiesigen Halbwelt geplündert worden waren, und Waldrand, viel Waldrand. Es nieselte seit gestern Abend ununterbrochen und der Boden rund um das Festgelände war matschig. Der an klaren Tagen durchaus beeindruckende Blick über die Stadt versank in einer dichten Suppe aus Luftfeuchte. Immer noch übelgelaunt parkte der Inspektor den Wagen genau so, dass Skarabäus Lampe beim Aussteigen in eine große Pfütze trat, was der mit einem ärgerlichen Blick quittierte.

»Der Eingang ist dort drüben«, sagte Sutten, und der Detektiv fragte sich, wie viele Leute es wohl gab, denen das Schild »Zirkus Helios Eingang« als Hinweis nicht ausgereicht hätte. Unter dem Schild befand sich ein Kassenhäuschen und daneben eine Schranke, an der ein rauchender Rabe lehnte. Da es für die Dauer der polizeilichen Ermittlungen keine Vorstellungen gab, war das Kassenhäuschen geschlossen. Auf eine beiläufige Begrüßungsgeste Suttens hin schnippte der Rabe seine Kippe weg und öffnete die Schranke, die die normale Welt von der Magie des Zirkus trennte, um sie einzulassen.

Hüfthohe Pfosten zwischen denen man eine Girlande mit bunten Lichtern gespannt hatte, umgaben das Zirkusgelände. Banner und Plakate wiesen auf die gebotenen Sensationen hin, aus einfachen Brettern zusammengenagelte und weiß lackierte Wegweiser den Weg dorthin. Von den Vordächern tropfte es und die bunten Wimpel, die sonst im Wind flatterten, hingen nass und schwer herab. Der Jahrmarkt, der in voller Beleuchtung ein Sinnbild farbenfrohen Amüsements war, wirkte unter der Last der herbstlichen Diesigkeit verwaschen und heruntergekommen. Zwischen den blau-gelb gestreiften Zelten lockten ein Popcornstand, der jetzt allerdings leer und kalt war, ein Eiswagen und ein kleiner Ausschank, der verdächtig nach schwarzgebranntem Schnaff aussah. Lampe tippte darauf, dass man Sutten, sollte er nach einer Schanklizenz fragen, sicher eher einen Fünfziger als eine Lizenz aushändigen würde. Hinter den kleinen Bühnen und Auftrittszelten standen die Wagen der Artisten, jeweils kenntlich gemacht durch ein Namensschild.

Auf den ersten Blick wirkten die Laufwege wirr und ohne System angelegt, doch was aussah wie der Heimweg eines Einäugigen, der eine lange Nacht mit Schnaff und Gürteltier verbracht hatte, war in Wirklichkeit das Schutzsymbol des fahrenden Volkes. Zumindest, wenn man dieser Art von Überzeugungen anhängig war. Skarabäus erkannte das im Kreuz angelegte Zickzackmuster sofort. In diesem Fall hatte das Zeichen offenbar seinen Dienst versagt.

Eine Giraffe und ein Stachelschwein standen unter dem Vordach eines Wagens und redeten miteinander. Etwas weiter drückte sich ein junges Kaninchen mit verheulten Augen an eine rundliche Eule. Im Schatten eines Zeltes entdeckte Lampe eine hellblaue Eidechse mit mandelförmigen Augen, offensichtlich eine Zweiostländerin, deren Körper an allen Stellen, die der cremefarbene Kimono frei ließ, mit exotischen Motiven und Schriftzeichen tätowiert war. Sie war damit beschäftigt, einen kostbar aussehenden silbernen Wurfstern zu polieren, und warf Lampe misstrauische Blicke zu.

Der Wagen des Direktors in der Mitte des Runds war unübersehbar. Er war ein leuchtend gelber Palast auf Rädern, über der Tür prangte eine rote Sonne, in der in Großbuchstaben HELIOS stand. Der Direktor war ganz offensichtlich kein Freund von Bescheidenheit gewesen. Im und am Wagen befanden sich einige Polizeihunde, um letzte Spuren zu sichern. Sutten schickte sie weg und sich an, mit Lampe in den Wagen zu steigen, doch der hielt ihn zurück.

»Warten Sie, ich möchte den Tatort erst einmal alleine auf mich wirken lassen.«

Der Inspektor protestierte, aber da sein ständiges Genörgel von nun an ohnehin jeden Schritt Lampes begleiten würde, beschloss der, es zu ignorieren.

Der Detektiv betrat den Wagen des Direktors und schloss erst die Tür hinter sich und danach die Augen. Er atmete tief ein. Einen Moment lang drangen noch Suttens dumpfe Stimme, die sich bei den anderen Beamten über Lampe beschwerte, und etwas leiser das Weinen des Kaninchenmädchens zu ihm, dann verengte sich seine Konzentration. Langsam verschwanden die Welt, die Stadt, die Häuser, die Straßen, die Industriebrache. Zuletzt verschwanden auch Sutten, die Polizeihunde und das weinende Mädchen. Alles, was nun noch existierte, war das Innere des Wagens, die ganze Welt verkleinerte sich auf diesen Raum und vergrößerte die Empfindlichkeit von Lampes Sinnen dadurch ins Unermessliche.

Er hörte eine unglückliche Stubenfliege, die versuchte, sich aus dem Netz einer Spinne zu befreien. Er hörte, wie ein Holzwurm in dem klobigen Schreibtisch ein neues Wegenetz anlegte. Er hörte das Rascheln der Asche in dem Kanonenofen, die mindestens seit gestern kalt sein musste.

Tief sog er die Luft ein, um die Gerüche zu sehen. Der Detektiv nahm Gerüche als Farben wahr, was bei seinen Gesprächen mit dem Inspektor regelmäßig zu leichten Verständnisschwierigkeiten führte. Zwar hatte der Beagle den feineren Geruchssinn und registrierte selbst schwache Gerüche, aber Skarabäus Lampe *sezierte* Gerüche. Dadurch, dass er Gerüche nicht nur roch, sondern sah, konnte er mehr Nuancen unterscheiden als irgendein Polizeihund. Feinste Duftpartikel offenbarten sich ihm als dünne, aber klar erkennbare Farben. Er konnte hunderte Farben unterscheiden, die er in einem Geruchsgemenge mal als Punkte, mal als Schlieren, mal als flüchtige Pinselstriche klar vor sich sah. Und noch etwas unterschied Lampes hohe Riechkunst von der Schnüffelei der Hunde: Im Gegensatz zur Polizei wusste er, dass Gerüche trügerisch sein konnten, und betrachtete das olfaktorische Vorgehen nur als ersten Einstieg in die Ermittlungen.

Im Wagen des Zirkusdirektors musste er zunächst den Polizeigeruch subtrahieren, der eine Mischung aus verschiedenen Brauntönen und der hellblauen Bügelstärke war, mit der alle Beamteten ihre Uniformen behandelten. Nachdem er diese Töne gedanklich aus dem Wagen entfernt hatte, roch es vor allem heufarben. Es war der Geruch des dominanten Raubtiers, wild, mit allerlei Gelbabstufungen, die ein ebenso wildes Leben verrieten. Darüber lag ein heller Fliederton, der Lampe anzeigte, dass der Direktor seine kurvenreiche Vergangenheit regelmäßig mit einem für einen Löwen völlig unpassenden Parfum zu überdecken versucht hatte. Daneben hing ein dunkelvioletter Geruch mit ockerfarbenen Einmischungen in der Luft, das musste der Gorilla sein. Skarabäus Lampe stutzte darüber, wie stark der Geruch noch war, der Mord lag mittlerweile immerhin schon zwei Tage zurück. Neben dem grauen Geruch verbrannten Tabaks, sowohl der Direktor als auch Dante waren Raucher, roch Lampe sehr schwach pudriges Altrosé, grelles Orangegewitter und einen irritierenden Regenbogen. Er vermutete, dass es sich hierbei um die anderen Artisten handeln könnte, aber da er sie noch nicht kennengelernt hatte, musste er mit der Absicherung noch warten. Außerdem nahm er ein dunkles Rot wahr, gemischt mit einem bläulichweißen Blitz, einer Art elektrischem Geruch. Der Detektiv kannte den Blitz, konnte ihn aber zunächst nicht zuordnen.

Nachdem er sicher war, dass das olfaktorische Abbild in seinem Kopf abgespeichert war, öffnete er langsam die Augen. Staubflocken flogen, aufgeregt durch den Luftzug der sich öffnenden Tür, im fahlen, durch die kleinen Fenster einfallenden Herbstlicht. Das Erste, was er bemerkte, war das Fehlen jeglicher Spuren, die auf einen Kampf oder eine Auseinandersetzung hätten schließen lassen. Man würde doch einige Kollateralschäden erwarten, wenn ein Löwe und ein Gorilla aneinandergerieten. Doch alles schien an seinem angestammten Platz zu stehen, es gab kein Durcheinander, das nicht durch den fehlenden Ordnungssinn eines eitlen Sonnentiers erklärbar gewesen wäre.

Lampe teilte den Quader des Wagens im Kopf in vier Segmente und untersuchte jedes aufmerksam. In der Ecke über dem Schreibtisch hingen zwei rote Lampions, deren Schirme kunstvoll bemalt waren. Er erkannte einige der Schriftzeichen wieder, die misstrauische Schönheit von vorhin hatte sie auf ihrem Körper getragen. An der Wand hing ein gerahmtes Bild, das den Direktor und einen Pfau in Ostlanduniform zeigte. Es gab noch weitere Bilder des

Direktors, der offenbar große Stücke auf sich selbst gehalten hatte. Auf dem Schreibtisch lag ein Durcheinander von Papieren und ein Notizblock, unter einer kleinen elektrischen Lampe standen außerdem ein Aschenbecher und ein leeres Weinglas.

Als der Detektiv das Glas in die Hand nahm, wurden der dunkelrote und der bläulichweiße Geruch stärker. Am Boden des Glases befanden sich einige Krümel Weinstein, sonst aber nichts weiter. Der Name der elektrisch riechenden Substanz lag Lampe auf der Zunge, wollte sich aber noch nicht offenbaren. Auf dem Notizblock stand nichts, aber die Schrift des vorherigen Zettels hatte sich auf dem Block durchgedrückt. Rasch nahm der Detektiv den Bleistift, den er immer bei sich trug, und schraffierte die Seite. Einige Buchstaben wurden sichtbar, Lampe machte ein M, ein E, ein C, noch ein E und die Buchstabenfolge HAU aus. Auf den ersten Blick ergab das keinen Sinn, aber Lampe notierte es in seinem eigenen Notizbuch. In dem Aschenbecher befanden sich der kalte Stumpen einer halb gerauchten Zigarre sowie einige Pistazienschalen.

Der Stuhl hinter dem Tisch stand immer noch so, als säße die Leiche darin, etwas abgerückt und die Sitzfläche zum Raum gedreht. Der Todeskampf des Direktors hatte dem heugelben Geruch eine giftige, hellgrüne Note gegeben, die Angst des Opfers roch überwältigend.

Die Gegenstände, die man am Tatort gefunden hatte – Spiegel, Rasiermesser, Seil – lagen mittlerweile sicher verwahrt im Polizeirevier, wo Lampe sie später noch einmal eingehend untersuchen würde. Doch an der Armlehne des Stuhls befanden sich noch einige Fasern, die fuchsia rochen.

Skarabäus Lampe konzentrierte sich wieder auf den violetten Geruch des Gorillas. Er war nicht überall im Wagen gleich stark, doch entgegen der Erwartung, die größte Intensität dort zu finden, wo der Mord stattgefunden hatte, nahm der Geruch in der dem Schreibtisch entgegengesetzten Ecke zu. Dort stand eine Kommode mit drei großen Schubladen. Lampe nahm den Geruch nur schwach wahr, aber für Inspektor Sutten musste der ganze Wagen förmlich danach gestunken haben. Kein Wunder, dass er die Schwankungen in der Intensität nicht wahrgenommen hatte. Nacheinander öffnete der Detektiv die Schubladen, um die Quelle des Geruchs festzustellen.

In der obersten lagen einige Prospekte über Pferde mit Schnurrbärten sowie mehrere lose Zettel, auf denen Zahlenkolonnen notiert waren. Was dort gegeneinander aufgerechnet worden war, stand nicht dabei. Außerdem fand er ein zusammengerolltes Poster des Varietés Choucas. Einige Dohlen in knappen Kostümen waren darauf zu sehen, die den Hupftanz aufführten. Daneben lag das mehrseitige, eng bedruckte Schreiben mit dem Übernahmeangebot.

Die zweite Schublade war die Nostalgie-Abteilung, denn sie enthielt vor allem Erinnerungen. In einer Pappschachtel lagen einige betagte Fotografien, offenbar aus strahlenderen Tagen des Jahrmarkts. Sie waren dem Direktor ganz offensichtlich teuer, aber da er auf keinem von ihnen die Hauptattraktion war, nichts für die Fotowand hinter dem Schreibtisch. Ein Stapel Briefe war mit Packband zusammengebunden, das so alt war, dass es sich von selbst auflöste, als Lampe ihn aus der Schublade nahm. Eine weitere Fotografie rutschte aus dem Stapel. Sie zeigte eine zerbrechlich wirkende Hündin, die scheu in die Kamera lächelte. Im Hintergrund war der Geibelturm zu sehen, offenbar eine romantische Erinnerung. Die Briefe waren ungeöffnet und mit dem Absender Clarimonde versehen. Vorsichtig öffnete Lampe einen der Umschläge und zog ein zart pastellrosa duftendes Blatt Papier heraus. Die Absenderin teilte dem Löwen mit einer gewissen Verzweiflung in den Zeilen mit, dass sie schwanger war. Es schien eine tragische, aber geradezu klassische Romanze gewesen zu sein. In der letzten Schublade lagen einige Kleidungsstücke, die nach Direktor rochen, aber nichts, was den starken Geruch des Gorillas erklärte.

Nachdenklich schloss Skarabäus Lampe den Schub und schnupperte dann an den Kanten der Kommode entlang. Zur Wand hin nahm der Geruch zu und der Detektiv rückte das Möbel ein Stück nach vorn, um dahinter schauen zu können. Er entdeckte ein Textil, das zwischen Wand und Kommode gerutscht war. Es entpuppte sich als ausgeleiertes Unterhemd und Lampe wusste sofort, dass es dem Gorilla gehörte.

Lampes Blick wanderte von dem Unterhemd zu dem leeren Weinglas, weiter zu dem Schreibtischstuhl mit den Strickresten und wieder zurück. Ein Gedanke zuckte durch sein Gehirn und er nahm noch einmal das Glas. Der bläulichweiße Blitz wanderte durch eine lange Liste mit Substanzen, mit denen Lampe ihn abglich, und schließlich wurde er fündig. Er beschloss, dass er hier genug gesehen hatte, und öffnete die Tür, um Sutten einzulassen.

Immer noch schlecht gelaunt stieg der Inspektor die drei Stufen hinauf und prallte etwas zurück, als Lampe ihm das Unterhemd mitten ins Gesicht streckte.

»Hier. Deshalb roch es nach Gorilla. Klemmte hinter der Kommode. Haben Ihre Leute übersehen.«

Der Beagle wollte protestieren, aber als Skarabäus Lampe auf die immer noch von der Wand weggerückte Kommode wies, schob er sich nur den Hut in den Nacken und rieb sich die Stirn.

»Und hier«, jetzt hielt der Detektiv Sutten das Weinglas hin, »testen Sie die Rückstände auf Schlafmittel. Ich verwette meine Ohren, dass es Bromid ist.«

Der Inspektor schaute jetzt wie ein begossener Pudel, wie Lampe mit Blick auf einen uniformierten Pudel, der im Regen auf die Fortsetzung der Arbeit wartete, feststellte.

»Ihr Mordopfer wurde betäubt, an den Stuhl gefesselt und nach einer kleinen privaten Vorstellung ermordet. Und der Mörder hat das hier im Wagen platziert, damit Sie und Ihre Ermittlungsexperten zu dem Schluss kommen, zu dem Sie ja auch gekommen sind.«

Der Detektiv verzog keine Miene, aber die Missbilligung der Polizei war in seinem Blick deutlich zu erkennen.

»Sie werden mir ab sofort freies Geleit geben. Ich kann mich ungehindert auf dem Gelände bewegen, kann dokumentieren und Fragen stellen, ohne dass mir ein einziger Ihrer Köter in die Quere kommt, Sutten, haben wir uns verstanden? Ich beginne jetzt mit der Befragung der *Verdächtigen* und wünsche dabei nicht gestört zu werden.« Er rollte bei dem Wort »Verdächtige« mit den Augen und schob seinen Kopf drohend in Suttens Richtung. »Und danach werden Sie mir auf dem Präsidium alle gesicherten Gegenstände zeigen.«

Skarabäus Lampe wurde nicht oft zornig, aber wenn es geschah, war er unangenehm wie ein Splitter, den man nicht aus dem Fuß kriegt und der bei jedem Schritt pikt. Resfaldo Sutten wusste das und er wusste, dass seine Leute geschlampt oder geschlafen hatten. Oder beides. Er zog ein bisschen die Lefzen hoch, entblößte seine Eckzähne und ließ ein leises Knurren hören. »Na schön, Lampe. Aber ich erwarte regelmäßige Berichte von Ihnen!«

Als Erstes wollte Lampe die Bärtige Dame befragen. Florence war ein Walross und der Detektiv musste sich Mühe geben, um sich die Überraschung über ihre Leibesfülle nicht anmerken zu lassen. Mit ihr darin wirkte ihr Wagen winzig. Er stellte sich vor und übergab ihr seine Visitenkarte, die sie unbeholfen und unter dem Geklapper eines fallenden Kaffeebechers entgegennahm. Wenn sie sich bewegte, stieß sie in einem fort gegen das Mobiliar und alle möglichen Dinge fielen um sie herum zu Boden. Lampe bemerkte, dass sich wenig Zerbrechliches in dem Wagen befand, die meisten Gegenstände waren aus Metall oder Holz.

Sie trug einen mit Glitzer verzierten Reif auf ihrem haarlosen Kopf und Lippenstift, der zwischen den Haaren ihres mächtigen Schnurrbartes rot leuchtete. Der Blick aus ihren hervortretenden Augen mit den langen künstlichen Wimpern hatte etwas Verstörendes, das selbst Skarabäus Lampe das konzentrierte Denken erschwerte. Die übertriebenen Insignien der Weiblichkeit sollten vermutlich ausgleichen, was ihrem formlosen Körper an Eindeutigkeit fehlte. Der Regenbogengeruch war geradezu betäubend.

»Haben Sie oft Probleme, als weiblich erkannt zu werden?« Seine unvermittelte Frage hatte einen verunsicherten Blick zur Folge, der jahrelange Verletzung verriet und Lampe zeigte, dass er mitten ins Schwarze getroffen hatte. Als die Bärtige Dame keinerlei Häme in Lampes Gesicht entdecken konnte, kam sie zu dem Schluss, dass Leugnen zwecklos war.

»Die Leute verlangen ihr Geld zurück, weil sie sagen, ich sei keine Dame«, sagte sie leise und schlug beschämt die Augen nieder. Ihre Stimme war überraschend hell und keineswegs männlich. »Sie glauben, eine Frau ist nur dann eine Frau, wenn sie lange Haare hat und Kurven wie unser Zweiostimport. Also, lange Haare auf dem Kopf meine ich. Wer seine Kurven und Haare an anderen Stellen trägt, ist für sie nicht *weiblich genug*.«

Lampe nickte. Er wich selbst so weit von der gängigen Vorstellung eines Hasen ab, dass er nur zu gut wusste, wie sich Vorurteile anfühlten.

»Gab es deshalb Probleme?« Sie drehte sich zu einem kleinen Tisch um, wobei eine leere Blumenvase ihren Aufenthaltsort in einem Regal aufgab, nahm einen Zettel und reichte ihn Lampe. Darauf standen einige Berechnungen.

»Helios hat meinen Nutzen ausgerechnet, als wäre ich ein Automat. Einnahmen minus Kosten für meine Ernährung minus zurückgeforderte Eintrittsgelder. Er wollte, dass ich eine Diät mache, damit die Kurven wieder richtig sitzen. Anfangs wollte er mir nur die entgangenen Einnahmen vom Lohn abziehen, später drohte er mir damit, mich durch ein Bärtiges Pferd zu ersetzen.«

Der Detektiv dachte an die Prospekte im Wagen des Direktors. Offenbar war diese Idee bei ihm schon recht weit gereift.

»Eine sehr demütigende Erfahrung, kann ich mir vorstellen. Haben Sie Herrn Helios deshalb gehasst?« Skarabäus Lampe zog sich einen Stuhl heran und setzte sich, ohne zu fragen. Der Stuhl war viel zu winzig für Florence und musste folglich für Gäste sein. Die Bärtige Dame schrumpfte ein wenig zusammen und schniefte.

»Ich wollte eigentlich immer nur als die behandelt werden, die ich bin. Mit Respekt. Und Würde.« Sie sah ihn zögerlich an.

»Wissen Sie, was ich meine?«

Lampe hielt ihr mit bitterem Lächeln seinen missgestalteten Fuß entgegen und nickte. Er dachte an Fräulein Pantanananarabi.

»Leute erkennen den Wert einer Person nicht, wenn sie hier und da zu viel oder zu wenig hat.«

Wieder traf ihn ein misstrauischer Blick der Bärtigen Dame, die in seinem Gesicht nach Spott suchte, doch nichts als Offenheit fand.

»Helios war in Ordnung. Wirklich. An seinen guten Tagen war er charmant, er hatte ein einnehmendes Wesen, wissen Sie? Lachte gern und viel. Hat sich nie über unsere … Besonderheiten lustig gemacht. Nach ausverkauften Vorstellungen überhäufte er uns alle mit Lob und Anerkennung. Nur wenn es nicht gut lief, wurde er zum Mistkerl.«

Das Walross wischte sich über die feuchten Augen und ein Buch landete auf dem Boden.

Der Detektiv zündete sich eine Zigarette an und blies einen Rauchkringel in Richtung der nackten Glühbirne, über die die Bärtige Dame ein rotes Fransentuch drapiert hatte.

»Haben Sie je daran gedacht, sich einen größeren Wagen zuzulegen? Es scheint mir doch etwas eng für jemanden von Ihrem Format.«

Sie seufzte und zuckte die unförmigen Schultern. »Ein neuer Wagen ist teuer und glauben Sie nicht, dass Helios so einen Luxus bezahlt hätte. Das hätte ich selbst zahlen müssen und unabhängig davon, dass ich so viel Geld nicht besitze, wäre es Wahnsinn, in dieser unsicheren Situation etwas Neues für den Zirkus anzuschaffen. Diese verdammte Varietéshow wollte uns loswerden. Und Helios, dieser Raffzahn, hat nichts getan, um das zu verhindern. Der hat nur die Übernahmesumme gesehen. Zweitausend Gimmling haben sie ihm geboten. Was dann mit uns werden soll, hat niemanden interessiert.«

Der Wortschwall der Walrossdame ging noch eine Weile weiter und Lampe erfuhr, dass die Artisten gemeinsam versucht hatten, sich von Helios freizukaufen und den Zirkus anschließend gesellschaftergeführt weiter zu betreiben.

Die meisten der Artisten waren arm wie die Turmkühe, nur der Gorilla hatte seinen Verdienst gewinnbringend an der Pistazienbörse angelegt. Doch selbst mit seinem Einsatz bekamen sie nur 493 Gimmling und 27 Zert zusammen. Sie waren absolut chancenlos gegen die vielen Nullen des Varietés.

Deswegen hatte es in der letzten Zeit öfter Streit gegeben. Der blieb bis zuletzt unentschieden, Helios hatte das Angebot weder zugesagt noch abgelehnt.

»Dante hat die Verhandlungen mit Helios geführt, weil die beiden sich schon ewig kennen. Man könnte sagen, die beiden haben den Jahrmarkt zusammen gegründet, nur dass eben einer die Rolle des Direktors und der andere die der Attraktion übernahm. Sie waren Freunde und wir alle dachten, wenn einer Helios umstimmen kann, dann Dante.«

Mit dem Tod des Direktors war die Übernahme hinfällig, denn nun würden die Zirkusangestellten doch noch zu ihrer Gesellschafterführung kommen, ganz kostenlos.

»Erzählen Sie mir von dem Messer. Dem Rasiermesser. Wann haben Sie gemerkt, dass es fehlt?« Sie reichte ihm einen Aschenbecher und verdrehte die Augen.

»Die Hunde haben mir zuerst nicht geglaubt, dass es meins ist. Eine Bärtige Dame braucht keines, dachten sie. Aber wissen Sie, wie viel Zeit eine ordentliche Bartpflege in Anspruch nimmt? Ich kann ja nicht aussehen wie ein Waldschrat. Der Bart soll schließlich da wachsen, wo er für das Geschäft am zuträglichsten ist. Rasiermesser, Trimmer, Kräuseleisen, Bartöl, Bartwichse, Bartnetz. Und was das alles kostet.«

Der Detektiv räusperte sich ungeduldig.

»Ja. Äh. Weg war es Anfang der Woche. Sonntagabend habe ich mir noch den Bart begradigt, Sonntag ist mein Barttag, müssen Sie wissen, und als ich am Montag eine Stelle nochmal nachbearbeiten wollte, war das Messer weg. Ich musste mir Dantes Messer leihen. Stellen Sie sich nur vor: eine Dame mit dem Rasiermesser eines Gorillas, es ist zum Schießen.«

Lampe beugte sich etwas vor. »Sie haben sich das Messer von Dante ausgeliehen?«

Als sie nickte, fragte er: »Haben Sie eine Vorstellung, wie Ihr Messer an den Tatort gelangt ist?« Sie riss die Augen auf.

»Jemand muss es mir gestohlen und dann für die neue Frisur des Direktors benutzt haben.«

Auf Lampes strengen Blick hin murmelte sie eine Entschuldigung für die Taktlosigkeit.

»Ihnen ist hier also nichts aufgefallen – Einbruchsspuren, Unordnung …?« Und als sie den massigen Kopf schüttelte, eine Bewegung, die beinahe im Wabern ihrer Halsrollen unterging, stand er auf und bat sie, ihn zu verständigen, wenn ihr noch etwas einfiele.

Er verließ ihren Wagen und hörte, wie drinnen etwas zu Boden fiel, als Florence die Tür hinter ihm schloss.

Draußen stieß er beinahe mit Inspektor Sutten zusammen und gab ihm in knappen Worten eine Zusammenfassung seines Gesprächs mit Florence. Die Information, dass Dante Florence sein eigenes Rasiermesser geliehen hatte, entlockte ihm nur ein missmutiges Knurren. Lampe verlangte, die am Tatort gesicherten Gegenstände auf dem Präsidium in Augen- oder vielmehr Nasenschein nehmen zu können, und Sutten nickte. Beide wandten sich zum Gehen, allerdings in unterschiedliche Richtungen. Der Inspektor war verwirrt.

»Zum Wagen geht es hier lang, Lampe.« Der Detektiv schaute ihn überrascht an.

»Wagen? Wieso Wagen?«

»Na, Wagen eben! Sie wollten doch jetzt ins Präsidium!«

Aber Lampe winkte ab. »Ach so, nein, fahren Sie nur schon vor. Ich habe hinter dem Popcornstand einen *Lycaena dispar* fliegen sehen. Sehr ungewöhnlich für diese Jahreszeit und Gegend. Brauche ich unbedingt für meine Sammlung. Ich treffe Sie später!« Und mit diesen Worten nestelte er das faltbare Insektennetz mit Teleskopstiel aus seiner Tasche und sprang mit entschlossenen Sätzen einem Schmetterling hinterher.

Hier draußen hielt die Elektrische nur selten, weshalb der Detektiv sich zu Fuß auf den Weg zurück in die Innenstadt machte, nachdem er den unglücklichen Schmetterling gefangen und in einem kleinen Marmeladenglas verstaut hatte, das er für solche Zwecke immer bei sich trug. Endlich hatte es aufgehört zu regnen und langsam bekam die Welt ihre Farben wieder.

Lampe spürte plötzlich, dass er das Haus am Morgen ohne Frühstück verlassen hatte. Sein Magen knurrte grimmig und so pflückte er sich am Wegesrand einige Gänseblümchen. Er hielt das kleine Bouquet wie Zuckerwatte in der Hand und wollte gerade hineinbeißen, als er auf einer der Blüten einen winzigen Käfer entdeckte. Er zog seine Lupe hervor und untersuchte den Fund, doch als sich das Insekt als schnöde Allerweltsart entpuppt hatte, schnippte er es enttäuscht weg. Es war ein unschätzbarer Vorteil bei seiner Arbeit, dass er sich praktisch überall ernähren konnte.

Natürlich war es gesellschaftlich verpönt, wenn sich kultivierte Hasen wie ihre wilden Vorfahren von Wiesenkräutern ernährten. Der Fortschritt hatte sie an raffiniert zubereitete Kompositionen aus waghalsigen Blumenzüchtungen gewöhnt, für die man in Restaurants ging. Doch Lampe focht das nicht an. Er mochte es, sich hin und wieder auf seine präzivilisatorische Existenz zu besinnen, das hielt seine Bodenständigkeit und seine Instinkte wach. Außerdem waren Gänseblümchen sehr schmackhaft.

Schließlich kam der Detektiv wieder in belebtere Stadtbereiche. Hier fuhren sowohl die Elektrische regelmäßig als auch Motortaxen und Dreischnecks. Sein fehlgebildeter Fuß hielt für gewöhnlich selbst lange Wege mühelos durch, weil er ihn ständig trainierte, aber langsam spürte er den verformten Knochen doch. Er winkte einem Dreischneck auf der anderen Straßenseite und setzte sich auf einen Brennnesseltee in ein Bistro, bis das Gefährt bei ihm war.

Dreischnecks waren wegen ihrer quälenden Langsamkeit bei den meisten Leuten unbeliebt. In der Zeit, die die Leitschnecke allein dafür brauchte, sich umzudrehen und nach dem Fahrtziel zu fragen, hatte man es zu Fuß oft schon dreimal erreicht. Im Straßenverkehr erzeugten sie lange Staus, aber wegen der erwartbaren Diskriminierungsvorwürfe zögerte die Magistratur mit Regulierungen zu Ungunsten der Dreischnecks. Hatte sich ein Dreischneck mit Passagieren an Bord verkrochen, taten diese gut daran, ihre besorgte Verwandtschaft über Boten zu informieren, dass es ihnen gut ging, denn die Kurskorrekturen nahmen meist Stunden, manchmal Tage in Anspruch. Kurz: Zeitkritische Unternehmungen vertraute man besser einem mobileren Beförderungsdienst an. Aber Dreischnecks waren billig und vor allem Schnaffopfer waren dankbar über einen sicheren und erschütterungsfreien Heimweg, auf dem sie in tiefer Nacht ihren Rausch ausschlafen konnten.

Skarabäus Lampe, der bei nahezu allen Dingen nur seinen eigenen Überzeugungen folgte, schätzte hin und wieder eine ruhige Dreischneckfahrt. Sie erlaubte ihm, seinen Gedanken nachzuhängen, das Gewirr in den Straßen zu beobachten oder, wie heute, seinen *Lycaena dispar* zu untersuchen. Einen der abgenagten Gänseblümchenstängel lässig im Mundwinkel stieg er in den offenen Zweiersitz. Er wartete geduldig eine weitere Viertelstunde, bis die Leitschnecke sich zu ihm umgedreht, auf die üblichen Sicherheitsbestimmungen aufmerksam gemacht (Bei voller Fahrt nicht aus dem Sitz lehnen!) und ihn nach seinem Ziel gefragt hatte. Die Schnecke zog an und die beiden Hinterantriebschnecken setzten sich in Bewegung.

Um den Dreischneck herum erhoben sich sofort verschiedenste Empörungsäußerungen, die sich wie üblich nicht nur an die Schnecken, sondern auch die Fahrgäste richteten. Es dauerte abermals ein paar ruckelige Minuten, bis alle drei Schnecken das gleiche Tempo – oder Nicht-Tempo – hatten und sich die Schneckenkutsche auf den Weg zum Polizeipräsidium machte. Skarabäus Lampe ignorierte den wütenden Mob geflissentlich, machte es sich gemütlich und drehte das Marmeladenglas im Licht. Mit der anderen Hand zog er *Professor Redlichs Kompendium der rezenten Gliederfüßer* aus der Tasche und schlug mit dem geübten Griff des einhändigen Blätterers die richtige Seite auf.

»Hast du ihn, hast du ihn?« Teddy kam Skarabäus Lampe im Flur atemlos entgegengerannt.

»Hallo Nervensäge. Ja, ich habe ihn. Sag Mamsy, dass wir heute am Esstisch essen, dann erzähle ich euch, wie ich ihn gekriegt habe, und zeige ihn euch.« Teddy brüllte in Richtung Küche und sogleich erschien Helene Pick im Türrahmen.

Sie musterte den Hasen abschätzig von oben bis unten und sagte gelassen: »Wenn du mit den nassen Füßen auch nur einen Schritt in die Stube tust, kündige ich fristlos, deine Entscheidung.« Dann warf sie ihm das karierte Geschirrtuch zu, das sie über die Schulter gelegt hatte, und er trocknete brav seine Füße ab. Den immer noch feuchten Mantel hängte er ausnahmsweise ordentlich über den Ofen, statt ihn wie sonst in irgendeine Ecke zu schleudern.

Für Lampe und sich selbst stellte sie zwei Teller mit grüner Graspatto auf den Tisch, einer kalten Suppe aus verschiedenen Gräsern und Blüten. Der kleine Kater bekam eine Schüssel geriebenen Käse, über den Mamsy einige Erdbeerblätter und Schalentiere gestreut hatte. Seit der großen Konferenz der Tiere war es Fleischfressern strengstens untersagt, Wirbeltiere zu verzehren, und so hatten sie sich nach und nach an Wirbellosenkost gewöhnen müssen. Wirbeltierernährung galt als Kapitalverbrechen, das streng geahndet wurde.

Inspektor Sutten, der sich selbst von einer strengen Grashüpferdiät ernährte, wie er Lampe einmal erzählt hatte, bekam es immer wieder mit Raubtieren zu tun, die glaubten, die Regeln der Allgemeinheit gälten für sie nicht. Teddy dagegen, der für jede Mahlzeit dankbar war, liebte Krabben und Muscheln zwar, genoss aber ebenso Milchprodukte sowie eine Handvoll Gemüse.

Gierig wollte er seine kleine Schnauze in die Schüssel tunken, aber Mamsy ermahnte ihn, den Löffel zu nehmen »wie alle anständigen Leute«. Also schaufelte er sich nicht weniger gierig, aber *anständig* den Käse mit dem Löffel in den Mund und in wenigen Minuten tat er kund, dass er fertig sei.

Das Huhn runzelte die Stirn und sagte: »Deine Schüssel ist noch fast voll.«

Aber Teddy schüttelte den Kopf. »Eben nicht. Man kann den Boden sehen, die Schüssel ist damit leer und ich bin fertig. Also, Skarabäus, erzähl schon. Wie hast du ihn gekriegt?! Gab es eine Verfolgungsjagd? Musstest du schießen?«

Lampe lachte über die kindliche Ungeduld, dann setzte er eine geheimnisvolle Miene auf.

»Also, es war noch auf dem Zirkusgelände. Ich hatte gleich so ein merkwürdiges Gefühl. Du weißt schon, Teddy, wenn man ahnt, dass sich noch etwas Großes ereignen wird.«

Zacharias stützte sein Kinn auf seine beiden kurzfingerigen Pfötchen, die erst noch richtige Greifwerkzeuge werden wollten, und sah ihn gespannt an.

»Ich lief also rum, der blöde Sutten immer an meiner Seite. Um uns herum alles dunkel und nass und misstrauisch, in den Schatten missgestaltetes Zirkusvolk, das uns unentwegt beobachtete.«

Teddy schluckte atemlos. »Und dann?«

Lampe kniff die Augen zusammen und seine Stimme wurde ein Flüstern. »Dann sah ich ihn und mir war sofort klar, wen ich da vor mir hatte. Ich sagte dem Inspektor, dass ich mich allein darum kümmern wolle, und schickte ihn weg. Dann schlich ich mich vorsichtig an, du weißt ja, wie leise ich sein kann.«

Teddys gelbe Augen fielen fast aus ihren Höhlen, so gespannt folgte er Lampes Erzählung. »Musstest du schießen?«

Der Detektiv lehnte sich zurück und seine Stimme bekam einen beiläufigen Klang. »Nein. Gewalt war nicht mehr nötig, nachdem er gesehen hatte, dass er chancenlos war. Ich habe ihn ganz mühelos einkassiert.«

Teddy rutschte unruhig auf seinem Stuhl herum und brachte ein langgezogenes »Wow!« hervor. Lampe schaute triumphierend. »Und jetzt? Was passiert mit ihm?«

Skarabäus Lampe schaute unschuldig. »Wie, was passiert mit ihm? Er kommt in meine Sammlung natürlich.« Und mit diesen Worten stellte er das Glas mit dem toten *Lycaena* auf den Tisch.

Teddy wurde wütend. »Ein Schmetterling?! Ein SCHMETTERLING?!« Er spuckte das Wort aus, als wäre es das Widerwärtigste, was er je im Mund gehabt hatte. »Voll lustig, echt! Ich denke, du redest vom Mörder!« Der kleine Kater sah mit dem Ausdruck zutiefst empfundener Empörung so niedlich aus, dass Lampe lachen musste. Er wusste, er musste seinem kleinen Freund jetzt ein Angebot machen.

51

»Also schön. Besprechung. Ich sage euch, was ich habe, und ihr sagt mir, was euch dazu einfällt, einverstanden?« Teddy Bärlein schmollte noch und ließ sich erst erweichen, nachdem Mamsy ihm als Nachtisch ein Tellerchen Sahne hingestellt hatte.

Skarabäus Lampe zählte die Fakten auf – Löwe, Schnur, Spiegel, Rasiermesser, Schlafmittel, Zigarettenstummel, platzierte Geruchsquelle, mögliches Mordmotiv – und schaute Helene und Zacharias erwartungsvoll an.

Der schokobraune Kater putzte nachdenklich sein Ohr, dann hellte sich sein Blick auf. »Garotte!« rief er strahlend.

Mamsy machte ein angewidertes Gesicht. »Näh, solche Ausdrücke will ich in meinem Haus nicht hören, Zacharias!«

Skarabäus Lampe hob beschwichtigend die Hand. »Schon gut, Mamsy, eine Garotte ist gut, sehr gut. Schau, der Direktor wurde mit einer sehr dünnen Schnur erwürgt. Je dünner die Schnur, desto weniger Kraft braucht man zum Erwürgen. Noch weniger Kraft braucht man, wenn man an die Enden der Schnur zwei einfache Holzstücke knotet, die einem den Griff erleichtern. Ein solches Werkzeug nennt man Garotte«, erklärte Lampe seinem Kindermädchen. »Sehr gut, Teddy. Aber was bedeutet eine Garotte als Tatwerkzeug?«

Das Huhn und der Kater sahen einander nachdenklich an, dann brachte Helene vorsichtig hervor, dass der Täter womöglich nicht besonders stark gewesen war. Lampe nickte ermutigend. Das war es. Eine Garotte war ein Werkzeug für Frauen, Schwächlinge und Henker, die vermeiden wollten, dass ihnen nach der dritten Strangulation des Tages selbst die Puste ausging. Wer immer auch den Direktor ermordet hatte, war vermutlich kein 500 Pfund schwerer, muskelbepackter Gorilla.

»Was ist mit dem Spiegel und dem Rasiermesser? Was sagt euch das?«

Helene Pick wurde jetzt etwas mutiger. »Vielleicht hat es mit Eitelkeit zu tun, mit Stolz. Ich meine, was macht einen Löwen zu einem Löwen? Seine Mähne doch. Bei dem Friseur, der mir die Federn eindreht, gibt es sogar Katzen, die sich eine Löwenmähne machen lassen wollen.«

Lampe kaute auf einem Grasstängel, der von der Graspatto übriggeblieben war, und nickte wieder. »Und das heißt was?«

Mamsy überlegte einen Augenblick. »Man nimmt ihm seine Pracht, man macht ihn hässlich.«

Sie zuckte etwas zusammen, als Skarabäus Lampe auf seinem Stuhl nach vorne schnellte, seinen gestreckten Finger auf sie richtete und sie mit grimmigem Blick ansah.

»Ganz genau, Mamsy! Man demütigt ihn. Die Person, die wir suchen, hat etwas Persönliches mit dem Direktor zu begleichen, etwas sehr Persönliches. Teddy? Was ist mit den Zigarettenstummeln?«

Der Kater lehnte sich betont lässig zurück. »Drahid & Falut hast du gesagt? Bei uns am Hafen rauchen das fast alle. Ist billig und schmeckt wie Sch… nicht gut.« Bei den Worten richtete Helene den Blick wie im Gebet an die Decke. Sie hasste es, wenn Zacharias sein Leben auf der Straße erwähnte. Und noch mehr hasste Mamsy es, dass er mit sieben Jahren schon wusste, wie Drahid & Faluts schmeckten.

»Richtig. D & F sind eine Allerweltsmarke. Selbst der Rabe am Eingang hat so eine geraucht. Ich wette, wir finden noch mehr Zirkusvolk, das zumindest gelegentlich zu D & F greift. Der Boden dort ist übersät mit Zigarettenstummeln. Die Kippen am Tatort sind also ebenfalls ohne Bedeutung. Sie können von jedem stammen. Weiter. Das Rasiermesser?«

Hier wurde es für die beiden etwas unübersichtlich, also half Lampe ihnen auf die Sprünge.

»Das Messer gehörte nicht dem Tatverdächtigen, obwohl der durchaus eines besitzt, wie ich von der Bärtigen Dame erfuhr.«

Auf Teddys Frage, warum er dann nicht sein eigenes benutzt habe, hob er eine Augenbraue und sagte: »Das genau ist die 100-Gimmling-Frage. Warum sollte sich ein Fellträger die Mühe machen, ein Rasiermesser von jemand anderem zu stehlen? Gut, das eigene Messer hätte er nicht am Tatort liegenlassen dürfen, aber grundsätzlich bedient man sich doch der Gegenstände, an die man leicht und unauffällig herankommt, oder nicht? Er nicht. Er – oder sie – leiht sich alle bisher gefundenen tatrelevanten Gegenstände bei verschiedenen Zirkusleuten aus. Entweder, weil die Person den Verdacht von sich weglenken will, oder …«

»Ein Komplott!«, rief Teddy aufgeregt dazwischen und stieß dabei fast das Sahneschälchen vom Tisch. »Sie waren es alle zusammen!« Helene quittierte die Aufregung mit einem missbilligenden Blick.

»Das glaube ich nicht«, sagte Lampe. »Der Wagen des Direktors ist zu klein für eine Gemeinschaftstat. Außerdem ist eine Industriebrache im Nirgendwo von Überstadt nicht der Ostland-Express.« Im Ostland-Express war vor ein paar Jahren ein exzentrischer Millionär durch einen spektakulären Mord umgekommen, bei dem es insgesamt zwölf Täter und Täterinnen gab. »Nein, ich glaube, wer auch immer die Tat begangen hat, hat sich die Gegenstände zusammengesammelt, weil er oder sie sie nicht selbst besitzt. Wer also dürfte kein eigenes Rasiermesser besitzen?«

»Geflügel«, sagte Mamsy, als Huhn Fachfrau für Geflügelfragen, »und Frauen.«

Skarabäus Lampe erinnerte sie daran, dass das Messer ausgerechnet von einer Frau, der Bärtigen Dame, stammte, gab ihr aber grundsätzlich mit beidem Recht.

»Alle Leute ohne Fell!«, rief Teddy.

Der Detektiv nickte.

»Sehr richtig. Wenn wir herausfinden, wer kein Rasiermesser besitzt, schwach genug ist, um zu einer Garotte greifen zu müssen, und eine persönliche Rechnung mit dem Direktor zu begleichen hat, haben wir unseren Täter. Oder unsere Täterin.«

Helene schlug mit der Hand auf den Tisch. »Schluss jetzt, der Junge kann sonst nicht schlafen bei diesen Horrorgeschichten!« Sie begann, das Geschirr abzuräumen. »Bleibst du heute wenigstens hier, Zacharias?« Er hatte in Lampes Haus zwar ein eigenes Zimmer, doch das nutzte er nur, wenn es kalt war oder regnete. Als er nickte, seufzte sie erleichtert auf. »Na, dann mache ich mal dein Bett.«

Skarabäus Lampe stand auf, um in seinem Arbeitszimmer die längst überfällige Zigarette zu rauchen und den Rechtsanwalt von Oben anzurufen, um ihn über die neuesten Erkenntnisse und seinen Besuch im Präsidium zu informieren.

»Gut. Sehr gut. Gute Arbeit, Kollegen.«

EIN STREIT UND EIN
ERFOLGLOSES
HIMMELFAHRTSKOMMANDO

Am nächsten Tag war das Wetter freundlicher. Über der Brache war ein Stück blauer Himmel zu sehen, als wollte er die Zirkusleute nach den tragischen Ereignissen aufmuntern. Die bunten Zelte und flatternden Wimpel gaben eine Idee von dem Trubel und der Magie, die hier an Abenden mit Vorstellungen herrschen mussten. Lampe beschloss, nächstentags Teddy mitzunehmen – der Ort und das Zirkusvolk würden dem kleinen Kater sicher gefallen. Und bei den vielen Verdächtigen konnte er ein helles Köpfchen mit guter Beobachtungsgabe gut gebrauchen. Ein zusätzliches helles Köpfchen.

Er überlegte eben, ob er sich ein paar Stängel Löwenzahn als Zwischenmahlzeit pflücken sollte, als sich in einem der Wagen laute Stimmen erhoben. Der Detektiv fand, dass er auch neben dem besagten Wagen nach Löwenzahn suchen konnte, und schlenderte unauffällig näher. Er stellte die Ohren auf, wodurch er nicht mehr ganz so unauffällig wirkte, und ärgerte sich wie immer über diese Eigenart seines Körpers. Hase zu sein, hatte fraglos viele Vorteile, aber dass man seinen Ohren stets auf einen Kilometer Entfernung ansah, was er gerade trieb, gehörte nicht dazu. Er versuchte, seine Löffel etwas zu bändigen, aber wenn er konzentriert lauschte, führten sie ein Eigenleben, gegen das er machtlos war. Er seufzte genervt und lauschte also mit zwei weithin sichtbaren, aufrecht stehenden Ohren.

Ein vorsichtiger Blick durch das Wagenfenster offenbarte die beiden Diskutanten. Das Stachelschwein und die Eule, die er bereits am Vortag gesehen hatte, befanden sich in einem hitzigen Wortgefecht, bei dem es offenkundig um den Direktor ging. Lampe nahm einen leichten Geruch von Puderrosa und einer ganz neuen Farbe wahr. Der Geruch war eine eigenartige Mischung aus Grün und Gelb mit einem braunen Zickzackmuster, eine Art Olivgelb.

Das Stachelschwein, es handelte sich um den Messerwerfer Monsieur Coteau, hatte nur ein Bein, ein Auge und trug im Gesicht eine halbseitige Ledermaske, die vermutlich weitere Entstellungen verdecken sollte. Das leere Hosenbein war nicht ordentlich aufgerollt und festgenäht, sondern schlenkerte bei jeder Bewegung orientierungslos herum.

Lampe erinnerte sich an ein Plakat, auf dem der Messerwerfer in seinem Auftrittskostüm abgebildet war, einem eleganten Smoking mit schwarzem Umhang und mit Glitzersteinen besetzter Maske. Weißer Rauch waberte um seine Füße und ein einzelner Scheinwerfer beleuchtete sein maskiertes Gesicht. Es war sicher sehr wirkungsvoll, wenn er so kostümiert seine Messershow darbot. Das Kostüm gab ihm eine eigene Art von düsterer Attraktivität, von der man ohne den Zinnober nicht im Entferntesten etwas ahnte. Hier, im Schummerlicht des Zirkuswagens, war er nur ein wütendes Wrack in einer abgewetzten Cordweste und einer ausgebeulten Hose.

Die andere Person war unzweifelhaft die Wahrsagerin

Madame Rosalie. Sie war in ein üppiges buntes Gewand mit Pailletten und Perlen gehüllt, ein ebenso farbenfroher Schleier verhüllte Kopf und Gesicht, so dass nur ihre durchdringenden großen Augen zu sehen waren. Ihr Körper war mit einer Unmenge von goldenen Ketten, Reifen und Schellenringen behängt, die jede ihrer Bewegungen mit hellem Klirren begleiteten. Das Kostüm lenkte zahlungswilliges Publikum ab, wo es nur konnte. Überall klimperte und glitzerte es. Ihr Auftritt bediente jedes Klischee, das man mit einer Hellseherin verbinden mochte – untrügliches Zeichen dafür, dass sie ganz und gar nicht das Zweite Gesicht besaß, sondern bei ihren Shows nur die üblichen Psychotricks bemühte. Dennoch entging Lampe nicht die Abgründigkeit in ihren Augen, die verriet, dass sie weit mehr war als eine Scharlatanin.

Der Messerwerfer sprach mit starkem romanzösischen Akzent, so dass Lampe Mühe hatte, alles zu verstehen. Doch offenbar herrschte zwischen den beiden Uneinigkeit darüber, ob das Ableben des Direktors nun eine gerechte Strafe oder eine himmelschreiende Ungerechtigkeit war.

»Er ware nur deine Ssiehsohn, du muhs niesch so tun, wie wenn er ware eine ›Eiliger!‹« Monsieur Coteau gestikulierte wütend und spuckte aus, doch Madame Rosalie ließ sich nicht provozieren. Ihre Stimme klang, als wäre jeder Vokal ein u, obwohl sie davon nicht mehr benutzte als andere auch.

»Das sage ich ja auch gar nicht, aber nur weil Clarimonde dich damals seinetwegen sitzengelassen hat, kannst du nicht …«

»Sie ies tott, Rosalie! Tott! Wegen diese Schwien! Wenn er sie niesch mit der Bebe in Stiesch gelass hätte, sie ware niesch tott!« Das verbliebene Auge des Messerwerfers glühte in Wut und Verzweiflung.

Skarabäus Lampe musste an den Stapel Liebesbriefe in Helios' Wagen denken und das Foto von der zierlichen Hündin vor dem Geibelturm. Eine Tragödie von antiken Ausmaßen entrollte sich vor seinem inneren Auge. Ein verliebtes junges Ding verlässt eine Liebe für eine andere und stürzt ins Unglück, als die Liebe Früchte trägt, was wiederum die erste Liebe ins Unglück stürzt. Lampe sah hier in dem Wagen ein gebrochenes Herz, das nie geheilt war.

Er hatte für den Moment genug gehört und setzte seinen Weg fort. Er wollte den Fakir befragen, aus dessen Zaubertruhe das Seil stammte, mit dem der Zirkusdirektor gefesselt worden war. Die Polizei hatte Übereinstimmungen mit einem Vergleichsseil gefunden.

Lampe fand den Fakir hinter seinem Wagen, wo er damit beschäftigt war, Nägel in ein Brett zu schlagen. Ob es sich bei dem Brett um ein Requisit seiner Show handelte oder sein Bett, war nicht klar. Pavo war ein Zitronenpfau aus dem Ostland. Er hatte die elegante, straffe Körperhaltung eines Offiziers, und Lampe zweifelte nicht daran, dass er in der berühmten Ostlandarmee einen hohen Rang bekleidet hatte oder zumindest auf dem Weg dorthin gewesen war. Auch er sprach mit Akzent, doch klang dieser ebenso elegant, wie es der ganze Fakir war. Sein gelbes Gefieder glänzte in der Herbstsonne und die irisierenden Augen auf seinen Schwanzfedern schillerten grün und violett. Auch seine echten Augen waren violett. Er verströmte jenen fuchsiafarbenen Geruch, den der Detektiv schon im Wagen des Direktors wahrgenommen hatte. In der konzentrierten Intensität, die den Fakir umgab, hatte auch der Geruch etwas Flirrendes, Fuchsia war nur der Grundton, darüber schwebte ein Geruch, der ständig die Farbe zu wechseln schien. Lampe roch einen Tumult aus Angst, Stolz, Trauer, Wut und Anstand.

Der Detektiv stellte sich vor und wollte dem Pfau seine Visitenkarte geben, doch der nickte nur in Richtung eines kleinen Tisches, weil er seine Arbeit nicht unterbrechen wollte, und Lampe legte die Karte dort ab.

»Erzählen Sie mir, wie Sie Helios in der Ostlandarmee kennengelernt haben«, bat Lampe. Der Pfau verzog keine Miene.

»Wir waren während des Großen Krieges in der Dreiviertelzwölften Armee. Palibad.« Weiter erklärte er nichts, aber Lampe wusste auch so, was das Wort bedeutete. Palibad waren Zweierkommandos, die hinter der Front abgeworfen wurden und unter Aufgabe ihres Lebens die feindliche Kampfkraft zu sabotieren hatten. Es gab naturgemäß nur wenige lebende Palibad.

»Wie kommt es, dass Sie beide am Leben sind? Waren? Sind? Warum Sie überlebten.«

Der Fakir ließ den Hammer sinken und schaute ihn gleichermaßen durchdringend wie undurchdringlich an.

»Helios zog es vor, nicht zu sterben. Er hat uns rausgebracht. Er hatte viele … Talente.« Die kurze Pause und sein starrer Blick zeigten an, dass Helios sie beide nicht mit seinem Charme aus der todbringenden Mission geführt hatte.

Lampe fragte weiter. »Hat er Sie beide befreit?«

Der Pfau lachte bitter. »Befreit? Was er getan hat, ist keine Befreiung. Ein Palibad muss sterben, das ist seine einzige Bestimmung.«

Auf irgendeine Weise hatte Helios dem Pfau das Leben

gerettet, ihm aber gerade dadurch auch die Ehre genommen. Ein schwer auszuhaltender Konflikt für einen stolzen Angehörigen der Dreiviertelzwölften.

»Ihre Mission ist gescheitert?«

Ein dunkler Schatten legte sich über die Pfauenaugen, seltsamerweise sowohl über die echten als auch die auf den Schwanzfedern. Skarabäus Lampe fragte sich, wie der Pfau das wohl machte.

»Schlimmer. Wir waren erfolgreich. Wir haben die Rebellen zu ihren Ahnen geschickt und blieben *trotzdem am Leben*. Verstehen Sie? Was Helios getan hat, stellte die Existenz der Palibad komplett in Frage. Man hatte uns erzählt, die Mission sei nur im Tausch gegen unser Leben zu erfüllen. So erzählt man es allen Palibad seit jeher. Helios zeigte, dass das nicht stimmte. Er zeigte es mir, den anderen Palibad, dem Kommando. Wissen Sie, eine Mission kann scheitern, das kann passieren. Ein Blindgänger, eine Ladehemmung, spontane Feindbewegung, es ist nicht heldenhaft, wenn es passiert, aber es ist ehrlich. Eine Mission kann scheitern, aber sie darf nicht gelingen und dabei sich selbst in Frage stellen.«

Soldatenehre erschloss sich dem Detektiv nicht, aber er wusste, dass sie ein starkes Motiv sein konnte. Soldaten verbanden mit ihrem Dasein einen höheren, für Lampes Geschmack viel zu grobschlächtigen Zweck. Palibad erst recht. Sterben gehörte gewissermaßen zu ihrem beruflichen Erfolg.

»Wir wurden unehrenhaft entlassen. Unehrenhaft. Ein Palibad muss schon eine ganze Menge tun, um in Ungnade zu fallen, aber Helios hat es geschafft. Und als sein Partner war für mich damit auch Schluss. Er machte sich nichts draus, ihm war egal, aus welcher Richtung sein Ruhm kam. Hat es nach unserer Entlassung sogar geschafft, sich irgendwie wieder zurück in den Dienst zu schummeln, und war dann in Romanzreich stationiert. Helios fand immer einen Weg. Wie ich sagte: Er hatte viele Talente. Aber ich war immer nur Soldat, ein anständiger Soldat, ich hatte keine Optionen. Und als Helios mich nach dem Krieg fragte, ob ich nicht in seinem Jahrmarkt mitmachen wolle, den er mit Dante gründen wollte, blieb mir nur ein Weg. Und jetzt verdiene ich mein Geld damit, Leute zu täuschen. Als Palibad hier«, er machte eine ausladende Bewegung, »zu enden, ist für mich schlimmer als der Tod.«

Skarabäus Lampe runzelte die Stirn. Er war wahrhaftig ein Freund pathetischer Gesten, aber das hier erschien ihm doch etwas übertrieben. »Haben Sie Helios je verziehen?«

Pavo zuckte die Schultern. »Mir blieb kein anderer Weg. Verzeihen ist in meiner Kultur der eigentliche Kern inneren Friedens. Nur wer verzeiht, kann bei sich sein. Nur wer weltliches Hadern loslässt, kann sich Hoffnung auf etwas Höheres machen. Wenn Sie mich also fragen, ob ich Rachegefühle hegte oder gar Helios den Tod wünschte, dann kann ich das verneinen. Mir selbst wünschte ich dagegen oft den Tod.«

Lampe nickte.

»Was wäre mit Ihnen geschehen, wenn der Direktor den Zirkus an diese Varietéshow verkauft hätte? Wo wären Sie geblieben?«

Die Nägel waren jetzt alle eingeschlagen und der Pfau setzte sich vorsichtig darauf. Es sah aus, als ob er ein Ei ausbrütete.

»Ich wäre übernommen worden. Diese Varietéleute mochten Optik, eine gewisse Eleganz. Sie hätten mich mitgekauft. Und Miniko ebenso.« Auf Lampes fragenden Blick ergänzte er »Unsere geheimnisvolle Bilderbuchschönheit. Nur die weniger«, er räusperte sich, »eleganten – Florence, der Fleischberg Dante, dieser heruntergekommene Romanzose und auch Dr. Johnson, der Dachs – hätten ihre Sachen packen müssen. Coteau glaubt, weil er im Großen Krieg versehrt wurde, hätte er irgendetwas mit mir gemein, können Sie sich das vorstellen?«

Lampe war überrascht. Dass die Übernahme durch das Varieté nur für einen Teil der Belegschaft existenzbedrohende Folgen hätte, war aus der Akte nicht hervorgegangen.

»Was ist mit diesem Jungen, Polonius?«

Wie aus dem Nichts war neben dem Nagelbrett eine Wasserpfeife aufgetaucht, von der der Pfau jetzt einen tiefen Zug nahm. Sofort stieg Lampe der pastellgrüne Geruch von Gürteltier in die empfindliche Nase und er konnte den Drang, um einen Zug zu bitten, nur schwer unterdrücken. Der Pfau winkte ab.

»Der Junge ist erst seit kurzem bei uns. Haben Sie ihn gesehen? Er hat eine scheußliche Hautkrankheit und sieht am Körper beinahe wie ein Mensch aus.« Eine angeekelte Miene begleitete seine Worte. »Er hatte wirklich Chuzpe, der Kleine. Hat sich wohl im letzten Jahr Helios vorgestellt und einfach gefragt, ob er mitmachen kann. Initiativbewerbung, Sie verstehen? Aber da war er noch zu jung, das hätte Helios direkt die Kinderfürsorge ins Zelt gebracht. Also hat er ihn für dieses Jahr wieder herbestellt und der Junge kam tatsächlich, obwohl ihn die Fahrt in die Stadt ein Vermögen gekostet haben muss. Er kommt vom Weizenland, die Eltern sind arm wie die Turmkühe. So hat er es zumindest erzählt.«

Nach einem weiteren Zug aus der Wasserpfeife bekamen die violetten Augen des Pfaus das Aussehen schwarzer Diskusscheiben und seine Sprache wurde etwas schleppend, ohne jedoch die ihr eigene Eleganz zu verlieren. Ein Mann mit Stil blieb eben ein Mann mit Stil, auch unter Gürteltiereinfluss.

»Er kam drei Tage vor dem Mord zu uns, wir waren schon seit zwei Tagen in der Stadt. So wie er aussieht, hätte das Varieté sicher auch für ihn das Ende einer ausgesprochen kurzen Zirkuskarriere bedeutet.«

Der Detektiv nickte. »Was ist mit dem Seil?«

»Meine Sachen liegen in einer Kiste hinter meinem Wagen. Und bevor Sie fragen: Die Truhe ist nicht verschlossen. Hammer und Nägel sind unter Nicht-Handwerkern keine sehr begehrte Diebesbeute. Mir ist noch nie etwas weggekommen. Also, noch niemals vorher.«

»Ich verstehe. Eine Sache noch: Sagt Ihnen der Name Clarimonde etwas?«

»Allerdings. Immer, wenn der Romanzose getrunken hat, jammert er allen die Geschichte vor, wie er die Liebe seines Lebens verlor. Er ist sicher begierig, Ihnen mehr darüber zu erzählen.«

Skarabäus Lampe bedankte sich, bat um Benachrichtigung bei etwaigen Erinnerungsschüben oder verdächtigen Beobachtungen, wies dann mit dem Kopf auf das frisch genagelte Brett und fragte »Bett oder Bühnenrequisit?«

»Weder noch, das ist mein neuer Schreibtischstuhl.« Der Pfau lächelte sein unergründliches Lächeln und Lampe war nicht sicher, ob er einen Spaß gemacht hatte.

Fräulein Pantanananarabi goss sich gerade den dreizehnten Kaffee des Tages ein, als Skarabäus Lampe ihr Büro betrat. Nach dem Gespräch mit dem Fakir hatte er sich ein Taxi genommen und war quer durch die Stadt gefahren, um mit Anwalt von Oben zu sprechen.

»Skar! Was führt dich her? Ich habe hier keinen Termin für dich vermerkt.«

Ihre Frage ignorierend sagte er: »Es ist auch schön, dich zu sehen, Fräulein Pantanananarabi. Ist er da?«

Das Fingertier, das heute von besonders durchdringender Hässlichkeit war, zuckte die Schultern. »Ja, aber er sitzt schon den ganzen Vormittag über wichtigen Dokumenten. Ich glaube, es ist euer neuer Fall.«

Lampe strahlte. »Ah, dann passt das ja! Bis später.« Und mit diesen Worten betrat er, ohne zu klopfen, das Büro des Anwalts. Er ließ sich in den kleinen Besucherstuhl fallen, streckte die Beine aus und grinste den Anwalt an.

»Lampe, Sie Nervensäge! Können Sie keinen Termin mit Fräulein Pantanananarabi machen wie jeder andere auch? Sie stören. Ich sitze an der Verteidigungsschrift für diesen Affen, die – wie Sie wissen – morgen fertig sein muss.«

Lampe zupfte sich einige Fusseln vom Revers und antwortete seelenruhig. »Entspannen Sie sich, Anwalt. Genau deshalb bin ich hier. Beantragen Sie die Freilassung des Gorillas.«

Er berichtete dem Anwalt die wesentlichen Erkenntnisse seiner bisherigen Ermittlungen und legte dabei besondere Betonung auf die vielfältigen Konfliktherde, Intrigen und alten Fehden unter den Zirkusangestellten.

Der Fisch stellte einige Zwischenfragen, anfangs skeptisch, später interessiert. Ganz langsam trat erst Hoffnung, dann Zuversicht in seine Augen. Ihr Strahlen gab ihnen das Aussehen kleiner Glühbirnen, aber Lampe hatte sich längst daran gewöhnt, dass bei Fischen eigentlich jeder Gesichtsausdruck irgendwie verschoben wirkte.

»Sie sehen, dass Suttens Beweise«, er begleitete das Wort mit Anführungszeichen, die er mit seinen Händen in die Luft malte, »nichts taugen und dass in diesem verdammten Zirkus mehr Leichen hinter dem Popcornstand liegen als Zigarettenkippen davor. Glauben Sie mir, die geplante Übernahme durch die Varietéshow war für die Angestellten bei weitem nicht das größte Problem. Bis jetzt haben alle ihre ureigenen Motive, den Direktor von seiner Existenz zu erlösen. In wenigen Tagen werde ich ihnen den Mörder – oder die Mörderin – auf dem Silbertablett präsentieren, eine Verteidigungsschrift ist dann ohnehin nicht mehr notwendig. Stellen Sie den Antrag, von Oben.«

Der Fisch nestelte an einer Schublade, wofür er wieder von seinem Stuhl gerutscht war, dann zog er ein Formular hervor. Nachdem er wieder umständlich auf seinen Stuhl geklettert war, füllte er es routiniert aus und drückte schließlich einen kleinen roten Knopf auf seinem Schreibtisch. Lampe war der Knopf schon aufgefallen, er war neu. Eine Ratte in einem Pagenkostüm kam aus einem ebenfalls neuen Verschlag geflitzt und verschwand wieder, als von Oben ihr das Formular mit entsprechenden Anweisungen ausgehändigt hatte.

Der Detektiv zog eine Augenbraue hoch. »Seit wann haben Sie Ratten?«

Ratten waren keine sehr beliebten Arbeitnehmer und es überraschte Lampe, dass ausgerechnet jemand, dem der Auftritt so wichtig war wie von Oben, welche beschäftigte.

Die Nager galten den meisten Leuten als faul, doch die Wissenschaft hatte unlängst herausgefunden, dass ihre Zeit einfach auf einem anderen System basierte. Eine Rattenstunde hatte nicht sechzig, sondern nur siebenundfünfzigkommadrei Minuten. Aus diesem Grund machten sie immer früher Feierabend als der Rest einer Belegschaft, was nicht nur zu Spannungen mit der Gewerkschaft, sondern auch zu starken Ressentiments gegenüber den Ratten geführt hatte. Das Diskriminierungsverbot, das auch die Dreischnecks vor Benachteiligung schützte, untersagte zwar die Kündigung und die Ablehnung einer Rattenbewerbung aufgrund der Zeitverschiebung, aber Arbeitgeber waren ausgesprochen einfallsreich, wenn es darum ging, keine Ratte zu beschäftigen. Ratten rochen nicht gut, sie waren zu klein, um die Arbeitsgeräte zu bedienen, sie trugen die Kleidung auf links – keine Ausrede war ihnen zu fadenscheinig.

Die Gerichte waren voll von arbeitsrechtlichen Streitigkeiten, bei denen Ratten versuchten, sich in einen Job zu klagen. Es gab einige progressive Ansätze, die Ratten etwa durch Schichtdienst von der restlichen Belegschaft getrennt zu beschäftigen. Doch da alle wussten, dass die Ratten nicht zehn, sondern nur neuneinhalb Stunden zu arbeiten brauchten, wurden viele der Projekte wieder eingestellt.

Einfache, aber sehr laute Geister zweifelten außerdem öffentlich die wissenschaftlichen Erkenntnisse über die Rattenzeit an und hielten sie für eine kulturelle Ausrede der großen Rattenverschwörung, um nicht zugeben zu müssen, wie faul sie waren. Ratten blieben daher weitgehend unbeliebte Bewerber. Die meisten von ihnen waren selbstständig, so dass sie ihre Arbeitszeit selbst einteilen konnten, oder sie, nun ja, schlugen sich irgendwie durch. Das machte sie noch unbeliebter, denn dadurch galten sie nicht nur als faul, sondern auch als Streuner und Diebe.

Der Fisch winkte ab. »Alles Vorurteile! Auch Fräulein Pantanananarabi, deren Art ja selbst wegen sagen wir mal gewisser Unzulänglichkeiten nicht zu den beliebtesten Angestellten gehörte, war anfangs dagegen. Ich habe die beiden Kerlchen erst seit gestern, bin aber sehr zufrieden. Natürlich darf man ihnen keine Arbeiten übertragen, deren Erledigung mehr als siebenundfünfzigkommadrei Minuten bedarf, aber für kürzere Botengänge sind sie ideal. Man muss den Tieren nur etwas geben, das ihnen liegt, dann gibt es auch keine Probleme. Viele Ratten haben eine unrühmliche Vergangenheit als«, er räusperte sich, »*Sammler* von Dingen. Sie ziehen umher, sammeln und bringen ihre Beute, will sagen: ihre *Fundstücke* dann woanders hin. Sie tragen Dinge von A nach B. Eine Ratte ist der geborene Bote!«

Damit faltete der Anwalt seine kleinen Flossenhändchen über dem gewaltigen Bauch und blickte Lampe zufrieden an. Der Detektiv musste anerkennen, dass von Obens Argumentation charmant und schlüssig war und er beschloss, es bei einem seiner nächsten Botenaufträge mit einer Ratte zu versuchen. Er stand auf und die beiden versprachen, einander auf dem Laufenden zu halten.

EIN SELTSAMER HUND
UND EINE LIEBE IM KRIEG

Teddy hatte die Nacht bei Skarabäus Lampe verbracht. Der hatte darauf bestanden, denn obwohl der kleine Kater über die Idee, mit zum Zirkus zu dürfen, ganz aus dem Häuschen geraten war, kannte der Detektiv die Schlafgewohnheiten des Jungen genau. Wahrscheinlich würde er, wenn er selbst und Helene schon längst schliefen, aufgekratzt durch das Haus flitzen, dabei mehrere unsichtbare Dämonen stellen und ein bisschen aus der Katzenoper singen. Vielleicht würde er auch einigen von Mamsys Wollknäueln den Garaus machen. Von der Toberei völlig erschöpft würde er in den frühen Morgenstunden einschlafen und um neun, wenn Lampe zum Zirkus aufbrechen wollte, kaum ansprechbar sein. Es war schlichtweg unmöglich, einen Springteufel wie Zacharias Bärlein dazu zu bringen, pünktlich um neun irgendwo zu sein, um irgendwohin zu fahren, wenn man nicht persönlich dafür Sorge trug.

Teddys »Bett« war nichts weiter als ein mittelgroßer Pappkarton in der Ecke des Hauswirtschaftsraumes. Helene hatte ein Kissen hineingelegt, das sie immer aufschüttelte, wenn der Kater beschloss – oder von Lampe dazu verdonnert wurde –, die Nacht bei ihnen zu verbringen.

Offiziell gehörte Teddy der Kinderfürsorge, aber faktisch

gehörte er sich selbst. Wie die meisten Straßenkinder – Mädchen wie Jungen – war er gewitzt, mutig und ungeheuer selbstständig für sein Alter. Er bestimmte, wann er die Nächte in der Freiheit der Bindungslosigkeit verbringen wollte und wann er sich in die Behaglichkeit von Lampes Quasifamilie begab. Anfangs weigerte Helene sich, dieser Übereinkunft zuzustimmen. »Skarabäus Lampe«, pflegte sie dann zu sagen und sich vor ihm aufzubauen, »kein Kind unter meiner Aufsicht war, ist und wird je obdachlos sein! Du adoptierst ihn!«

Zähe Nachverhandlungen waren nötig gewesen, um zu einem für alle akzeptablen Weg zu kommen, denn nicht nur Lampe, sondern auch der kleine Kater standen einer Adoption sehr zwiespältig gegenüber. Teddy nahm seine Freiheit, Mamsy ihre Fürsorgeverantwortung sehr ernst. Für Lampe war nur wichtig, dass der Junge gesund war und blieb. Dafür, bei seinen Halbweltaktivitäten nicht gemeuchelt oder von der Polizei geschnappt zu werden, sorgte er schon ganz allein. Schließlich einigten sich die drei darauf, dass der kleine Kater sich wenigstens einmal am Tag meldete und alle zwei Tage vorbeikam, damit Mamsy ihn füttern, waschen und mit frischer Kleidung versorgen konnte. Und umgekehrt würde sie nicht jedes Mal versuchen, ihn zum Bleiben zu bewegen, wenn er kam.

Jetzt lag er wie eine Brezel verschlungen auf dem Kissen, den linken Fuß hinter dem rechten Ohr, und schnarchte wie ein Weltmeister.

Mit einem Ruck zog Lampe die Vorhänge des kleinen Gaubenfensters auf und sagte: »Hopp! Aufstehen, du Meisterdetektiv, sonst fange ich die Gangster allein.«

Teddy räkelte sich und gähnte hingebungsvoll. Er machte

ein mauliges Geräusch und gähnte nochmal. »Is' doch noch mitten in der Nacht. Die Gangster schlafen bestimmt noch.«

Lampe lächelte. »Na? Ging die Katzenoper gestern wieder länger als gedacht?«

Der Kater setzte sich auf und fing mit glasigem Blick an, sich die Öhrchen zu putzen.

»Ich sag Mamsy, dass sie dir deine Milch raufbringen soll. In der Zwischenzeit bürste ich mir die Ohren und danach gehe ich los, ob du nun fertig bist oder nicht.«

Teddy unterbrach seine Morgentoilette, in seinen Augen blitzte ein Gedanke. »Denkst du, wir werden dem Mörder heute begegnen?«

Lampe nickte. »Oder der Mörderin. Ja, das denke ich. Und wenn wir ihm – oder ihr – nicht nur begegnen, sondern ihn – oder sie – auch überführen wollen, brauche ich dich hellwach, Partner.«

Die Augen des Katers weiteten sich in Abenteuerlust. Es machte ihn immer sehr stolz, wenn Lampe ihn Partner oder Kollege nannte.

»Cool!«, flüsterte er und es klang, als habe das Wort siebzehn u.

Sie nahmen ein Motortaxi. Auch wenn Teddy bei seinen nächtlichen Abenteuern mitunter große Areale durchstreifte, war der Weg von der Endhaltestelle der Straßenbahn hinauf zu der Industriebrache zu weit für einen Siebenjährigen und Lampe hatte keine Lust, ihn tragen zu müssen, weil ihm auf halber Strecke die Füße wehtaten. Außerdem hatte sich der Himmel über Nacht wieder zugezogen und Lust, nass zu werden, hatte Lampe schon erst recht nicht.

Frühnebel umwaberte das Zirkusgelände und insgeheim

freute der Detektiv sich, dass dem Kater ein so stimmungs-
voller Empfang bereitet wurde.

Kaum hatten sie die Schranke zum Zirkusgelände durch-
schritten, flitzte der Kater davon. Lampe ließ ihn, weil er
vollstes Vertrauen hatte, dass er auch ohne seine Anweisungen wissen würde, was für ihren Fall interessant war und was
nur seinen eigenen Spieltrieb befriedigte. Lampe selbst hatte
sich vorgenommen, die Schwertschluckerin Dame Avalea,
den Medizinscharlatan Dr. Johnson und den Messerwerfer
Monsieur Coteau zu befragen.

Teddy streunte einfach ziellos herum. Alles war interessant, alles, von einer Unterscheidung in relevante und ir-
relevante Dinge konnte nicht die Rede sein. Der Nebel verschluckte die Konturen der Wagen, Stände und Zelte und
gab der Umgebung etwas Ungefähres. Das lieferte dem kleinen Kater den perfekten Vorwand, sich alles *ganz genau* anzuschauen. Schließlich musste er sicher sein, was oder wer
da vor ihm stand. Die bunten Lampions konnten den Nebel
kaum durchdringen, sie färbten ihn nur.

Die feuchte Luft verstärkte die Gerüche. Obwohl der
Zirkus seit drei Tagen geschlossen war, roch der Kater kal-
tes Popcorn, Tabak und die Aufregung eines zahlenden
Publikums. Skarabäus Lampe hatte ihm das Wegenetz erklärt, so dass er sich einigermaßen zurechtfand, wenn nicht
gerade eine besonders dicke Nebelschwade den Weg verschluckte.

Die weiß getünchten Wegweiser ragten wie schiefe
Schiffsmasten aus dem Dunst. Teddy hatte Schwierigkeiten, sie zu lesen, weil er unter Lampes pädagogischer Aufsicht bisher nur in *Herr Igel ist müde* gelesen hatte. Das Wort
»Schwertschluckerin« kostete ihn vier Anläufe und als er es

endlich flüssig aussprach, kommentierte er sich selbst mit einem »Wow!«.

Er schlug den gegenüberliegenden Weg ein – auf dem Wegweiser stand »Der Tätowierte Tod«, wie er nach drei Versuchen entzifferte. Der Weg führte zu einer kleinen T-Kreuzung, an deren Stirnseite sich Zelt und Wagen des besagten Todes befanden. Gespannt, wer – oder was – sich hinter dem Namen verbarg, klopfte er an die Tür. Niemand öffnete.

Zielstrebig steuerte der kleine Kater das Seitenfenster an, zog sich eine herumstehende leere Kiste heran, stieg hinauf und starrte unverwandt in den Wagen. Er konnte nur erkennen, dass alles ganz anders aussah, als er es gewohnt war. Plakate hingen an den Wänden, aber er konnte nicht lesen, was auf ihnen stand. Nicht weil die Sachen, die da standen, komplizierter waren als *Herr Igel ist müde*, sondern weil es fremde Schriftzeichen waren.

Über den Plakaten hing ein krummes Zweiostschwert in einer Halterung, daneben ein Fächer und drei silberne Wurfsterne, die offenbar nur dekorativen Charakter hatten. An einem Schrankkoffer hing ein Kimono, auf dessen linker Brustseite ein silberner Fink gestickt war. Der Tätowierte Tod war nirgends zu sehen.

Enttäuscht stieg der Kater von der Kiste und überlegte sich, wo er als Nächstes Erkundungen anstellen sollte, als sich eine schmächtige Gestalt aus dem Nebel löste und auf ihn zukam. Dem kleinen Kater klopfte das Herz bis zum Hals und er wagte nicht, sich zu rühren. Die Möglichkeiten für einen abenteuerlustigen kleinen Kater, Schimpfe zu kassieren, waren vielfältig, die Möglichkeiten für einen auf der Straße lebenden Waisenkater, ums Leben zu kommen, noch vielfältiger. Sein trainiertes Gehirn suchte fieberhaft gleichzeitig nach Ausreden für seine Spannerei und nach Fluchtwegen.

Doch die Gestalt, die sich schließlich aus dem Nebel löste, erschien weder besonders autoritär noch besonders mörderisch. Es war ein halbwüchsiger ... ja, was eigentlich? Teddy konnte seine Art nicht zuordnen, weil er unbehaart war. Hände, Arme, Kopf, alles, was sein rot-weiß gestreiftes Hemd frei ließ, war komplett nackt. Sein Gesicht sah wie das eines Hundes aus, aber seine Haut passte nicht dazu. Sie war auch nicht wie Eidechsenhaut, die hatte Schuppen, sondern wirkte irgendwie fremd. Sie war rosa. In seinem linken Ohr trug der eigenartige Junge einen kleinen Ohrring mit türkisem Stein, der einen seltsamen Widerspruch zu der einfachen, eher ländlichen Kleidung darstellte.

Einen Augenblick beäugten die beiden Jungen einander misstrauisch, bevor der seltsame Hundejunge das Schweigen brach. »Bist'n du? Hab dich noch nie gesehen.«

Die Stimme klang hell, noch mehr nach Kind als nach Mann, und Teddy wurde etwas mutiger.

»Ich bin Zacharias Bärlein, der Partner von Skarabäus Lampe.« Er betonte das Wort »Partner« besonders, um seine Unantastbarkeit herauszustellen – nur für den Fall, dass der andere doch etwas Böses im Sinn hatte. »Und du?«

Die Reaktion des Jungen zeigte Teddy, dass der keine Ahnung hatte, was »Partner von Skarabäus Lampe« bedeutete.

»Bin Polonius. Der Junge mit der Menschenhaut, so nennen sie mich hier. Eigentlich heiße ich Fido.«

Teddy Bärlein schaute ausdruckslos. »Und *was* bist du?«

Der fremde Junge vergrub seine Hände tief in den Taschen seiner hellblauen Arbeitshose.

»Bin ein Fuchs, aber hab keine Haare. Ist 'ne Hautkrankheit, hab ich schon, seit ich 'n Baby bin. Bin erst kurz beim Zirkus, deshalb gibt's noch keine Plakate von mir. Der Direktor wollte mich ganz groß rausbringen.«

Teddy war beeindruckt. »Wow!« Er fragte sich, was sein eigener Bühnenname wohl sein mochte, wäre er beim Zirkus. Die Schokobraune Gefahr vielleicht. Oder einfach nur Der Schatten. Oder der Braune Blitz, oder nein, das dann doch nicht, das klang wie eine Darmkrankheit. »Wie bist du zum Zirkus gekommen?«, fragte er gespannt.

»Meine Eltern hatten eine Farm im Weizenland. Sie schämten sich wegen meiner Haut und wollten nicht, dass ich im Freien arbeite. Hatte also die Wahl, entweder für immer im Silo zu arbeiten oder in die Stadt zu gehen. Wollte mein Glück versuchen und Helios glaubte an mich. Es hätte meine erste Spielzeit sein sollen. Kam, kurz bevor er ermordet wurde. Kann dich rumführen. Kenne noch nicht alles, aber ich weiß, wo sie das unverkaufte Popcorn aufbewahren.«

Während der kleine Kater sich mit Polonius, dem Fuchsjungen mit der Menschenhaut, auf den Weg machte, die Popcornreste des Zirkus in Augenschein zu nehmen, steuerte sein *Partner* Skarabäus Lampe den Wagen von Dame Avalea an. Er konnte sich besser orientieren als sein Kompagnon, was zum einen daran lag, dass der Nebel etwas lichter wurde, zum anderen daran, dass sein Lesevermögen *Herr Igel ist müde* geringfügig überstieg. Dort angekommen, bemerkte er, dass die Artistin zwar in ihrem Wagen, der Moment aber denkbar ungünstig war. Durch die angelehnte Wagentür konnte er sehen, dass sie nur einen Morgenmantel trug und gerade dabei war, sich anzuziehen.

Ganz Gentleman wollte der Detektiv sich abwenden, entdeckte dann aber an ihrem Körper ein kleines Detail, das er sofort seiner Liste hinzufügte. Sie hatte einen hässlichen Ausschlag an den schlanken Beinen. Große Abszesse und Geschwüre überzogen ihre Schenkel und Lampe wusste jetzt, woher das Schlafmittel stammte. Er erkannte den Ausschlag zweifelsfrei als schweren Fall von Bromoderma – ein untrügliches Zeichen für den jahrelangen Missbrauch bromidhaltiger Schlafmittel.

Diskret zog er sich zurück und zögerte einen Moment, als er bemerkte, dass die Eidechsenfrau ihn vom gegenüberstehenden Wagen schon eine Weile beobachtete. Es war nicht ihr Wagen, sondern der des Wunderheilers Dr. Johnson, wie das Schild neben der Tür verriet. Der Tätowierte Tod lehnte an der Wagenwand, einen Fuß auf der Einstiegstreppe, wodurch der Kimono den Blick auf ein von Bildern überzogenes, schlankes Bein freigab.

Skarabäus Lampe, der Meisterdetektiv, den sonst nichts so leicht aus der Ruhe brachte, musste tief einatmen, um sich zu sammeln, und ging dann zu ihr hinüber.

Ihr Geruch war betörend, eine faszinierende Mischung aus Nachtblau, Jadegrün und ein paar tiefroten Sprenkeln. Darüber schwebte ein Hauch von Silber. Der Stolz und die Stärke einer jahrhundertealten Familie sprachen daraus.

Zwei schräg stehende, leuchtend grüne Augen mit senkrechter Pupille sahen ihm mit Bestimmtheit und Furchtlosigkeit entgegen. Ihr Blick bildete einen verführerischen Kontrast zu ihrer grazilen, beinahe zerbrechlichen Statur. Für einen Moment musste der Detektiv darum kämpfen, seine Haltung zu wahren. Erst nach einem Räuspern bekam er eine Begrüßung heraus.

»Sie müssen Miniko sein.«

Die hingehaltene Visitenkarte ignorierte sie genauso wie seine Begrüßung.

»Gehen Sie fort«, zischte sie.

Lampe sagte nichts, sondern schaute sie nur an. Sie nahm die Herausforderung zum Blickduell an und so standen sie einige Sekunden, seine Augen mit analytischer Neugier, ihre mit kühler Ablehnung. Sie hatte ihr Kinn entschlossen vorgeschoben und presste ihre Lippen zusammen. Schließlich wiederholte sie: »Gehen Sie fort, schnell. Hier gibt es nichts für Sie zu finden.«

Durch eine winzige Bewegung rutschte der Kimono noch etwas weiter über ihr Bein zurück und gab den Blick auf eine beeindruckende Muskulatur frei. Natürlich nicht Lampes Blick, denn der hätte sich niemals die Blöße gegeben, ein schönes Frauenbein anzustarren, und so starrte er weiter in ihre Augen. »Sie irren sich. Ich habe es schon gefunden.«

Für den Bruchteil einer Sekunde veränderte sich ihr Geruch und die tiefrote Spur nahm einen goldenen Schimmer an. Die Zweideutigkeit seines Satzes verwirrte sie, wie er zufrieden feststellte.

Ohne den Blick von ihr abzuwenden, holte er sein Zigarettenetui aus der Manteltasche, öffnete es und hielt es ihr hin. Der Tätowierte Tod zögerte einen Augenblick und nahm dann eine Zigarette. Lampe gab der Artistin Feuer, wobei sie darauf achtete, seine Hand nicht zu berühren. Mit einer Stimme, die nicht mehr zischte, aber sonst nichts an Misstrauen eingebüßt hatte, sagte sie: »Sie wissen nichts.«

Lächelnd blickte Lampe kurz zur Seite, um sie direkt danach wieder anzuschauen.

»Sie meinen, von dem Leid? Der Einsamkeit? Dem Tod? Den gebrochenen Herzen?«

Auf ihren überraschten Gesichtsausdruck fuhr er fort.

»Ich mag noch nicht alles wissen, aber dass in diesem Jahrmarkt überall Schmerz vergraben liegt, habe ich schon entdeckt.«

Jetzt wandte auch Miniko ihren Blick ab.

»Sie sind Verlorene«, sagte sie und zum ersten Mal klang ihre Stimme etwas weicher. »Sie haben verloren und sie sind verloren.«

»Ja. Ich weiß.«

Sie rauchten einen Moment schweigend, dann sagte sie: »Passen Sie auf Ihren kleinen Kompagnon auf. Er hat vorhin an meinem Wagen herumgeschnüffelt und ich mag es nicht, wenn man mir hinterherspioniert.«

Lampe schaute sie nachdenklich an.

»Warum nennt man Sie den Tätowierten Tod, Miniko? Ich meine, was *tun* Sie?«

Wie von Zauberhand erschien ein silberner Wurfstern in ihrer Hand, den sie kunstvoll und ohne die kleinste Verletzung über ihre Fingerknöchel tanzen ließ. Sie erhob die Stimme wie ein Zirkusdirektor, der eine Sensation ankündigt.

»MINIKO, DER TÄTOWIERTE TOD! BEHERRSCHT 27 KAMPFKUNSTARTEN DES ZWEIOSTLANDES MIT TÖDLICHER PRÄZISION! REIZEN SIE SIE NICHT, ES KÖNNTE DAS LETZTE SEIN, WAS SIE TUN!«

Und mit dem letzten Wort schleuderte sie den Stern blitzschnell in Richtung des nächsten Wegweisers. Er blieb exakt über dem i in »Der Tätowierte Tod« stecken. Skarabäus Lampe hob die Augenbrauen und ging zu dem Wegweiser. Bei dem Versuch, den tief im Holz steckenden Stern herauszuziehen, verletzte er sich. Er steckte sich den blutenden Finger in den Mund und gab Miniko den Stern zurück.

»Beeindruckend«, kommentierte er. »Wie sind Sie zum Zirkus gekommen?«

Sie sah ihn wieder mit einem abgründigen, beinahe traurigen Blick an.

»Gehen Sie, Detektiv. Hier gibt es nichts für Sie zu finden.«

Und damit nahm sie den Stern aus seiner Hand – diesmal berührte sie ihn hauchzart – ließ Skarabäus Lampe stehen und verschwand in den Resten des Morgennebels.

»Er hat was?!«

Inspektor Resfaldo Sutten tobte, als er von dem Freilassungsantrag des Rechtsanwalts von Oben hörte. Polizeiwachtmeisterin Mops, die ihm die Nachricht überbracht hatte und tatsächlich ein Mops war, hob an, die Nachricht zu wiederholen, aber Sutten unterbrach sie mit einer unwirschen Handbewegung.

»Ach, gehen Sie mir aus den Augen, Mops!«

Er ließ sich missmutig auf seinen Schreibtischstuhl fallen. Lampe! Dahinter steckte mit Sicherheit Skarabäus Lampe! Lampe, dieses Magengeschwür, dieser Unruhestifter, dieser Spielverderber!

Inspektor Sutten konnte schon nicht mehr zählen, wie oft ihm der Hase in die Suppe gespuckt und einen praktisch gelösten Fall in seine Bestandteile zerlegt hatte. Dass er dabei nur das Unbrauchbare, das Fehlinterpretierte, das Irreführende aufgedeckt hatte, besänftigte Suttens Wut keineswegs. Im Gegenteil: Lampes ganze Existenz führte die Polizei immer wieder vor. Er ließ sie als tumben, nachlässigen Haufen dastehen, der sie zwar auch war, aber nach Suttens Dafürhalten musste das wirklich nicht jeder wissen. Es war schließlich nicht seine Schuld, dass die Polizeiausbildung von Jahr zu Jahr schlechter wurde, dass ihnen von Jahr zu Jahr mehr Mittel gekürzt wurden, dass sie mitunter noch nicht einmal vernünftige Waffen hatten.

Die Anschaffung des Fledermaustrichters für Nachteinsätze vor einigen Jahren war so teuer gewesen, dass mittlerweile kaum noch Geld da war. Jüngere Polizeibedienstete, die die Schule noch nicht lange hinter sich hatten, bekamen keine Schusswaffen, nicht einmal Schlagstöcke, stattdessen gab man ihnen Bananen. Diese sollten sie etwaigen Angreifern einfach entgegenwerfen. Sofern das Überraschungsmoment ihnen nicht die Flucht ermöglichte, gab es immer noch die Chance, dass der Widersacher auf der Südfrucht ausrutschte. Wie sollte diese Truppe mit einem Hasen mithalten, der dank seines Vaters nahezu unbegrenzte Geldmittel, ein riesiges Netzwerk aus Spitzeln und Spionen und darüber hinaus auch keine Skrupel hatte, Informationen, die zur Aufklärung eines Verbrechens führten, auf unkonventionelle Weise zu beschaffen?

Dass der Detektiv im Fall des ermordeten Zirkusdirektors diese unbestreitbaren Vorteile gar nicht genutzt, sondern nur von seiner Beobachtungs- und Schlussfolgerungsgabe Gebrauch gemacht hatte, ignorierte der Inspektor willentlich.

Sutten schaute frustriert in die Akte. Da stand es, schwarz auf weiß: dass keiner der tatrelevanten Gegenstände dem Gorilla gehörte, dass nahezu alle bisher befragten Bediensteten ein handfestes und sehr persönliches Motiv hatten, den Direktor von seiner irdischen Existenz zu befreien, dass durch ein platziertes Kleidungsstück eine falsche Fährte gelegt worden war, dass die Tatwaffe immer noch fehlte. Wie hatten seine Leute das alles nur übersehen können?

Die Antwort war selbst ihm klar. Bei der Polizei von Überstadt waren fast nur Hunde angestellt. Sobald sie etwas Bestimmtes rochen, wurde es zu einer unumstößlichen Wahrheit für sie. Im vorliegenden Fall hatten sie daher kaum mehr als das Offensichtliche, um nicht zu sagen: das Offenriechliche, getan – und den Gorilla eingesammelt. Hintergrundrecherchen und umfassende Verhöre, die mehr zutage gefördert hätten, als den Streit zwischen dem Gorilla und dem späteren Mordopfer, waren ihnen – und auch ihm selbst – nicht notwendig erschienen. Und jetzt saß er einmal mehr auf den Scherben eines glasklaren Falles – *seines* glasklaren Falles.

Es gab schon lange Forderungen nach einer bunteren und vielfältigeren Polizeiwache, eine, die nicht nur aus Großriechern bestand, sondern ebenso aus Arten, die gut sehen, hören und fühlen konnten. Die Fledermausstaffel war ein Zugeständnis an die Diversitätsbewegung gewesen.

Die Diskussionen zwischen Magistratur und Bevölkerung kamen etwas ins Stocken, als immer abwegigere Tierarten eine entsprechende Quote in der Polizei forderten. Plötzlich wollte jeder zur Polizei. Schlangen, die aufgrund ihrer entsetzlich feinen Wahrnehmung von Temperaturunterschieden wichtige Informationen etwa zum Tatzeitpunkt hätten liefern können, strengten Gerichtsverfahren an, um Gendarmen zu werden. Und Fische protestierten in Gruppen vor dem Präsidium, allerdings gingen ihre Forderungen im Geblubber ihrer minderwertigen Briser unter.

Allein die Anschaffung funktionierender Atemgeräte hätte zum Ruin der Wache geführt.

Weil man sich nicht einigen konnte, wie viel Diversität sinnvoll war und nicht nur »aus Prinzip« gefordert wurde, versackte die Protestbewegung schließlich und die Polizei blieb, wie sie war: zu über neunzig Prozent Hundesache.

In einer Nacht, die so dunkel war, dass man das Gesicht des Gegenübers nicht richtig sehen konnte, in der man vielleicht ein, zwei Gläschen Schnaff gehoben hatte und außerdem in einer lebensbedrohlichen Gefahr schwebte, aus der man nur mit einem Geständnis wieder herauskam, hätte Inspektor Sutten vielleicht zugegeben, dass die Geruchsfixierung der Polizei schwierig sein *konnte,* doch hier, in seinem gut beleuchteten Büro wies er die Möglichkeit, dass es ein grundsätzliches Polizeiproblem gab, weit von sich.

Der Detektiv war ein Destrukteur höchsten Ranges. Er hatte seine schönen Beweise mit einer lässigen Handbewegung in der Luft zerpflückt und ihn wieder einmal zum Gespött gemacht. Denn natürlich würde auch dieser Fall früher oder später detailliert in allen Gazetten von Überstadt nachzulesen sein – wie immer, wenn der große, der tolle Lampe einen Fall gelöst hatte. Und dann würde es wieder heißen, die Polizei sei inkompetent und auf allen Sinnen außer der Nase blind und überhaupt sei er, Resfaldo Sutten, als Leiter der Wache völlig unhaltbar.

Er hatte zu viele Runden auf diesem Empörungskarussell gedreht, um nicht zu wissen, wie die Sache auch diesmal ausgehen würde.

Und dennoch: Verglichen damit, die echte Polizeiarbeit verspielten Äffchen, einfältigen Dromedaren oder Giftschlangen, für die vermutlich ohnehin jeder Mord von einem Warmblüter begangen worden wäre, zu überlassen, war Lampe das geringere Übel. Dann schon lieber ein Hasendetektiv, der zwar ein unglaublicher Nervtöter war, dafür aber über eine vollkommen unbestechliche Logik verfügte.

Der Inspektor widerstand dem Drang, den Aktenvermerk über den Freilassungsantrag zu zerknüllen und dem Papierkorb zu überantworten. Stattdessen legte er das Blatt zuoberst in den Ordner. Dann stopfte er die Akte ganz nach hinten in die oberste Schublade seines Schreibtisches, um noch einen Moment dem Gedanken zu entkommen, dass der Detektiv recht daran getan hatte, den Antrag stellen zu lassen.

Das elektrische Kribbeln, das Skarabäus Lampe nach der Begegnung mit dem Tätowierten Tod immer noch im Nacken spürte, wurde von Teddys Rufen unterbrochen. Wie ertappt drehte er sich um und ging dem kleinen Kater entgegen, der ganz außer Atem war. Er schnaufte wie eine altersschwache Dampflok und versuchte gleichzeitig, seine Aufregung in Worte zu fassen.

»Ich schnauf-schnauf hab was rausgeschnauf-schnauf-funden!«

Auch wenn Lampe oft über Teddys kindliche Art schmunzeln musste, gab es keinen Grund, ihn zu belächeln, wenn es um das Geschäftliche ging. Die Beobachtungen des Katers waren meist von großem Wert für die Untersuchung und es gab sogar Fälle, bei denen Teddy den entscheidenden Hinweis geliefert hatte. Lampe nahm ihn daher immer todernst, wenn er glaubte, etwas gefunden zu haben, und sah ihn auch jetzt gespannt an. Der Kater erzählte von seinem Treffen mit Polonius, dem nackten Fuchsjungen, und dessen Ohrring.

»Weißt du, der sah aus wie der letzte Hinterwäldler, es hätte nur noch der Strohhalm im Mundwinkel gefehlt. Der Ohrring passte gar nicht dazu.«

Lampe zog die Augenbrauen zusammen. »Was meinst du damit?«

»Na ja, so Ohrringe kenne ich vom Hafen! Nicht genau solche, aber so ähnliche. Jedes Revier hat seine eigenen Ohrringe, seine eigenen Steine. Was macht so ein Dorfjunge mit so einem Ohrring? Denkst du, das hat was zu bedeuten?«

Lampe wollte, dass Teddy lernte, seiner Intuition zu vertrauen, und fragte zurück.

»Was glaubst *du* denn? Wie kommt man an solche Ohrringe?«

Der kleine Kater dachte angestrengt nach.

»Die Ohrringe werden von dem Revierboss vergeben. Nicht jeder kriegt einen, es gibt ein Mindestalter und eine Lola …loila …na ja, so eine Prüfung, wie verlässlich man ist.«

Lampe half ihm mit dem Wort Loyalität aus.

»Ich darf noch keinen haben. Bin noch zu klein.« Und mit diesen Worten kickte er missmutig einen kleinen Stein zu Seite.

»Außerdem kann man den Ohrring erben. Wenn deine Mutter ein hohes Tier am Hafen ist, bekommst du automatisch das Recht, ihren Ohrring zu tragen, wenn du alt genug bist. Aber erben, das ist nur für die ganz Hochgeborenen, die meisten am Hafen haben sich ihren Ring erarbeitet. Für einen Hinterwäldler finde ich beides unrelistisch.«

Gedankenversunken korrigierte Lampe Teddys Versprecher. Nein, in der Tat klang das alles nicht besonders realistisch.

»Und guck mal, was er mir zum Probieren gegeben hat. Was bedeutet das?«

Teddy streckte Lampe seine Hand hin, in der eine Pistazie lag.

»Es bedeutet, dass dieser Junge trotz seines jugendlichen Alters bereits eine sehr bewegte Vergangenheit hat. Oder seine Mutter. Oder …«, und damit sah er Teddy grimmig an, »er ist nicht, wer er vorgibt zu sein. Pistazien sind unerschwinglich für die armen Landleute. In jedem Fall, hervorragende Arbeit, Kollege. Halt weiter die Augen auf. Ach! Und halte dich von dem Tätowierten Tod fern. Sie wirkt nicht, als wäre sie für Späße zu haben, deshalb kümmere ich mich selbst um sie.«

Teddy salutierte und stapfte dann breitbeinig und mit einem selbstzufriedenen Lächeln davon. Er wollte mehr über Polonius herausfinden.

Einen Moment schaute Skarabäus Lampe seinem kleinen Kumpan hinterher und überlegte, ob er ihn wohl einer unnötigen Gefahr aussetzte. Aber letztlich war das Straßenleben am Hafen viel gefährlicher als ein Tag mit Lampe – Mörder hin oder her.

Er beschloss, Teddy ziehen zu lassen und als Nächstes den Messerwerfer Monsieur Coteau aufzusuchen. Den fand er am Schnaffausschank. Offenbar hatte das Stachelschwein dem Selbstgebrannten schon reichlich zugesprochen, denn es hing mehr auf einem der Stühle, als dass es saß. Nachdem Lampe sich wie immer vorgestellt hatte, kam er – ebenfalls wie immer – ohne Umschweife zur Sache.

»Was hat es mit dieser Clarimonde auf sich, wegen der Sie Helios' Tod für eine gerechte Strafe halten?«

Die unvermittelte Erwähnung der jungen Hündin ließ den Messerwerfer sofort zusammenzucken und er ließ sein leeres Glas kraftlos sinken. Ein dunkler Schleier legte sich über sein verbliebenes Auge und seine Gesichtszüge schmolzen förmlich unter dem Schreck. Er nahm den kalten Zigarettenstummel aus dem Mundwinkel und warf ihn unter romanzösischen Flüchen fort. Lampes Sprachkenntnisse waren zu begrenzt, um die Worte zu verstehen, aber er wusste, dass das Thema wie ein Dolchstich ins Herz des Einbeinigen war.

»Sie haben sie geliebt, nicht wahr?«

Monsieur Coteau sank in sich zusammen wie ein Heißluftballon, aus dem man die Luft lässt.

»Clarimonde. Meine Clarimonde. Sie war meine Lebbe, meine Grunt ssu lebbe. Wier ware verlöbet, damals in Romance.«

Er sprachen den Namen seiner Heimat in seiner Muttersprache aus.

»Der gansse Welt war offe fur uns, wier wollt heirat. Aber dann kame die Kriek, diese verdammete Kriek. Iech musst an der Front, und was die vön mir uber gelasst hat, sehe Sie ja.«

Er tippte sich an die Augenklappe und wedelte mit seinem Beinstumpf.

»Helios, diese Schwien, war auche da, aber wenn iech in miene Einsselteile geteilt worde, er hatte nur leischte Dienst. Ssog mit siene Kumpel herum, genosse das Lebbe und machte Medchenherdsse kaputt.«

Um zu verhindern, dass Coteaus zitternde Unterlippe

seine Aussprache noch unverständlicher machte, nahm der Detektiv ihm etwas Wegstrecke ab.

»Clarimonde hat sich in Helios verliebt, nicht wahr? Sie wurde schwanger von ihm und er ließ sie sitzen. Und als Sie verstümmelt aus dem Krieg zurückkehrten, wollte Clarimonde Sie nicht mehr. War es so?« Coteau nickte nur. »Was ist geschehen? Ist sie bei der Geburt gestorben?«

»Niesch bei die Geburt. Spater. Sie war schwanger und iech habe sie geboten, fur sie und die Kleine ssu sorge, aber sie hatte blos gelache. ›Wie wiells du genug für drei verdiene, du bies nür noch eine halbe Mane.‹ Es hatte wehgetan, aber sie hatte Recht. Iech habe sie gelieb, aber viel mehr konnt iech sie und der Bebe niesch biete. Sie hat iehr Kind heimling ssu Welt gebracht und Nonnen ssu … wie sagt man: Verwahrug? … gegeben.«

»Versorgung. Ich verstehe. Was passierte danach?«

»Sie …«, die Worte fielen Monsieur Coteau sichtlich schwer. »Sie hatte ihre Lebbe geendet. Hatte Gieft genomme. Iech habbe sie gefunde.«

Jetzt hielt die Tränen nichts mehr zurück und die Schultern des Artisten begannen zu beben. Skarabäus Lampe reichte ihm sein Taschentuch und wandte sich taktvoll ab. Eine leichte Druckwelle brachte das Gras um ihn her zum Zittern, als der Artist sich hinter ihm schnäuzte. Er gab Lampe das Taschentuch zurück, der es etwas spitzfingrig nahm und wieder einsteckte.

»Hat Helios je erfahren, dass Clarimonde das Kind zur Welt gebracht hat?«

Monsieur Coteau schniefte noch einmal und sein Auge funkelte böse.

»Iech hab es iehn gesagt, nachdem iech meine Clarimonde begraben hab. Hatte getan, wie wenn er ies erschüttet, aber es ware nur Shöw.«

Lampe, der mittlerweile ein ganz gutes Gefühl für die Persönlichkeit des dahingeschiedenen Zirkusdirektors hatte, konnte sich den Verlauf des Gesprächs zwischen den beiden gut vorstellen.

»Monsieur Coteau, warum arbeiten Sie hier? Die ständige Gegenwart des Mannes, der Ihr Liebstes zerstört hat, muss für Sie doch wie eine einzige Qual gewesen sein. Warum haben Sie sich das angetan?«

Der Messerwerfer lachte bitter und zuckte mit den Schultern. »Wo sollte iech hinne? Mit meine Beschadigunge niemand hatte mir eine Arbeit gegebbe, iech hatte der Wahl zwische Armenhaus und hier. Außerdem …«, sein Blick wurde noch dunkler, »außerdem iech wollt Räche. Die Hoffnung, diese Schwien irgendwenn bestraffe ssu könne, hat mir Kraft gegebe. Räche ware meine neue Grunt ssu lebbe.«

»Was geschah mit dem Kind?«

»Iech wollt der Kleine ssu mir nehme, es ware doch das Einssige, wo mir von meine Clarimonde gebliebe ies. Aber weil wire niesch mehr verlöbt waren, hate iech keine Reschte. Der Nonnen hatte mir verböte, die Bebe ssu sehen. Die Kind ware uneheling, ein Schande fur die Welt. Sie hatten es versteck wie eine peinlinge Geheimnis. Iech weiße niesch einmal, ob Clarimonde ein Töchter oder eine Sohn hatte.«

Das Leben hatte diesem einfachen, aber anständigen Mann wirklich aus vollen Krügen eingeschenkt. Lampe musste wieder an Teddy denken, der ja so etwas wie sein Ziehsohn war, und spürte warmes Mitgefühl mit dem Messerwerfer. Er legte ihm die Hand auf die Schulter.

»Werden Sie den Zirkus verlassen, jetzt wo Helios tot ist?«

Das Auge des Artisten wanderte über das Gelände, die Zelte, die Wagen, die Wimpel, die Plakate.

»Wo soll iech hinne? Dies hier ies meine Lebbe, die anderen sinn meine Familie und vielleisch schaffe wir es ja ssusamme, etwas Neues aufssubaue. Iech habe nieschs mehr.«

Lampe sah den Messerwerfer immer noch mit warmem Blick an und nickte. Dann verabschiedete er sich, um den Medizinscharlatan Dr. Johnson zu befragen.

Auf sein Klopfen antwortete niemand, aber die Tür des Wagens war unverschlossen und so trat Lampe ein. Von dem Doktor war nichts zu sehen, aber leer war der Wagen nicht. An dreien der vier Wände waren von oben bis unten Regalbretter angebracht, auf denen in dichten Reihen Flaschen, Tiegel und Töpfchen standen, die offenbar die Rohstoffe für die Heilmittel des Dr. Johnson enthielten. Sie verströmten überwiegend weiße, türkise und hellgrüne Gerüche, die von den chemischen Lösungen in den Fläschchen ausgingen. An der vierten Wand war Platz für eine einfache Schlafstelle und in der Mitte des Wagens stand ein kleiner Tisch, der wie der Arbeitsplatz eines Alchemisten aussah. Eine Destille mit Kühler, Kolben, eine Bürette, eine Feinwaage, ein Brenner und leere, braune Fläschchen mit Korken standen darauf. Daneben lag ein Notizbuch mit verschmierten Rezepten. Der Detektiv blätterte ein wenig darin und fand unter anderem die Zusammensetzung für »Dr. Johnsons Sensationelles Haartonikum«. Neben dem Rezept war eine Eidechse mit üppigem Haarschopf abgebildet, offensichtlich handelte es sich um ein Haarwuchsmittel.

Der Detektiv roch sowohl erlaubte als auch unerlaubte Substanzen. Hier wurde Schlangenöl verwendet, das bei der Konferenz der Tiere ebenso verboten worden war wie der Verzehr von Wirbeltieren, da die Schlange bei der Gewinnung des Öls in der Regel ihr Leben einbüßte. Medizinisch war es vollkommen wirkungslos, aber es hatte einen unwiderstehlichen Geruch, der dabei half, ein unnützes Mittelchen für teures Geld an Käufer zu bringen. Ein leichtes Verlangen, von allen Tiegeln und Fläschchen zu probieren, überkam den Detektiv.

Die Schlangengemeinde kämpfte seit Jahren gegen den illegalen Handel mit Schlangenöl, aber der Schwarzmarkt war nicht tot zu kriegen, weil die Anwendung zu lukrativ war. Hier roch es nur schwach danach und Lampe war überrascht, den Geruch überhaupt anzutreffen. Schlangenöl war teuer und Helios' Jahrmarkt – nun ja, er gehörte nicht eben zu den Upper-Class-Unternehmen der Unterhaltungsbranche. Schlangenöl musste man sich leisten können, selbst wenn man die fertigen Cremes und Wässerchen zu einem Vielfachen der Herstellungskosten verkaufen konnte.

Der Tisch hatte vorne zwei flache Schubladen. In der ersten befanden sich nur Laborgegenstände, winzige Löffel, Spatel und Pipetten, und Lampe schloss sie enttäuscht wieder. In der zweiten jedoch fand er einige formale Schreiben, unter anderem einen Vertrag zwischen Johnson und Helios. Der Zirkusdirektor war mit sechzig Prozent am Umsatz des Wunderheilers beteiligt, was dem Detektiv unverhältnismäßig hoch vorkam. Außerdem lag in der Schublade eine zusammengeknüllte Papiertüte, aus der einige Pistazien rollten, als er sie hochhob. Im Papierkorb fand er ein einzelnes, zusammengeknülltes Blatt Papier. Lampe nahm es und strich es auf dem Tisch glatt. Darauf standen Berechnungen, die einmal einen Anteil von sechzig Prozent und einmal einen von fünfundsechzig Prozent von einem Ausgangsbetrag kalkulierten. Das Ergebnis der 65%-Rechnung war durchgestrichen, obwohl es mathematisch korrekt war. Es hatte in jüngerer Vergangenheit augenscheinlich gewisse *Nachverhandlungen* über die Beteiligung des Direktors gegeben, mit denen Dr. Johnson nicht einverstanden war.

In diesem Moment wurde die Tür geöffnet und ein stämmiger Dachs betrat den Wagen. Skarabäus Lampe kam dem erwartbaren Rauswurf zuvor, indem er sich vorstellte. Dr. Johnson nahm die Visitenkarte mit einem grimmigen Knurren und legte sie unbeachtet auf eines der Regalbretter. Er trug einen hellen Dreiteiler aus Leinen und einen schmalen Binder dazu. Er kopierte damit das Aussehen reicher Plantagenbesitzer aus dem Westland, was ihm einen weltmännischen Glanz verleihen sollte. In der Weste trug er eine goldene Taschenuhr, aber Lampe bezweifelte, dass sie echt war. Schlangenöl hin oder her – dazu war der Verdienst des Doktors nach Abzug von Helios' Anteil einfach zu gering.

»Helios verlangte mehr, nachdem er herausgefunden hatte, dass Sie Ihre Mittelchen mit Schlangenöl versetzen, ist es nicht so?«

Als der Dachs zustimmend knurrte, fuhr er fort.

»Was Sie hier hatten, war kein Deal, keine Vereinbarung, sondern eine Form von Erpressung. Die fünfundsechzig Prozent waren kein Anteil, sondern sein Schweigegeld, nicht wahr?«

Missmutig drehte der Doktor Lampe den Rücken zu und begann, einige Gegenstände auf dem Arbeitstisch zu sortieren.

»Helios war ein Halsabschneider. Er hatte keine Ahnung, wie schwer es heutzutage ist, mit Hausmitteln Geld zu verdienen.«

Lampe verzog spöttisch das Gesicht.

»Hausmittel? Sie meinen wohl wirkungslose Säftchen, die Sie unter Verwendung verbotener Substanzen zu horrenden Preisen unters Volk bringen.«

Der Dachs fuhr herum und Lampe sah, dass er einen Goldzahn trug.

»Das ist eine verdammte Lüge! Alle Mittel sind wirkungsvoll. Nehmen Sie den nackten Jungen, diesen Polonius. Ich konnte ihm aus verständlichen Gründen nichts gegen seinen Haarausfall geben, das hätte ihn gleich wieder arbeitslos gemacht. Aber eine Creme für seine empfindliche Haut, die ständig juckt und schuppt, hat er von mir bekommen. Fragen Sie ihn, ob sie geholfen hat. Ist ein altes Mittel meiner Oma, wie die meisten Sachen, die ich anbiete.«

»Wozu dann das Schlangenöl?«

»Ja, ich gebe es zu, hin und wieder verwende ich kleine Mengen Schlangenöl. Die Leute haben einfach kein Vertrauen mehr in Hausmittel. Heutzutage verlangen sie *echte* Medizin. Schattenapfel und Fliegenpilz sind nicht mehr gut genug, es müssen Quecksilber und Kokain sein, die gelernte Apotheker auf das Milligramm genau auswiegen und zusammenmischen. Dabei haben die nicht mehr Wirkung oder weniger Nebenwirkung als die Rezepte meiner Großmutter. Manchmal braucht das Volk einen Schubs in die richtige Richtung. Sie wissen, wie Schlangenöl riecht, es ist praktisch unmöglich, ihm zu widerstehen.«

Skarabäus Lampe, der gerade dabei war, eines der Fläschchen zu öffnen, um einen tiefen Nasenzug zu nehmen, fühlte sich bei diesen Worten ertappt und stellte die Phiole verärgert wieder zurück.

»Besorgt Ihnen der Junge das Öl am Hafen?«

Der Dachs verneinte.

»Ach, lassen Sie doch den Jungen. Ist ein armer Teufel vom Land, der hat mit dem Hafen nichts zu schaffen. Unser Jahrmarkt ist seine einzige Chance, unter interessanten Leuten zu arbeiten.«

Mit einem grimmigen Riechhunger wandte Lampe sich zum Gehen, drehte sich an der Tür aber noch einmal um.

»Wo finde ich diesen Polonius? Hat er einen eigenen Wagen? Ich habe nirgendwo ein Schild gesehen.«

»Nein, er hat keinen Wagen. Noch nicht, er schläft mal hier mal da, ist ja bloß eine Achtelportion, so schmächtig. Der wohnt reihum bei uns anderen, bis geklärt ist, wie es weitergeht. Morgen gibt es eine Versammlung, bei der wir beratschlagen, was wir machen wollen.«

»Gut. Eine Sache noch, Dr. Johnson. Was machen Sie mit den Pistazien? Naschen?«

Mit einem bitteren Lachen winkte der Dachs ab. »Ach, i wo, wo denken Sie hin? Wissen Sie, wie teuer Pistazien sind? Fast so teuer wie Schlangenöl. Ich mische sie manchmal zerstoßen in meine Rezepturen, weil sie einen angenehm nussigen Geschmack geben. Ich kann mir nur selten ein Tütchen leisten und gehe sehr sparsam damit um.«

Der Detektiv nickte und verließ den Wagen.

Teddy hatte sich entschieden, heute nicht bei Lampe und Mamsy zu bleiben. »Um nicht zu verweichlichen«, wie er dem Detektiv mit todernster Miene erklärte. Der verkniff sich ein Lächeln und bot Teddy an, ihn im Taxi mitzunehmen und am Hafen abzusetzen. Eine Taxifahrt stand offenbar nicht im Widerspruch zu der Abhärtung des kleinen Katers und er willigte ein.

Obwohl es keinen Winkel in Überstadt gab, an dem Teddy sich noch nicht herumgetrieben hatte, war der Hafen so etwas wie sein Zuhause, sein Hauptquartier. Dort kannte er jede Ecke, jeden Geruch, er wusste, wo die Reviere der jeweiligen Banden begannen und aufhörten, die ergiebigsten Müllplätze konnte er im Schlaf aufsagen – was er manchmal auch tat, wie Mamsy einmal stirnrunzelnd bemerkte – und die Patrouillenwege der Schutzhunde kannte er auch auswendig. Vom Hafen aus startete er seine Unternehmungen und hierhin floh er, wenn einer der Hunde ihm auf den Fersen war.

Tagsüber gehörte der Hafen den Matrosen, Lagerarbeitern und Geschäftsleuten. Der Kai war dann dicht gefüllt mit Lastenträgern, Anweisungen brüllenden Warenempfängern, fremdländisch aussehenden Reisenden und Bergen von Kisten, Kartons, Schrankkoffern und manchmal sogar Käfigen. Die Luft war erfüllt von exotischen und weniger exotischen Gerüchen und dem Stimmengewirr von Hoffnungen, die hier begannen oder zerplatzten. Tränenreiche Abschiede und Begrüßungen gehörten ebenso zum Bild wie handfeste Streitereien zwischen Seevolk und Landvolk. Wenn ein größeres Schiff einlaufen sollte, rief die Hafenmeisterei meist schon im Vorfeld nach Verstärkung der Polizei, um das erwartbare Chaos in Schach zu halten.

Taschendiebe hatten hier leichtes Spiel und das allenthalben zu hörende »Haltet den Dieb, er hat meine Geldbörse!« hatte dem Hafenviertel den Spitznamen Dieb-City eingebracht. Der Hafen war der wichtigste Warenumschlagsplatz von Überstadt, gegen das Treiben hier war der Bahnhof gar nichts, der Hafen atmete die ganze Welt, der Bahnhof nur die nächstkleinere Stadt.

Doch die wirklich spannenden Transaktionen fanden nicht bei Tageslicht statt. Nachts wurde der Hafen zum Herz des städtischen Drogenhandels, hier konnte man Diebesgut nicht nur in Geld verwandeln, sondern dank der Seeleute, die mit ihrem Schiff anderntags wieder ausliefen, auch direkt verschwinden lassen. Verbrecher auf der Flucht konnten sich auch selbst verschwinden lassen, indem sie anheuerten oder als blinde Passagiere an Bord gingen.

Nachts gehörte der Hafen den Katzenbanden, die seine vielfältigen Möglichkeiten untereinander aufgeteilt hatten. Dann sah oder erahnte man sie in den Schatten, manchmal rauchend, manchmal leise miteinander raunend und manchmal mit deutlich unredlicheren Aktivitäten beschäftigt. Nirgendwo wurde das Wirbeltieressverbot so oft gebrochen wie hier – allein schon wegen der ganzen kleinen Fische, die im Fahrwasser der Schiffe in die Stadt kamen und die niemand je vermissen würde.

Skarabäus Lampe ließ Teddy in einiger Entfernung zu der großen Lagerhalle aussteigen, in der der Kater so etwas wie einen permanenten Schlafplatz hatte. Bevor er sich richtig verabschieden konnte, war Teddy schon im Dunkel verschwunden.

Nur wenige Leute wussten von ihrer engen Verbindung und er war sich sicher, dass der kleine Kater große Schwierigkeiten bekäme, wenn sich das änderte. Er achtete daher immer darauf, rund um den Hafen nicht mit dem Kater gesehen zu werden.

Normalerweise stromerte Teddy nach einem Tag mit

Lampe noch eine Weile herum, um sich wieder wie ein Straßenkater zu fühlen, doch heute war er zu erschöpft. Die aufregenden Eindrücke im Zirkus, das frühe Aufstehen am Morgen – der Kater konnte seine Augen plötzlich kaum noch offen halten. Nachts war die Lagerhalle natürlich verschlossen, aber es gab eine versteckte Katzenklappe, die die Nachtgeschöpfe irgendwann in die Rückwand der Halle eingebaut hatten. Im unbewegten Zustand schloss sie millimetergenau mit der Wand ab und war praktisch unsichtbar. Teddy schlüpfte hindurch und schlurfte zu seinem Schlafplatz. Er entdeckte die beiden Kurzhaar-Brüder, die lässig zwischen den hochgestapelten Paletten standen und Gürteltier rauchten. Die Kurzhaar-Brüder waren Waldkatzen und obwohl sie noch nicht ganz ausgewachsen waren, übertraf ihre Größe manche erwachsene Straßenkatze. Sie machten sich regelmäßig einen Spaß daraus, die jüngeren Katzen zu piesacken. Doch heute waren sie zu berauscht und bemerkten Teddy kaum. Er fand seinen Schlafplatz unbesetzt – in der Halle galt stets: Wer zuerst kommt, schläft zuerst –, rollte sich zusammen und schlief fast augenblicklich ein.

Im Traum fand er sich wieder im Jahrmarkt, über dem noch dichterer Nebel herrschte als bei seinem Besuch am Tag. Dicke Schwaden waberten zwischen den Schaustellerwagen und die Sicht betrug nur wenige Meter. Statt der bunten Glühbirnen hingen rote Lampions mit fremden Schriftzeichen an dem Zaun, der das Gelände umgab, doch ihr Licht vermochte den Nebel nicht zu durchdringen. Orientierungslos taumelte der kleine Traumkater umher und versuchte, Skarabäus Lampe zu finden, der nirgends zu sehen war. Hin und wieder tauchten Schatten im Nebel auf, große und kleine, dicke und dünne, aber sobald Teddy sich ihnen näherte, lösten sie sich einfach auf. Er kam schließlich auf eine kleine Nebellichtung, in deren Mitte der verlassene Popcornwagen stand. Doch statt mit dampfendem Popcorn war er mit tausenden von kleinen Ohrringen mit türkisfarbenen Steinen gefüllt. Plötzlich stand der Zirkusdirektor hinter Teddy und fragte mit dröhnender Stimme: »Na, Junge, möchtest du eine Tüte?« Der Kater fuhr erschrocken herum und blickte in die toten Augen des Löwen. Der war nicht nur auf dem Kopf, sondern am ganzen Körper haarlos und um seinen Hals baumelte noch die Garotte. Entsetzt stolperte Teddy davon, verfolgt vom immer leiser werdenden Lachen des Herrn Helios. Als er nichts mehr hörte, blieb er stehen und lehnte sich gegen einen der Wagen, um Atem zu holen. Über ihm öffnete sich ein Fenster und zwei tätowierte Hände hielten ihm ein Schüsselchen hin. Er hörte eine leise, einschmeichelnde Stimme. »Hast du Hunger, mein Liebling? Dann iss.« Teddy roch Fleisch, verbotenes Fleisch. Doch die Schüssel war leer – man konnte zwischen den Fleischstückchen, die sich tatsächlich in ihr befanden, den Boden sehen – und Teddy begann zu weinen.

Der kleine Kater wachte von seinen eigenen Tränen auf und wischte sich schnell die Wangen trocken. Verstohlen sah er sich um, ob ihn jemand gesehen hatte, aber die Lagerhalle war so gut wie leer. Es war immer noch Nacht und Nacht war Katzenzeit. Die meisten von ihnen, auch die Kurzhaar-Brüder, wie er erleichtert feststellte, gingen jetzt ihren zwielichtigen Geschäften nach. Nur der Einarmige Maurice schlief ein paar Meter entfernt. Teddy war zu aufgekratzt, um sofort wieder einzuschlafen, also schüttelte er sich, machte eine ausgiebige Katzenwäsche und verließ die

Lagerhalle auf der Suche nach etwas Essbarem oder Abenteuern. Er merkte gar nicht, dass ihm dabei zwei aufmerksame Augen folgten.

VIELE MEINUNGEN UND EINE
NACHT AM HAFEN

Den folgenden Vormittag verbrachte Skarabäus Lampe damit, in *Professor Redlichs Kompendium der rezenten Gliederfüßer* zu lesen. Er blätterte bei den Schädlingen herum, schrieb sich die eine oder andere Beschreibung heraus und zog gelegentlich eine Schublade seines Apothekerschränkchens auf, um zu prüfen, ob er bereits ein Exemplar einer bestimmten Art in seiner Sammlung hatte.

Auch wenn die Entomologie nur ein Hobby war, hatten seine Kenntnisse ihm schon oft in Fällen geholfen, in denen sonst nichts mehr half. Vor allem Schadinsekten und Lästlinge erwiesen sich als wertvolle Hinweisgeber. Fliegenmaden, Lebensmittelschädlinge und Raupen gaben Anhaltspunkte über Todeszeitpunkt, verwendete Giftstoffe und Tatverdächtige. Skarabäus Lampe achtete daher sehr genau darauf, dass sowohl seine Sammlung als auch seine Kenntnisse dem aktuellen Stand der wissenschaftlichen Forschung entsprachen. So kam es vor, dass er immer wieder Exemplare, die er eindeutig bestimmt zu haben glaubte, umsortieren musste. Vor allem die Unterarten bedurften regelmäßiger Lektüre der neuesten Systematikabhandlungen.

Helene, die seine Vorliebe für Wildkräuter kannte, brachte ihm um punkt elf Uhr dreißig einen Teller mit Klee aus dem Garten sowie einen Becher Tee zum zweiten Frühstück.

»Hast du schon von dem Jungen gehört?«, fragte sie, als sie das Tablett neben ihm abstellte, aber Lampe winkte ab.

»Ach, Mamsy, sei nicht immer so eine Glucke. Du kennst Teddy doch, der kommt mit dem zwielichtigen Volk am Hafen besser zurecht als ich. Er ist unverwüstlich.«

Das Huhn verdrehte die Augen.

»Er ist vor allem ein kleines Kind, Skarabäus Lampe, und Kinder tun dumme Dinge. Glaub mir, ich weiß, wovon ich rede.«

Sie warf ihm einen vielsagenden Blick zu, den er ignorierte.

Sein ehemaliges Kindermädchen war ein schier unerschöpflicher Quell von Geschichten über die Kinderjahre des Meisterdetektivs. Und der vielen Gelegenheiten, bei denen er sich in unvorteilhafte Situationen gebracht hatte. Diese Geschichten holte sie immer dann hervor, wenn er sich oder Teddy ihrer Meinung nach überschätzte. Was ungefähr täglich der Fall war. Jetzt allerdings hielt sie sich zurück und Lampe versuchte, sie zu beruhigen.

»Mach dir keine Sorgen, Mamsy, die Nervensäge wird sich nach den zwei Nächten in deinen warmen Kissen erst einmal etwas austoben wollen. Du weißt schon, vor seinen Kompagnons etwas angeben, ein bisschen Müll fressen und so. Wirst sehen, spätestens heute Abend holt er sich seinen Käse ab.«

Lampes Kindermädchen war ganz und gar nicht zufrieden mit dieser Antwort, musste sich aber für den Moment damit abfinden. Sie wandte sich zum Gehen, doch da fiel Lampe noch etwas ein.

»Ach, Mamsy, sei doch so gut und hol mir eine Ratte von der Straße, ich habe einen Auftrag für sie.«

Diejenigen Ratten, die ihr Leben nicht dem *Finden* von veräußerbaren Gegenständen verschrieben hatten, warteten als Tagelöhner darauf, für einfache Arbeiten angestellt zu werden und sich so ihre Mahlzeiten für den Tag zu verdienen. Man konnte an jeder zweiten Kreuzung in Überstadt Ratten in kleinen Grüppchen finden, die ihre Arbeitskraft jedem anboten, der dafür zu bezahlen bereit war. Helene Pick schaute angewidert und verschränkte die Arme vor der üppigen Brust.

»Wenn du uns Ratten ins Haus holst, kündige ich fristlos, deine Entscheidung.«

Erst nachdem Lampe ihr versichert hatte, dass es nur für einen kleinen Botengang war und er keineswegs vorhatte, Ratten ins Haus zu holen, gab sie nach und verließ sein Arbeitszimmer.

Kurze Zeit später stand ein zitternder kleiner Haufen Ratte vor dem Detektiv. Er war noch nicht ausgewachsen und so mager, dass Lampe ihm den restlichen Klee und einen Keks aus seinem geheimen Vorrat gab. Der kleine Kerl verschlang beides gierig und sah ihn dann mit großen Augen an. Ein Gefühl der Wärme stieg in Skarabäus Lampe auf und er musste an Teddy denken.

Lampe beauftragte den Rattenjungen damit, einige dringende Auskünfte im Amtsgericht einzuholen. Er gab ihm einen Brief mit seinem Anliegen und trug ihm auf, die Antwort abzuwarten, das sei äußerst wichtig. Sollte man ihn abwimmeln wollen, sollte er sagen, es ginge um Leben und Tod, und Lampes Namen nennen. Danach solle er auf direktem Weg hierher zurückkommen.

»Es ist außerordentlich wichtig, dass du nicht trödelst, meinen Brief und die Antwort nicht verlierst und dich auf keinen Fall von jemandem aufhalten lässt. Von deiner Arbeit hängt jetzt alles ab. Wenn du das schaffst, bekommst du zwanzig Zert.«

Die Ratte salutierte und piepste: »Ja, Sir.«

Bevor sie sich aufmachte, den wichtigen Auftrag zu erfüllen, gab Lampe ihr noch einen zweiten Keks als Wegzehrung.

Nachdem der Detektiv seine Lektüre beendet hatte, machte er sich am frühen Nachmittag wieder auf den Weg zum Zirkus. Er war hier, um dem Gedanken nachzugehen, der sich langsam in seinem Kopf zu formen begonnen hatte.

Die Schranke am Eingang war geschlossen, ein Schild, das mittlerweile jemand dort angebracht hatte, verkündete: »Bis auf Weiteres keine Vorstellungen«. Von dem Raben war nichts zu sehen, also duckte sich Lampe einfach unter der Schranke hindurch und betrat das Gelände. Im Gegensatz zu den letzten Tagen, als sich überall Zirkusvolk herumdrückte, lag das Jahrmarktsgelände heute seltsam verwaist da. Der Detektiv sah einige Polizeihunde, die immer noch nach der Garotte suchten, doch von den Artisten war nichts zu sehen. Erst als er zum großen Hauptzelt kam, hörte er Stimmen. Sofort richteten seine Ohren sich auf. Durch einen Spalt in der Zeltplane sah er, dass die Jahrmarktsleute einige Kisten zu einem Tisch zusammengeschoben hatten, an dem sie nun beratschlagten, wie es mit dem Showgeschäft weitergehen sollte. Allein der Tätowierte Tod saß nicht bei den anderen, sondern lehnte mit verschränkten Armen im Hintergrund an einem Stützbalken.

Lampe betrat das Zelt und sofort verstummte das Gespräch. Mit einer Handbewegung bedeutete er den Artisten fortzufahren und sich nicht um ihn zu kümmern. Er lehnte sich an den Stützpfeiler, der Miniko am nächsten war. Aus dem Augenwinkel bemerkte er, dass sie ihn ansah, aber er schaute nicht zurück. In ihrer Nähe spürte er wieder dieses elektrische Kribbeln, das durch ihren Blick noch verstärkt wurde. Er riss seine Aufmerksamkeit von der schönen Echse los und versuchte, der Besprechung der anderen Zirkusleute zu folgen.

Im Moment ging es darum, ob der Gorilla Dante, von dessen Unschuld alle offenbar fest überzeugt waren, weiterhin als Attraktion auftreten oder der neue Zirkusdirektor werden sollte. Dame Avalea, die Schwertschluckerin mit der Bromidsucht, gab zu bedenken, dass Dante als Kraftprotz echtes Kassengold sei und der Jahrmarkt auf diese Einnahmen nur schwer verzichten könne, wenn er nicht mehr aufträte. Das leuchtete allen ein und eine nachdenkliche Pause entstand, in der niemand etwas sagte. Pavo, der Zitronenpfau, meinte, man könnte versuchen, ein neues Kassengold zu finden. Mit dem richtigen Bühnenkostüm und einem griffigen Slogan könnte man vielleicht sogar Polonius zum Kassengold aufbauen. Die Augen des jungen Fuchses leuchteten kurz auf, erloschen jedoch unter dem allgemeinen Gelächter gleich wieder.

»'A, die gelbe Vogel, kössliesch!«, kommentierte Monsieur Coteau, der einbeinige Messerwerfer. »Du 'as niesch gesehen, dass er ies wie ein raudige Hund? Niesch ungut, Kleiner, iess niesch personlic. Bevor er wierd Kassegold, meine Bein wachst wieder.«

Und er ließ ein dröhnendes Lachen hören, in das die anderen einstimmten. Angesichts dieses spontanen Ausbruchs proletarischen Spotts blickten der Pfau angewidert und der Fuchsjunge verletzt zur Seite.

Doch die Idee eines alternativen Zugpferdes für den Jahrmarkt fanden alle gut. Reihum diskutierte man die Möglichkeiten, eine jonglierende Schlange, einen seiltanzenden Maulwurf, ein hypnotisierendes Chamäleon und einen Fisch, der sich gefesselt und ohne Briser aus einem luftgefüllten Safe befreien musste. Die Ideen waren gut, Lampe konnte die Attraktionen förmlich vor sich sehen; sie scheiterten aber alle daran, dass die Aussichten, Künstler mit den entsprechenden Fähigkeiten zu finden, eher gering waren.

»Und wenn wir es doch mit einem Bärtigen Pferd versuchen?«, schlug Dr. Johnson vor. »Das war doch sowieso Helios' Plan!«

Der Begriff »Die Hölle bricht los« umschrieb recht treffend, was sein Vorschlag bei der Bärtigen Dame auslöste. Sie richtete sich zu ihrer vollen Größe auf, wobei sie mehrere Kisten und ihren Stuhl umwarf, in ihren Augen blitzten Empörung und Schmerz. Doch bevor sie etwas sagen konnte, erhob sich lautes Stimmengewirr. Madame Rosalie, die Eule, und Dame Avalea ergriffen sofort Partei für Florence, Monsieur Coteau und der Rabe Sal pflichteten Dr. Johnson bei.

Die Hellseherin bohrte ihren Zeigefinger in die Luft und rief: »Es kann nur eine Bärtige Dame geben und die ist hier unter uns! Wenn ihr denkt, ihr könnt sie einfach so ersetzen, sitzt ihr einem Irrtum auf!«

Die drei Männer antworteten mit höhnischen Bemerkungen über das sinkende Publikumsinteresse an Florence. Der Tätowierte Tod sagte nichts. Es war nicht klar, ob dem Walross eher der Vorschlag des Wunderheilers oder der nachfolgende Streit um ihre Person zusetzte, aber sie brach in Tränen aus und walzte aus dem Zelt. Sie waberte an Skarabäus Lampe vorbei, der sich dicht an den Zeltpfeiler drückte, um nicht gerammt zu werden. Er hatte das Gefühl, ihre schunkelnden Bewegungen versetzten das ganze Raum-Zeit-Kontinuum in Wallung.

Zurück blieb betretenes Gemurmel. Der Fakir erhob sich, schlug eine Pause vor und erbot sich, für alle Kaffee und Tee zu bringen. Polonius hob zaghaft den Finger und fragte, ob er eine Dillo haben könnte, und der Fakir nickte. Einige aus der Gruppe verließen das Zelt, um sich die Beine zu vertreten, andere blieben sitzen und unterhielten sich leise.

Lampe wandte sich Miniko zu, die die ganze Zeit geschwiegen und ihre Position nicht verändert hatte. Sie kam dem Detektiv heute noch geheimnisvoller vor und noch schöner. Erst als er sich in Bewegung setzte, drehte sie den Kopf zu ihm und an ihrem Blick hätte man eine Zigarette anzünden können. Vorerst benutzte er dazu sein Feuerzeug und hielt ihr wie beim letzten Mal sein offenes Zigarettenetui hin. Diesmal ignorierte sie es. Da sie auch nichts sagte, lehnte sich Lampe einfach neben ihr an den Pfeiler und schaute rauchend in Richtung des runden Tisches. Dabei berührte seine Schulter leicht die ihre und er erwartete, dass sie sich sofort zurückziehen würde, doch sie unterband die Berührung nicht. Ein Kribbeln zog seinen Nacken hinauf und hinterließ eine Spur aus aufgerichteten Haaren.

Ohne den Blick von dem runden Tisch abzuwenden, fragte er: »Sie beteiligen sich nicht an der Besprechung, Miniko? Liegt Ihnen nichts daran, dem Jahrmarkt zur alten Blüte zu verhelfen, wenn Dante wieder hier ist?«

Sie ließ ein leises, bitteres Lachen hören.

»Sie wissen nichts, Detektiv. Diese Unglücklichen werden alle untergehen, ganz gleich, ob sie ein neues Kassengold finden oder nicht.«

Spott wehte Skarabäus Lampe an, aber auch Traurigkeit und Mitleid.

»Und Sie?«, fragte er, »Sie gehen nicht unter?«

Sie lehnten so dicht beieinander an dem Pfeiler, dass ihr Gesicht fast das seine berührte, als sie sich jetzt zu ihm drehte. Lampe hatte das Gefühl, seine Nackenhaare würden aus den Poren springen, wenn sie sich noch weiter aufrichteten.

Der Tätowierte Tod nagelte den Detektiv förmlich mit seinem Blick an dem Pfeiler fest, als sie mit fester Stimme sprach.

»Silberfinken gehen nicht unter, sie treffen Entscheidungen.« Überrascht zuckte der Detektiv zurück.

Der Tätowierte Tod, der seinen Lebensunterhalt in diesem drittklassigen Wanderzirkus verdiente, indem er seine todbringenden Künste an Sandsäcken und Mitartisten demonstrierte, hatte ihm soeben mitgeteilt, dass er der Spross einer der mächtigsten Maruza-Dynastien des fernen Zweiostlandes war. Ausgebildet, um zu töten, und ganz gewiss nicht angewiesen auf den kärglichen Lohn eines Zirkuslebens. Der Clan der Silberfinken kontrollierte beinahe den gesamten Drogenhandel der östlichen Halbkugel und war steinreich. Lampes Mund fühlte sich auf einmal an, als hätte er einen Löffel voll Sand gegessen.

»Sie sind ein Silberfink?«

Sie schaute ihn nur an und die Souveränität ihres Blickes ließ seine Knie zittern.

»Gehen Sie, Detektiv. Hier gibt es niemanden für Sie zu retten.« Sie wandte sich von ihm ab, wobei ihr Kimono auseinanderfloss und ihr bunt verziertes Bein fast bis zur Leiste entblößte. Dann verließ sie das Zelt.

Der Detektiv schaute ihr hinterher und atmete tief ein. Für gewöhnlich verunsicherten ihn Frauen nicht. Trotz seines missgebildeten Fußes und der langen Narbe im Gesicht oder vielleicht auch deswegen erfreute er sich großer Beliebtheit in der Damenwelt. Er war in Liebesdingen bei weitem nicht unerfahren, aber diese Frau machte ihn nervös. Ihre Offenbarung bedeutete, dass sie nicht nur eine Gefahr für Lampes Herz, sondern auch für den Frieden in der Stadt war. Silberfinken reisten nie ohne Auftrag.

Bevor Lampe ihr folgen konnte, kehrte der Zitronenpfau mit einem Tablett voller Getränke zurück. Er stellte zwei Kannen Kaffee und Tee auf die Kisten sowie eine Flasche Arma Dillo mit einem Strohhalm an Polonius' Platz. Auch die anderen Zirkusleute fanden sich jetzt wieder in dem Zelt ein. Lampe schaute zwischen der Flasche mit der gürteltierhaltigen Limonade und dem Tätowierten Tod hin und her und entschied sich, zu bleiben und der weiteren Besprechung zu folgen.

Als der Detektiv am frühen Abend nach Hause kam, wartete schon der Rattenjunge in seinem Arbeitszimmer. Er salutierte wieder und überreichte Lampe mit großer Geste einen Umschlag.

»Auftrag ausgeführt, Sir«, meldete er mit piepsender Stimme.

Lampe riss den Umschlag sofort auf und las. Seine Augen begannen, grimmig zu leuchten. Dann gab er der Ratte dreißig Zert und sagte: »Das hast du sehr gut gemacht. Wenn ich wieder einen Auftrag habe, melde ich mich. Und nun, weggetreten.«

Der Rattenjunge bewegte sich nicht und trat verlegen von einem Fuß auf den anderen.

»Könnte ich vielleicht noch einen Keks haben?«

Skarabäus Lampe lächelte und gab ihm einen. Er nahm sich vor, Mamsy zu beauftragen, in Zukunft immer etwas mehr Kekse zu backen. Gierig riss ihm die Ratte den Keks aus der Hand und flitzte davon. Unten kreischte Mamsy kurz auf, vermutlich war ihr der Nager direkt in die Arme gelaufen. Gleich darauf stand sie mit einem Tablett in den Händen in seinem Arbeitszimmer.

Sie erwähnte die Ratte mit keinem Wort, wirkte aber bedrückt und nervös. Sie goss ihm seinen Tee ein und war dabei so fahrig, dass sie die Hälfte verschüttete.

»Mamsy! Was ist denn los?«, fragte Lampe, während er versuchte, Professor Redlichs Kompendium vor der Tee-überschwemmung zu retten.

»Der Junge, Skarabäus. Ich habe immer noch nichts von ihm gehört.«

Lampe runzelte die Stirn und nickte. Er sagte jedoch nichts. Helene merkte, dass er diesmal keine Worte der Beruhigung für sie hatte, und ging wieder. Eine Weile stand der Detektiv rauchend am Fenster und ging in Gedanken den Brief durch, den die Ratte ihm gebracht hatte. Nachdenklich kaute er auf den Lippen, während sein Blick über die Stadt schweifte, die allmählich im Dunkel der Nacht versank.

Das funzelige Licht der Gaslaternen ließ die Schatten noch schwärzer werden, und die Dunkelheit dämpfte alle Geräusche eines lebhaften Tages zu einem geheimnisvollen Murmeln. Schließlich verschluckte das Licht in seinem Arbeitszimmer die Umrisse der Stadt und warf stattdessen Lampes Spiegelbild auf das Fensterglas. Er schaute sich selbst direkt in die Augen. Das Bild des toten Zirkusdirektors erschien in seinem Kopf. Die abrasierte Mähne, der Spiegel, die Tötungsmethode. Wer das getan hatte, trug viel Bosheit und wenig Moral in sich. Und der Detektiv hatte Teddy, seinen mutigen Kompagnon, dieser Person ausgesetzt. Ihm wurde bewusst, wie verletzlich der kleine Kater trotz oder gerade wegen seiner Furchtlosigkeit war, und hoffte inständig, dass er keinen Fehler begangen hatte, als er Teddy mit zum Jahrmarkt genommen hatte.

Mit einem Ruck straffte er sich, nahm Mantel und Stock und, ohne sich von Mamsy zu verabschieden, verließ er das Haus. Als sie das Knallen der Haustür hörte, steckte sie den Kopf aus der Küchentür. Dann setzte sie sich an den Küchentisch und weinte.

Skarabäus Lampe nahm ein Motortaxi zum Hafen. Teddy hatte zahlreiche Lieblingsplätze in der Stadt und Lampe kannte sie alle, aber so früh am Abend war die Chance, ihn am Hafen zu finden, am größten. Später würde er sicher zu seinen Streifzügen aufbrechen, dann war es bedeutend schwieriger, ihn aufzustöbern. Aber jetzt war er sicher noch mit seiner Katzenwäsche beschäftigt. Zumindest hoffte Lampe, dass es so war.

Das Taxi hielt an der gleichen Stelle, an der der Detektiv Teddy am Vortag abgesetzt hatte, direkt hinter der Lagerhalle. Sie war das pumpende Herz der Halbwelt, in beinahe beruhigender Regelmäßigkeit liefen Ströme von Nachtkreaturen hinein und wieder hinaus, beladen auf dem einen Weg, entladen auf dem anderen.

Skarabäus Lampe fürchtete den Hafen nicht, hier ging es meistens um organisiertes Verbrechen oder um Kleinkriminalität – Vergehen, an deren Anfang oder Ende Geld lag. Sie endeten zwar oft auch mit dem Ableben des Geldgebers oder -nehmers, doch bei den Motiven ging es immer um Macht und Moneten. Die Morddelikte am Hafen waren gänzlich andere als etwa im Arbeiterviertel. Dort begegnete man grausam zugerichteten Straßenmädchen und Fußputzjungen, hingemeuchelt durch Rachlust, Hass und andere Triebe. Am Hafen dagegen dienten die Verbrechen der Bestrafung und der Abschreckung, sie waren entweder mit kalter Präzision durchgeführte Hinrichtungen oder unappetitliche Abschreckungsmaßnahmen. Leidenschaft, ein echter Ausbruch brodelnder Emotionen fand sich hier selten. Am Ende der Ermittlungen stand meistens ein rationales Motiv.

Als ein im weitesten Sinne Mitglied der Strafverfolgungsbehörden bestand für ihn immer ein Grundrisiko, an das er sich gewöhnt hatte, doch darüber hinaus waren die Bedrohungen für ihn hier nicht höher als an jedem anderen Ort in Überstadt. Aus diesem Grund schlug Lampes Gespür für Gefahr hier nur selten an.

Doch heute fühlte er sich nervös. Nicht um seiner selbst, sondern um Teddys willen. Er hatte den Kater einer Gefahr ausgesetzt, deren Dimension er noch nicht abschätzen konnte. Wie am Vorabend, als Teddy diesen Weg gegangen war, drückten sich auch jetzt halbseidene Gestalten in den Schatten herum. Die meisten waren Katzen und Ratten, aber auch ein paar andere Arten waren dabei.

Am Eingang der Lagerhalle stieß der Detektiv auf die beiden Kurzhaar-Brüder, mit denen er in der Vergangenheit schon häufiger zu tun gehabt hatte. Als sie ihn sahen, bauten sie sich feindselig und mit vor der Brust verschränkten Armen vor dem Tor auf.

In der zwielichtigen Szene am Hafen waren die beiden Halbstarken allenfalls dritte Garnitur, führten sich aber – vor allem gegenüber Schwächeren – gerne wie die erste auf. Sie waren skrupellos nur auf den eigenen Vorteil bedacht, den Oberen leckten sie die Stiefel, den Unteren machten sie das Leben schwer. Mamsy hatte schon öfter die Blessuren verarztet, die die Kurzhaar-Brüder Teddy zugefügt hatten.

Skarabäus Lampe hatte bei den Burschen immer eine kurze Lunte, aber als sie sich ihm jetzt in den Weg stellten, stieg blanke Wut in ihm auf.

»Ey, Schnüffler, du hast hier nichts zu suchen, das hier ist unsere Party! Verschwinde!«

An der Hand des linken Bruders blitzte ein Schlagring auf und er spuckte einen Batzen Sbolut direkt vor die Füße des Detektivs. Lampes Hand fuhr instinktiv in seine Manteltasche und umklammerte den sechsschüssigen Revolver, den er neben seinem eigenen Schlagring immer dabeihatte. Am liebsten hätte er ihn gezogen und dem Rowdie direkt zwischen die Augen gehalten, aber er beherrschte sich. Mit bemüht ruhiger Stimme fragte er nach Teddy.

»Kennen wir nicht. Mit Kleinvieh verkehren wir nicht.«

Lampes Kiefer mahlten und er beschrieb den kleinen Kater. Der größere der Brüder wandte sich an den kleineren.

»Sag mir, Bruder, trage ich ein Häubchen? Oder eine Schürze vielleicht?«

Der Bruder verneinte, worauf der erste Lampe ansah.

»Da ich nicht aussehe wie ein Kindermädchen, bin ich wohl auch keines. Such dein Blag doch woande...«

Der Detektiv ließ ihn nicht aussprechen, sondern sprang

vor und packte den Kurzhaar-Bruder mit der Linken am Kragen. Mit der Rechten drückte er seinem Kontrahenten den Revolver zwischen die Beine. Seine Stimme war nur ein Zischen.

»Hör zu, du Witzfigur, du sagst mir jetzt, ob Teddy seit gestern hier war, oder du schießt in Zukunft nur noch mit Platzpatronen.«

Dem Straßenkater fuhr der Schreck in die Hose. Es roch nach frischer Katzenpisse. Die Antwort war ein hastiges Nuscheln.

»Kann sein, er kam gestern Abend hier an und legte sich schlafen. Wir hatten gestern Gürteltier geladen. Filmriss. Kann nicht sagen, ob der Kleine wieder raus ist.«

Der Detektiv ließ den Jungen los.

»Zeig mir Teddys Schlafplatz, wird's schon!«

Die kurze Demonstration seiner Überlegenheit machte die Kurzhaar-Brüder handzahm. Sie maulten zwar, führten Lampe aber in die Halle.

Beinahe deckenhohe Regale mit Waren aus aller Welt reihten sich so dicht aneinander, dass der Platz zwischen ihnen gerade zum Verteilen und Lagern der Kisten und Säcke reichte. Tagsüber herrschte in der Halle die Betriebsamkeit rechtschaffener Arbeit, doch in der Nacht verwandelte sie sich in einen Dschungel. Zwischen den Regalen lagerten dann obdachlose Pennbrüder und andere Geschöpfe ohne Hoffnung, die sich an Talgkerzen, Öllampen und Flaschen billigen Fusels die Seele wärmten. Die wenigen Lichtquellen kamen kaum gegen die Dunkelheit an, sie erzeugten ein unstetes und unheimliches Schattenspiel an Wänden und Decke. Gedämpfte Stimmen, Schnarchen und hier und da ein schmutziges Seemannslied waren zu hören. Wurde doch einmal jemand lauter, sorgten die Katzen für Ruhe. Ihre Tätigkeiten konnten keinen Lärm gebrauchen.

Die Polizei hatte schon seit langem damit aufgehört, die Lagerhalle regelmäßig auszuheben, weil das Gesindel ohnehin nach kurzer Zeit wieder da war. Sie waren wie Suppe in einem fast leeren Teller. Mit einem Strich des Löffels konnte man kurz den Boden des Tellers sehen, doch die Suppenreste schlossen sich gleich wieder darüber. Razzien bereiteten dem zwielichtigen Volk ein, zwei unruhige Nächte, danach war wieder alles wie immer. Es war hoffnungslos. Dennoch achteten die Katzen darauf, dass niemand unnötige Aufmerksamkeit auf die Halle lenkte, denn das führte in der Regel zu einem Blutbad, das für Wochen die Titelseiten der Zeitungen beherrschte.

Der Detektiv war noch nie in der Lagerhalle gewesen, weil er sie als Teddys Reich betrachtete, und folgte den Kurzhaar-Brüdern blind. Seine Waffe drückte er dem größeren unauffällig in den Rücken. Hinter einem Regal, in dem ausweislich der Etiketten hauptsächlich Bananenmais und Ziegelknollen lagerten, gab es einen kleinen Unterschlupf aus Pappwänden mit einem Nest aus Zeitungspapier als Lager. Lampe legte die Hand auf die Zeitungen, die kalt waren – hier hatte schon länger niemand mehr geschlafen.

»Habt ihr hier sonst jemanden gesehen? Jemanden, der … auffällig wirkte.«

»Wirklich, mein Herr, wir waren zu drauf, um viel mitzukriegen. Aber fragen Sie mal den Einarmigen Maurice, der ist fast immer hier.«

Auf Lampes fragenden Blick hin wies er auf einen zerlumpt aussehenden Schimpansen, der unweit von Teddys Schlafplatz lagerte. Der Detektiv bedeutete den Kurzhaar-

Brüdern mit einer Geste, dass er sie im Auge behalten würde, und ging dann neben dem Affen in die Hocke. Er beschrieb ihm den Kater und fragte, ob er ihn gesehen habe. Es dauerte einen Moment, bis Lampes Stimme durch den Nebel drang, den der Schnaff aus der Flasche hinterlassen hatte, die leer neben dem Einarmigen Maurice lag. Langsam wurden die Augen des Affen etwas klarer, aber er machte unmissverständlich klar, dass Lampe den Prozess durch die Zuführung von Münzen noch beschleunigen konnte. Er verströmte einen betäubenden Geruch nach Schweiß, Urin, Erbrochenem und Schnaff. Lampe atmete unauffällig in eine andere Richtung und ließ einige Zert in seine Hand rieseln. Außerdem zog er eine Gimmling-Note hervor, nach der der Affe gierig griff.

»Erst sagen Sie mir, was Sie gesehen haben.«

»Der kleine Braune, sagen Sie? Ja, den kenne ich. Wir reden manchmal, wissen Sie? So kleine Kerlchen haben so viel zu erzählen, das möcht' man kaum glauben.«

Lampe dachte an die vielen Gelegenheiten, bei denen Teddy ihm durch seine Redeanfälle den letzten Nerv geraubt hatte, und ihm fuhr ein Stich ins Herz.

»Kam gestern hier rein, fiel in sein Bett und schlief sofort ein, als hätte er drei Tage durchmalocht. Zu putzig. Bin dann auch eingeschlafen, aber irgendwann aufgewacht, weil ich das Kerlchen wimmern hörte, wie wenn sie ihm die liebe Mutter genommen hätten. Dabei schlief er, muss wohl schlecht geträumt haben. Bevor ich ihn wecken konnte, wachte er von selbst auf. Wollte ihn nicht in Verlegenheit bringen, hab mich schlafend gestellt.«

»Und dann? Haben Sie gesehen, ob er die ganze Nacht geblieben ist?«

Mit einem listigen Zwinkern hielt der Schimpanse die Hand auf und fragte »Wollen Sie es wirklich wissen?«

Der Detektiv wurde ungeduldig.

»Hören Sie, Mann, der Junge, der der beste Junge in der ganzen Welt ist, ist womöglich in Gefahr. Sie bekommen den verdammten Gimmling, wenn Sie mir helfen, ihn zu finden, also sagen Sie, was Sie wissen!«

Der Einarmige Maurice hob beschwichtigend die Hand und berichtete, Teddy sei, kurz nachdem er aufgewacht war, losgezogen.

»Hab mir bisschen Sorgen gemacht, weil er vorher so geweint hat, und nach ihm geschaut.«

Er rückte ein wenig zur Seite, schob hinter sich an der Wand ein Stück Pappe zur Seite und gab den Blick auf ein kleines Guckloch frei.

»Ich kann von hier den ganzen Platz überblicken. Muss mich nicht einmal bewegen.«

Er ließ den Detektiv durch das Loch schauen.

»Der Kleine marschierte in Richtung Hafenmeisterei.«

Lampe nickte und wollte dem Einarmigen Maurice den Gimmling schon aushändigen, aber der unterbrach ihn.

»Warten Sie mal. Da war nämlich noch jemand.«

»Was meinen Sie damit?«

»Na, da ging einer hinter ihm her. Mit ein bisschen Abstand, so dass man's nicht gleich merkte. Aber er ging, wenn der Knirps ging, und wartete, wenn er stehenblieb. Der ging nicht' einfach zufällig in dieselbe Richtung.«

»Kannten Sie die Person? Können Sie sie beschreiben?«

Lampes Stimme klang hektisch und Maurice dachte angestrengt nach.

»Hm, nee, den konnte man kaum erkennen. Hatte so eine

Pelerine mit Kapuze. Da konnt man nicht viel sehen, konnte man da. Schien aber eher dünn zu sein, der Mantel flatterte ziemlich an ihm herum.«

»War es ein Mann oder eine Frau?«

»Das kann ich nich' sagen. Die Kapuze. Na ja, und der Schnaff. Aber sie sind in Richtung Hafenmeisterei gegangen, da bin ich sicher. Fragense doch da mal weiter.«

Lampe stand auf, gab Maurice den Geldschein und nahm dem Einarmigen Maurice das Versprechen ab, sich zu melden, sobald er etwas Neues hörte oder Teddy auftauchte.

»Fragen Sie nach Skarabäus Lampe, die Flüche der Befragten werden Sie zu mir führen.«

Dann stand er auf und verließ die Lagerhalle in Richtung Hafenmeisterei.

Als er um kurz vor Mitternacht nach Hause kam, hatte Helene Pick noch nicht geschlafen. Sie kam ihm in Nachthemd und Pantoffeln entgegen und schon an ihrem Blick sah er, dass es hier auch keine Neuigkeiten von Teddy gab. Fragend sah sie ihn an, aber er konnte nur den Kopf schütteln. Er warf ihr einen hilflosen Blick zu und zuckte die Schultern.

»Ich bin bei der Hafenmeisterei gewesen, ein Zeuge hat Teddy dorthin gehen sehen. Habe alle gefragt, denen ich begegnet bin. Einer meinte, er habe gesehen, wie der Kleine in Richtung Verladedock lief. Aber dort verliert sich seine Spur. Ich habe alles abgesucht, Mamsy.«

Dass der kleine Kater bei seinem Streifzug verfolgt worden war, erwähnte Lampe nicht. Vermutlich hätte er Helene direkt mit einem Nervenzusammenbruch ins Hospital der Kundigen Frauen einliefern können, wenn sie es erfahren hätte. Einen Moment lang herrschte Schweigen, beide spürten die Angst des jeweils anderen.

»Ich habe alle meine Kontakte aktiviert, nach Teddy Ausschau zu halten, und ein paar Ratten bezahlt. Irgendwann ging mir das Bargeld aus.«

Er schaute das weiße Huhn unglücklich an.

»Ich weiß nicht, wo der Knirps ist.«

Es war ein Satz wie eine Bankrotterklärung. Skarabäus Lampe, dessen überragender Intellekt seinen Herzschlag selbst in heiklen Situationen kaum über den Ruhepuls steigen ließ, dessen Souveränität zuverlässig durch seine Lebenserfahrung, seinen Mut und sein großes Ego gestützt wurde, und der so gut wie nie um eine Antwort verlegen war, wusste nicht weiter. Mit Teddys überraschendem Verschwinden hatte er die Oberhand über den Fall verloren, und im Moment wusste er nicht, wie er sie wiedererlangen sollte.

Nachdenklich und ohne Mamsy irgendetwas sagen zu können, das sie und ihn selbst hätte trösten können, ging er in sein Arbeitszimmer, goss sich einen Wermut ein und setzte sich ans Gaubenfenster. Er wollte wach bleiben für den Fall, dass sich einer seiner Kontakte bei ihm meldete.

VERSCHWUNDEN!

Übernächtigt und mit dunklen Augenringen begegneten sie sich am nächsten Morgen in der Küche wieder. Lampe spürte, dass er sich ihrer Sorge nicht länger aussetzen konnte, ohne angesteckt zu werden, deshalb stürzte er nur einen Becher starken Kaffee im Stehen hinunter und sagte: »Ich bringe Teddy zurück, ich verspreche es.«

Als er beim Zirkus ankam, herrschte dort helle Aufregung. Zwei der Zirkusleute waren über Nacht verschwunden und außerdem war die Tatwaffe endlich gefunden worden. Inspektor Sutten kam dem Detektiv entgegen und wedelte mit der Garotte in der Luft.

»Lampe! Wir haben ihn! Endlich! Sie hatten Recht mit dem Gorilla.«

»Wirklich? Wo haben Sie die Garotte gefunden?«

»Sie lag ganz unten in der Wäscheschublade des Messerwerfers, dieses Monsieur Godot.«

»Coteau«, korrigierte Lampe. »Haben Sie einen Tipp bekommen oder haben Ihre Beamten die Garotte ausnahmsweise mal von selbst gefunden?«

Sutten überhörte die Beleidigung und erzählte, dass Wachtmeisterin Mops die Garotte entdeckt hatte.

Zwei Hunde wollten Monsieur Coteau soeben Handschellen anlegen, bemerkten aber, dass er mit gefesselten Händen seine Krücke nicht mehr würde halten können.

Also beließen sie es dabei, ihm die Handschelle nur an einer Seite anzulegen. Die zweite Schelle war um das Handgelenk des Polizisten gelegt. Skarabäus Lampe runzelte verwirrt die Stirn.

»Was, äh, was machen Ihre Leute da, Sutten?«

»Na, sie führen ihn ab, ist doch klar. Er war's, die Garotte riecht na…«

Lampe fiel ihm verärgert ins Wort.

»Ach, lassen Sie doch diesen Geruchsblödsinn, Inspektor! Denken Sie wirklich, ein einbeiniges, einäugiges Stachelschwein hätte auch nur den Hauch einer Chance gegen einen gesunden, ausgewachsenen Löwen von dreihundert Pfund?! Machen Sie ihn los, ich habe mit Ihnen zu reden.«

Der Beagle schaute einen Augenblick zwischen Lampe und dem gefesselten Stachelschwein hin und her, als suchte er nach einem Hinweis, dass Lampe nur einen Witz gemacht hatte. Doch der Detektiv schien es ernst zu meinen, keine Spur seines sonst so unverwüstlichen süffisanten Humors stand in seinem Gesicht. Dagegen fielen ihm die tiefen Augenringe des Hasen auf und er beschloss, dass es für den Moment besser war, ihn nicht weiter zu reizen. Er gab den beiden Polizisten einen Wink und sie schlossen die Handschelle auf. Sie waren mindestens genauso verwirrt wie ihr Chef und blieben ratlos stehen, nachdem der Messerwerfer die finstersten romanzösischen Flüche ausstoßend in dem illegalen Schnaffausschank verschwunden war.

Lampe zog den Inspektor zur Seite und dämpfte die Stimme.

»Hören Sie, Sutten, ich brauche Ihre Hilfe.«

Das war es, der Detektiv musste den Verstand verloren haben. Jetzt war dem Polizisten alles klar. Wahrscheinlich hatte Lampe gestern Kaninchenpilze genommen und war auf irgendeinem Trip hängengeblieben. Es konnte nicht anders sein, denn der Detektiv bat nie jemanden um Hilfe. Sutten setzte ein verständnisvolles Gesicht auf, tätschelte Lampes Hand und sprach zu ihm wie mit einem Kind.

»Es wird alles wieder gut, mein guter Lampe. Sie werden sehen, auch wenn Sie sich jetzt etwas seltsam fühlen. Glauben Sie mir, wir haben das alle schon einmal durchgemacht.« Diesmal schaute Lampe verwirrt und schüttelte dann ärgerlich Suttens Hand ab.

»Hören Sie zu, verdammt, es ist mir ernst!«

Er berichtete Sutten von Teddys Verschwinden und seinen eigenen Bemühungen, den Kater zu finden. Auch die Aussagen des Einarmigen Maurice und aller anderen Nachtgestalten, die er nach Teddy gefragt hatte, gab er Sutten. Mit jedem Satz wurde dessen Gesicht ernster, und als Lampe den Verfolger erwähnte, verdunkelte sich sein Blick.

»Kann es sein, dass es sich um … Hafenangelegenheiten handelt?«, fragte er.

»Möglich, aber mein Instinkt sagt mir, dass es mit diesem Fall zu tun hat. Ich brauche Ihre Leute am Hafen, Sutten. Mein eigenes Netzwerk ist zwar riesig, aber wenn es hart auf hart kommt, möchte ich meine unbewaffneten Helfer aus der Schusslinie raushalten. Ihre Leute haben wenigstens Bananen.« Der Satz hätte Skarabäus Lampe in jeder anderen Situation zu einem spöttischen Grinsen Anlass gegeben, doch jetzt war ihm nicht nach Lachen zumute. Der Inspektor dachte nach.

Dann legte er Lampe eine Hand an den Oberarm, nickte kurz und sagte: »Ich werde sehen, was ich tun kann.«

»Ich danke Ihnen, Inspektor. Und jetzt lassen Sie hören,

was es mit den verschwundenen Carnies und der Garotte auf sich hat.«

Miniko und Polonius waren seit dem Morgen verschwunden. Im Wagen des Tätowierten Todes fanden sich keinerlei Spuren, ja, Miniko schien noch nicht einmal dort geschlafen zu haben. Ihr Bett war unberührt und auch sonst fand sich kein Anzeichen ihrer kürzlichen Anwesenheit. Auch Polonius war seit gestern Abend von niemandem gesehen worden. Er hatte natürlich immer noch keinen eigenen Wagen, hätte aber die Nacht bei Monsieur Coteau verbringen sollen. Doch dort war er nie aufgetaucht.

Lampe dachte kurz an die Möglichkeit einer Gruppenentführung, verwarf den Gedanken jedoch gleich wieder. Die Person, die es schaffte, einen Silberfinken zu entführen, musste vermutlich erst noch geboren werden. Auch ohne ihre Zugehörigkeit zum Clan war Miniko eine furchterregende Gegnerin, aber als Silberfink war sie quasi unbesiegbar. Der Clan verfügte über ein weltumspannendes Netz an Schläfern, Informanten und Leuten, die ihm einen Gefallen schuldeten. Ein Entführer wäre wahrscheinlich tot, bevor er den Gedanken an eine Entführung überhaupt zu Ende gedacht hatte.

Und die Garotte? Lampe zündete sich nachdenklich eine Zigarette an. Ja, die Garotte. Jemand hatte sie vorsätzlich bei dem Messerwerfer platziert, um von dem Täter – oder der Täterin – abzulenken, das war klar. Aber warum das Stachelschwein? Monsieur Coteau war zwar zutiefst versehrt, aber letztlich ein Mann ohne Geheimnisse. Sowohl die Entstellung aus dem Krieg als auch sein gebrochenes Herz trug er vor sich her wie eine Standarte. Da waren keine dunklen Ecken, keine Leichen im Keller. Er war verbittert, ungebildet, einfach im Denken und der Gestank seiner Selbstgerollten reichte sicher für eine Anzeige, aber er erschien dem Detektiv auch ehrlich und direkt. Nennenswertes Vermögen besaß er nach Aktenlage auch nicht. Was also gab es für einen Grund, so jemandem einen Mord anzuhängen?

Eine Ratte tippelte auf ihn zu und unterbrach seinen Gedankengang. Es war keine von denen, die er am Hafen beauftragt hatte, diese hier war besser gekleidet. Sie war nervös und außer Atem und brauchte einen Moment, um ihre Botschaft zu überbringen, aber was sie dem Detektiv mitteilte, ließ ihn erbleichen. Sie übergab ihm ein Blatt Papier, das er mehrmals las. Blut rauschte in seinen langen Ohren wie ein brüllender Ozean. Er ging zu Inspektor Sutten, der einige Meter entfernt mit Wachtmeister Mandarine sprach, und unterbrach die Unterhaltung einfach.

»Teddy ist entführt worden.« Seine Stimme klang hohl und ausdruckslos. Auf Suttens Blick gab er ihm den Zettel.

»Eine Ratte hat mir das hier gebracht. Von Helene. Hat heute Vormittag im Briefkasten gesteckt.«

Skarabäus Lampe wirkte wie versteinert und der Inspektor war unsicher, ob er gleich in Tränen ausbrechen oder seine Waffe ziehen und alle Umstehenden erschießen würde. Er hatte den Detektiv noch nie so außer Fassung erlebt.

Das Stück Papier war ein Erpresserbrief.

»Wen sie den Juhngen lebet wiedersehn wolln, verschwinnden sie«, stand darauf in ungelenken Kohlenbuchstaben. Inspektor Sutten schob sich seinen Hut in den Nacken und kratzte sich die Stirn.

»Sieht nicht besonders intelligent aus, oder? Was meinen Sie?«

Lampe hatte den ersten Schock so weit überwunden, dass er sich und vor allem seinen Verstand wieder unter Kontrolle hatte.

»Sie verwechseln Intelligenz und Bildung, Sutten. Davon abgesehen, würde ich Ihnen Recht geben. Entweder das oder eine gebildete Person versucht, ungebildet zu erscheinen. Wussten Sie, dass Miniko ein Silberfink ist?«

»Sie machen Scherze, Mann!«

»Sie hat es mir selbst gesagt.«

Der Inspektor stieß einen beeindruckten Pfiff aus.

»Ein Silberfink! Donnerwetter! Der Clan war schon lange nicht mehr aktiv in der Stadt. Was will er bei einem Wanderzirkus, hat sie das auch gesagt?«

Lampe zündete sich eine weitere Zigarette an und blies den Rauch in die Luft.

»Seien Sie nicht albern, Sutten. Natürlich nicht.«

Einen Moment schwiegen beide, dann fragte der Inspektor: »Denken Sie, dass der Clan Ihren kleinen Kompagnon entführt hat?«

Der Detektiv kaute nachdenklich auf seiner Unterlippe herum.

»Möglich. Aber diese Entführung sieht mir eher nicht nach Clan aus.«

Nein, die Entführung eines Kindes entsprach ganz und gar nicht dem Stil der Silberfinken. Der Clan dachte groß. Groß und grausam. Skarabäus Lampe hatte mehrfach miterlebt, wie skrupellose Schwerverbrecher bei der bloßen Erwähnung des Clans anfingen zu zittern wie nasse Welpen. Abtrünnige und Verräter der Silberfinken starben in der Regel qualvolle Tode. Lampe hatte die verdrehten und entstellten Leichen schon oft gesehen. Aber die Verbrechen hatten immer einen direkten Bezug zu den weltumspannenden Tätigkeiten des Clans. Das musste man den Silberfinken bei aller Grausamkeit und Skrupellosigkeit lassen: Sie nahmen nie die Hintertür. Wer sich mit dem Clan anlegte, bekam früher oder später Besuch von exotisch aussehenden Leuten mit Exekutionsauftrag. Oder Post. Erpressung stand zwar durchaus auf der Speisekarte der Finken, aber die Familien der Erpressten ließen sie dabei eher unbehelligt. Wie oft im organisierten Verbrechen stand die Familie bei dem Clan ganz oben. Sie war heilig. In einer Art verquerem Ehrenkodex galt das auch für die Familien ihrer Opfer. Der Clan sabotierte, er folterte, er schmierte Staatsbeamte und dann und wann sprengte er Produktionsstätten der Konkurrenz in die Luft – aber er nahm in der Regel nicht den Umweg über Unschuldige. Außerdem hatte Miniko ohne Not ihre Tarnung aufgegeben und ihm geradeheraus gesagt, wer sie war, was bedeutete, dass sie seine Ermittlungen nicht als Bedrohung empfand.

»Solange wir nicht wissen, ob der Mord an Helios auf das Konto des Clans geht, wissen wir auch nicht, was für ihn auf dem Spiel steht. Wir sollten deshalb alle Möglichkeiten in Betracht ziehen.«

Der Inspektor nickte.

»Was ist mit diesem Fuchsjungen?«

»Schwer zu sagen. Er scheint über seine Herkunft nicht die Wahrheit gesagt zu haben, als er hier im Zirkus anheuerte, aber das muss nichts heißen. Er hat zwar Hafenerfahrung, wie Teddy herausgefunden hat, aber viele Leute verschleiern eine ärmliche Herkunft, wenn sie sich davon einen gesellschaftlichen Aufstieg versprechen.«

»Na schön, Lampe, wie gehen wir vor?«

»Schicken Sie Leute zum Hafen, jede Menge Leute, alles, was Sie haben. Teddy war da und ich will, dass sie jeden Stein umdrehen, jeden Kleinkriminellen befragen, jedes Gebäude durchsuchen. Irgendjemand muss gesehen haben, wohin er ging und wer ihm auf den Fersen war, und ich will, dass niemand am Hafen Ruhe findet, bis wir diesen Jemand gefunden haben.«

Inspektor Sutten trug Wachtmeister Mandarine auf, ins Präsidium zu fahren und einen Suchtrupp zusammenzustellen. Die dienstälteren Beamten sollten Waffen mitnehmen und die jüngeren ihre, nun ja, Bananen. Darüber hinaus ließ er Polizisten vor Lampes Haus Posten beziehen, um dessen Telefon und Briefkasten zu überwachen. Er berichtete Lampe, was er veranlasst hatte. Der ließ ein bisschen Anspannung aus seinem Körper und atmete aus.

»Wir müssen ihn finden, Inspektor. Wir müssen einfach.«

»Das werden wir, Lampe.«

Nachdem sie die Ratte mit dem Brief zu Lampe geschickt hatte, stand Helene ratlos im Wohnzimmer. Sie beschloss, sich mit Hausarbeit abzulenken, aber weil sie sich dabei nicht zu weit von der Haustür entfernen wollte, um ein etwaiges Klopfen sofort zu hören, wischte sie grob geschätzt siebenmal auf dem Kaminsims Staub. Immer wieder blieb ihr Blick an dem gerahmten Foto hängen, auf dem Baby Skarabäus in den Armen seines Vaters lag.

Geneviève, seine Mutter, war bei seiner Geburt gestorben und Archibald Lampe hatte es zunächst mit einem Internat versucht. Doch das blitzgescheite, vor nichts und niemandem Angst zeigende Häschen war seinen Lehrkräften ebenso überlegen gewesen wie Teddy später allen staatlichen Fürsorgeorganen. Die Fehlbildung seines Fußes, mit der er zur Welt gekommen war, hatte nie, nicht ein einziges Mal dazu geführt, dass er sich weniger zutraute oder anderen Leuten unterordnete. Furchtlos ließ er sich auf jedes noch so gefährliche Abenteuer ein, bis die Internatsleitung seinem Vater schließlich *empfohlen* hatte, den Jungen woanders unterrichten zu lassen. Da Archibald als Archäologe ständig auf Reisen war, brauchte er eine selbstgängige, in der Stadt fest installierte Lösung, und so hatte er Helene engagiert, damit der Junge wenigstens etwas erzieherische Begradigung erhielt. Das Huhn hatte lange in staatlichen Einrichtungen gearbeitet und war genau wie Skarabäus ein Edelstein unter lauter bunten Glasscherben. Mit einer Mischung aus Liebe und Erpressung war es ihr gelungen, seinen Respekt zu gewinnen, und die beiden wurden ein Herz und eine Seele.

Helene setzte sich in den großen Ohrensessel, das Foto in den Händen. Sie spürte, wie Tränen in ihr aufstiegen, Angst und Sorge um Teddy türmten sich an ihrem inneren Horizont auf und drohten, alles unter sich zu begraben, auch sie selbst. Es war niemandem geholfen, wenn sie sich in einen neumodischen Rasensprinkler verwandelte. Also goss sie sich aus der gut sortierten Bar des Detektivs ein großes Glas Kräuterlikör ein. Sie atmete dreimal tief durch, kippte den Likör und erst dann verwandelte sie sich in einen neumodischen Sprinkler.

Alles, was normalerweise durch ihr Pflichtbewusstsein und ihren Pragmatismus in Schach gehalten wurde, brach sich jetzt Bahn. In die Sorgentränen um Teddy mischten sich alle Sorgen, die sie sich jemals um Skarabäus Lampe gemacht hatte.

Teddy und er waren sich so ähnlich, das war ihm wahrscheinlich gar nicht bewusst. Es gab keine Warnung und keine Drohung, die Skarabäus je von seinen Vorhaben zurückgehalten hätten. Genau wie Teddy. Bei beiden hatte sie oft das Gefühl, sie seien schon als Erwachsene zur Welt gekommen. Beide waren Kindsköpfe, das ja, aber sie weigerten sich, natürliche Autoritätsgefälle anzuerkennen, nach denen man zum Beispiel den Anweisungen eines erwachsenen Huhns ohne Wenn und Aber Folge zu leisten hatte, wenn man erst sieben Jahre alt war. Beide folgten ihrem eigenen inneren Kompass. Unzählige Male war sie auf ihrer Sorge sitzengeblieben, wenn sich die vermaledeiten Kinder wieder einmal allen Warnungen widersetzt und fröhlich in irgendein halsbrecherisches Abenteuer verabschiedet hatten.

Und bisher war es immer gut gegangen. Skarabäus und Teddy kamen zwar oft genug mit Blessuren nach Hause und beide wussten, wie ein Hospital von innen aussieht. Lampes Körper zierten Narben aus allen Phasen seines Lebens, am auffälligsten war der Schmiss, der sich quer über sein Gesicht zog, weil er mit zwölf Jahren einer doppelt so großen Hyäne unbedingt seine Furchtlosigkeit hatte beweisen müssen. Teddy hatte – in Ermangelung von Lebensjahren – noch nicht ganz so viele Narben, wenn auch seine Sammlung durchaus beeindruckend war. Doch keine Verletzung hatte das unverwüstliche Naturell der beiden jemals ernstlich in die Knie gezwungen. Im Gegenteil schien sie jeder Tropfen Blut, den sie verloren hatten, nur in ihrem Weg zu bestärken.

Und nun saß der kleine Kater, der sich so viel zutraute und doch noch so wenig konnte, an irgendeinem unbekannten

Ort in den Händen übler Halunken. Vor Helenes innerem Auge erschienen Bilder von Folterwerkzeugen und Teddys geschundenem Körper. Sie saß jetzt auf der Kante des großen Ohrensessels und weinte all die Sorgentränen ihres Lebens im Dienste von Skarabäus Lampe auf das Foto. Salziges Wasser tropfte auf Archibald Lampes Kleidung und ihr Schnotter ließ Baby Skarabäus aussehen, als läge er in einer Pfütze. Seine Augen sahen durch den Vergrößerungseffekt der Tropfen etwas glubschig aus, und sie trocknete das Bild immer noch weinend mit ihrer Schürze ab. Wenn sie nicht nach und nach alle Personen auf den Fotos im Wohnzimmer in blöde Glotzfische verwandeln wollte, musste sie wieder zu sich kommen. Also tat sie das einzig Sinnvolle, um den schrecklichen Bildern in ihrem Kopf zu entkommen. Sie goss sich noch einen Likör ein.

Als der Detektiv am Nachmittag nach Hause kam, war er auf das Schlimmste vorbereitet, doch damit, sein Kindermädchen schnarchend im großen Ohrensessel zu finden, hatte er nicht gerechnet. Die Flasche mit dem hochprozentigen Kräuterlikör und einige seltsam verschmierte Bilder lagen vor dem Sessel auf dem Boden. Er runzelte die Stirn. Arme Mamsy, sie musste vor Sorge völlig außer sich gewesen sein. Er holte ein Glas Wasser und einen nassen Lappen aus der Küche, um Mamsy aufzuwecken. Doch weder seine Ansprache noch der nasse Lappen, mit dem er ihr vorsichtig durch das verquollene Gesicht wischte, zeigten Erfolg. Lampe streichelte ihre Wange, worauf sie im Schlaf brummte. Er beschloss, sie schlafen zu lassen. Helfen konnte sie im Moment doch nicht und er würde sich besser konzentrieren können, wenn er sie nicht gleichzeitig beruhigen musste.

Da Lampe und Inspektor Sutten alle Hände voll damit zu tun hatten, Teddy wiederzufinden, begleitete der Rechtsanwalt von Oben die Entlassung des Gorillas. Lampe hatte ihn gegen Mittag angerufen und ihm erzählt, was passiert war. Und wie der Inspektor auch hatte von Oben alle Animositäten zwischen ihm und dem Detektiv sofort vergessen und sich zur Verfügung gestellt. Skarabäus Lampe ging allen auf die Nerven, die das Pech hatten, regelmäßig mit ihm arbeiten zu müssen. Er war unzuverlässig, sprunghaft, nahm auf seinen Gedankenreisen niemanden mit und hinterließ dadurch bei ausnahmslos allen das Gefühl der Unterlegenheit. Aber insgeheim wussten sie alle, dass Überstadt ohne den Detektiv ein Höllenloch wäre. Dass er den Ort auf seine eigene nervtötende Weise sicherer und gerechter machte. Dass weit mehr Verbrechen ungesühnt blieben, wenn es ihn nicht gäbe. Und deshalb hatte der Anwalt ebenso wenig gezögert, als Lampe ihn um Hilfe bat, wie zuvor der Inspektor.

Die Nachricht, dass seinem Entlassungsantrag stattgegeben worden war, hatte ihn gleichzeitig überrascht und nicht überrascht. Lampes Ermittlungen ließen eindeutig Zweifel an der Schuld des Gorillas zu, das ja, aber von Oben war nicht sicher gewesen, ob sie wirklich ausreichten, um die Untersuchungshaft des Affen aufzuheben. Andererseits war das überstädtische Justizsystem chronisch überlastet, und wenn sich eine Gelegenheit bot, diese Überlastung an irgendeiner Stelle zu reduzieren, wurde sie in der Regel dankbar genutzt. Es war schwerer, bei Gericht einen Durchsuchungsbeschluss zu erwirken als einen Entlassungsbescheid. Doch ob nun begründete Zweifel oder hohe Arbeitslast zu der Entscheidung geführt hatten, war letztlich unwichtig. Am Morgen hatte einer seiner Rattenboten von Oben die

Nachricht von der anstehenden Freilassung des nicht länger tatverdächtigen Dante überbracht.

Mit dem Motortaxi war er zum Gericht gefahren, um die Entlassungspapiere abzuholen.

Wie die meisten Fische vermied er es, die Straßenbahn zu nehmen, weil die Stufen an den Türen zu hoch für sie waren. Oft mussten die Fische andere Fahrgäste darum bitten, sie in die Bahn hinein und wieder hinaus zu heben. Eine Erfahrung, die kein Fisch mit Selbstachtung und dem nötigen Kleingeld zweimal machen wollte. Darum fuhren sie lieber Taxi oder gingen im schlimmsten Fall zu Fuß. Die Forderungen der Fischgemeinschaft, den kostengünstigeren öffentlichen Nahverkehr fischfreundlicher zu gestalten, waren in der Masse der Forderungen anderer Gemeinschaften für mehr soziale Gerechtigkeit untergegangen.

Der Anwalt hatte dem Taxifahrer aufgetragen, vor dem Gericht zu warten, damit sie gleich weiter zum Gefängnis fahren konnten. Nur verurteilte Kriminelle und solche, deren Prozess schon im Gange war, saßen im Gerichtsgefängnis. Personen in Untersuchungshaft wurden im Polizeigefängnis im Keller des Präsidiums festgehalten.

Das Taxi hielt direkt vor dem großen Eingangsportal des Präsidiums, das mit seinen dicken Säulen und den monströsen Wasserspeiern Delinquenten auf die richtige Größe schrumpfen ließ, noch bevor sie in das Gebäude geführt wurden. Dabei war das Gebäude ursprünglich gar nicht die Polizeihauptwache, sondern eine Schule für schwer erziehbare Jungen gewesen. Aber aus einem schrägen Blickwinkel und gegen die Sonne betrachtet, war das ja auch irgendwie etwas sehr Ähnliches.

Der Anwalt betrat die Eingangshalle, die etwas von einer

Kathedrale hatte, und nickte dem Beamten am Empfangstresen kurz zu. Normalerweise herrschte hier geschäftiges oder besser gesagt kriminelles, besorgtes, erbostes, betrunkenes und bändigendes Treiben von Halbweltschurken und den Beamten, die sie begleiteten. Oft war es um den Tresen so laut, dass man sein eigenes Wort nicht mehr verstand. Doch Inspektor Sutten hatte bis auf einen harten Kern alle Beamten zum Hafen beordert, so dass der rundliche Chow-Chow am Empfang nur einem betrunkenen Ziegenbock erklären musste, dass er hier im Polizeipräsidium und nicht in der städtischen Badeanstalt war.

Die Verwaltung lag im zweiten Stock und da auch die Höhe der Treppenstufen nicht für Fischbeine gemacht war, kam Freiherr von Oben mühsam schnaufend oben an. Die Beamtin im Zimmer für Entlassungsangelegenheiten war eine hagere Schildkröte, deren Panzer irgendwie zu groß für sie aussah. Sie nahm die Unterlagen, die von Oben ihr vorlegte, und las sie sorgfältig durch. Sorgfältig und sehr langsam. Schließlich setzte sie einen Stempel und ihre Unterschrift auf die letzte Seite, beides ebenfalls sehr langsam, und händigte dem Fisch die gültigen Entlassungspapiere wieder aus. Einen Häftling zu befreien, war in etwa so glamourös wie ein Buch in der Stadtbibliothek auszuleihen.

Mit den Unterlagen unter dem Arm stieg der Anwalt in den Keller des Präsidiums hinab. Er war hier schon oft gewesen, andernfalls hätte er sich sicher verlaufen.

Für ein Polizeigefängnis war der Zellentrakt unverhältnismäßig groß, was ebenfalls auf das überlastete Gericht zurückging. Umstrukturierungen im Justizsystem und die Expansionsaktivitäten zweiostländischer Clans hatten im Gericht zu immer längeren Wartezeiten geführt, weshalb man im Polizeipräsidium schließlich Heizungskeller, Lagerräume und Teile des Archivs in Zellen umgewandelt hatte. Statt der ursprünglich drei Zellen gab es nun lange Gänge und verwinkelte Räume, in die man behelfsmäßig Wände und Gitterstäbe eingezogen hatte. Im Archiv konnten sich die Gefangenen der hintersten Zelle durch die Stäbe Akten von 1823 aus dem Regal greifen und lesen, wenn ihnen langweilig war. Die Inhaftierten standen im Polizeigefängnis gewissermaßen Schlange, um verurteilt zu werden.

Der Gorilla Dante saß zusammen mit einigen räudig aussehenden Nachtkatzen in der Zelle hinter dem Heizungsboiler. Der Schweiß lief ihm in Strömen über das Gesicht. Als er den Anwalt in Begleitung eines Schließers erblickte, flammten auf seinem Gesicht gleichzeitig Hoffnung und Ungläubigkeit auf. Der Beamte öffnete die Zelle und Freiherr von Oben winkte den Gorilla heraus, was die Mitgefangenen dazu veranlasste, lautstark auf die polizeilichen Missverständnisse, die zu ihrer Inhaftierung geführt hatten, hinzuweisen. Dante erhob sich von seiner Pritsche, wodurch die ihre ursprüngliche gerade Form wieder annahm, und verließ die Zelle.

Für einen kleinen Silberbauch, wie von Oben einer war, sahen nahezu alle Personen groß aus, aber dieser Gorilla war riesig. Wenn der Anwalt sich streckte, konnte er eine angeregte Unterhaltung mit den Knien des Affen führen. Er war wie ein schwarzer Berg, der bis in den Himmel reichte, und bewegte sich mit eben der Langsamkeit, die man bei einem Berg vermuten würde. Diese Langsamkeit hatte etwas Bedrohliches, sie erwuchs nicht etwa aus Trägheit, sondern aus der unverbrüchlichen Gewissheit des Gorillas, körperlich überlegen zu sein. Im rechten Ohr trug er drei goldene Ringe, seinen linken Nasenflügel zierte ein weiterer. Brust, Hals und Hände, die einzigen nahezu haarlosen Stellen seines Körpers, waren dicht mit weißer Farbe tätowiert. Nicht mit grazilen Bildern und eleganten Schriftzügen, sondern mit den Insignien und Sehnsüchten der Arbeiterklasse: Werkzeuge, Anker, Herzen, ein Sandstrand mit Sonnenuntergang sowie einige leichtbekleidete Damen unterschiedlicher Arten zierten den Muskelberg. Die weiße Farbe gab den Bildern ein gespenstisch hohles Aussehen, und wenn der Gorilla die Muskeln spielen ließ, gerieten die Bilder und Figuren in Bewegung. Im Dunkeln boten die weißen Tätowierungen sicher einen gespenstischen Anblick.

Er sprach nicht viel, aber wenn, dann hinterließ er sein Gegenüber überrascht. Seine tiefe Stimme war zwar genau das, was man bei jemandem von seinem Format erwartet hätte, aber die Art, wie er sprach, zeigte deutlich, dass sein furchteinflößendes Äußeres nur Show war. Ruhig und mit gewählten Worten fragte er von Oben, ob der wahre Täter – oder die Täterin – schon gefasst worden sei. Der Anwalt musste auf seinen kurzen Beinen laufen, um mit dem riesigen Affen Schritt zu halten, und geriet dabei trotz seines Luxus-Brisers schnell außer Atem. Schnaufend beantwortete er Dantes Fragen so gut er konnte. Skarabäus Lampe hatte ihm am Telefon in Eile nur das Nötigste zusammengefasst, aber dass der Tätowierte Tod und der Fuchs mit der Hautkrankheit ebenso verschwunden waren wie Teddy, wusste er.

»Miniko, sie ist eine eigenartige Frau. So verschlossen, wie sie schön ist. Niemand weiß genau, wie sie zum Jahrmarkt kam, obwohl sie schon seit Jahren dabei ist. Wenn man mir sagte, sie sei die verschollene Thronfolgerin des Kaisers vom Zweiostland – ich wäre nicht überrascht.«

»Wie meinen Sie das?«

»Na ja, man hat immer das Gefühl, dass sie alles sieht und alles hört, aber nie etwas sagt. Als ob sie ein großes Geheimnis schützt. Sie war nie eine von uns, der ganze Rummel wirkte immer wie ein ... Nebenjob für sie, obwohl sie jeden Tag mit uns auftrat, verstehen Sie?«

Da der Anwalt nicht mit dem gleichen messerscharfen Verstand wie Skarabäus Lampe ausgestattet war, verstand er nicht und glotzte etwas ratlos.

»Niemand durfte ihren Wohnwagen betreten. Ich meine, wir haben alle unsere kleinen Geheimnisse, aber sie war anders. Einmal hat Dame Avalea etwas in ihrem Wagen gesucht, irgendeine harmlose Kleinigkeit, und als Miniko sie erwischte, hat sie ihr beinahe den Arm gebrochen. Als wir anderen uns darauf geeinigt haben, dass der Junge, Polonius, reihum bei jedem von uns wohnen darf, bis er einen eigenen Wagen hat, hat sie sich schlicht geweigert, beinahe feindselig. Ein anderes Mal, es ist sicher schon ein halbes Jahr her, habe ich gesehen, wie sie sich an Pavos Fakirkiste zu schaffen machte. Ich habe sie zur Rede gestellt, aber sie sah mich nur an. Ich wollte mich nicht mit ihr anlegen, also habe ich die Sache auf sich beruhen lassen.«

Der Anwalt schaute skeptisch, was aussah, als würde er ersticken.

»Moment mal, ein Kerl wie Sie will sich nicht mit einer Eidechse anlegen, die nach meinen Informationen gerade einmal ein Drittel so groß ist wie Sie?«

»Sie verstehen das nicht. Miniko hat etwas Abgründiges und Bedrohliches an sich und damit meine ich nicht nur die tödlichen Kampfsportarten, die sie beherrscht. Wer sich mit ihr anlegt, legt sich mit etwas ... Großem an, anders kann ich das nicht sagen.«

Während der Anwalt wie ein Kind in das Taxi kletterte, musste der Gorilla Kopf, Arme und alle Muskeln einziehen, um sich auf den Rücksitz zu quetschen. Geduckt und mit an den Körper gepressten Armen hockte er neben Freiherr von Oben und wirkte derartig eingepfercht wie verdichtet. Schweigend machte der Anwalt sich einige Notizen, um Dantes Informationen Skarabäus Lampe später möglichst genau wiedergeben zu können.

Weil Inspektor Sutten all seine Leute zum Hafen abkommandiert hatte, hielt nur noch Wachtmeisterin Mops die Stellung auf dem Jahrmarktsgelände. Weder von der Suche nach dem kleinen Kater noch den verschwundenen Artisten gab es Neuigkeiten, wie sie dem Anwalt mitteilte.

Die restlichen Zirkusleute hatten sich wie am Vortag im großen Zelt versammelt und diskutierten die nächste Zukunft. Die gedrückte Stimmung ihres Gesprächs zerfiel unter Dantes Ankunft. Alle umringten den Gorilla und umarmten ihn, nur der elegante Ostlandpfau schüttelte ihm die Hand. Erleichtertes Lachen füllte jetzt das Zelt und Freiherr von Oben erschien es, als hauche allein die Anwesenheit des Gorillas allen anderen neues Leben ein.

Ihr Direktor war tot, zwei Attraktionen verschwunden, die finanzielle Zukunft ungewiss, aber Dantes ungeheure Stärke, die körperliche wie die geistige, gab ihnen allen die Zuversicht, dass alles irgendwie gut werden würde. Der Anwalt war seltsam berührt von dieser Szene echten Vertrauens und tiefer Freundschaft und wandte sich ab, weil ihm ganz plötzlich etwas ins Auge geflogen war.

Als Teddy zu sich kam, herrschte tiefschwarze Dunkelheit. Selbst seine nachtgewöhnten Augen konnten nicht die kleinsten Schemen um ihn herum ausmachen. Sein Kopf schmerzte und sein Arm auch. Er tastete nach seinem Gesicht und stellte fest, dass man ihm einen Sack über den Kopf gezogen hatte. Ärgerlich riss er ihn herunter und nun konnte er auch etwas sehen. Nicht viel, denn es war immer noch dunkel, allerdings mehr eine graue Dunkelheit als eine schwarze. Am Kopf konnte er keine äußerliche Verletzung feststellen, aber an seinem Ellbogen ertastete er eine Wunde. Vorsichtig bewegte er Finger, Hand und Arm, die allesamt zwar nur unter Schmerzen, aber doch tadellos funktionierten. Die Wunde schien nur oberflächlich. Er saß offenbar in einer Holzkiste, die ungefähr doppelt so groß war wie er selbst. Und fest verschlossen, wie er durch Druck gegen Wände und Decke feststellte.

Nachdem er sich und seine unmittelbare Umgebung untersucht hatte, versuchte er, sich daran zu erinnern, wie er hierher gekommen war. Doch anstelle einer Erinnerung war da nur ein schwarzes Loch. Er wusste noch, dass er die Lagerhalle auf der Suche nach Abenteuern in Richtung der Verladedocks verlassen hatte. Dort hatte er in einem schmalen Durchgang einige Mülltonnen einer Inspektion unterziehen wollen. Alles, was danach geschehen war, lag jedoch in seinem Gehirn in dichtem Nebel. Die Lichtverhältnisse in der Kiste ließen kaum Rückschlüsse auf Tageszeit oder Ort zu und der kleine Kater ließ ratlos die Schultern sinken.

In ihm kam Angst auf. Würde ihn jemand finden? Sollte er sterben? War die Kiste ein Sarg? Wusste Skarabäus Lampe überhaupt, dass er nicht mehr da war?

Er spürte Tränen aufsteigen und presste die Lippen zusammen, um sie zurückzuhalten. Er wollte nicht heulen wie ein Baby, das verwässerte nur den Blick für das Wesentliche. Skarabäus hatte schon in tausend schwierigeren Situationen gesteckt und der hatte nicht geheult, bestimmt nicht. Also überlegte Teddy, was der große Detektiv tat, wenn eine Situation brenzlig wurde. Meist analysierte er irgendetwas, aber hier gab es ja auf den ersten Blick nichts zu analysieren.

Teddys Gesicht hellte sich auf. Auf den ersten *Blick* gab es hier vielleicht nichts, aber er hatte ja noch ein paar mehr Sinne zur Verfügung. Also lauschte er.

Er hörte Schiffstuten. Es war so laut, dass er noch in unmittelbarer Nähe des Hafens sein musste, aber zu leise für die Verladedocks. Hinter den direkt zum Hafen gehörenden Gebäuden gab es eine ganze Reihe von Schuppen, in denen Werkzeuge und allgemeines Gerümpel aufbewahrt wurden. Womöglich hockte er in einem dieser Verschläge.

Geräusche von Matrosen und Hafenmitarbeitern waren ebenfalls zu hören, allerdings nur vereinzelt. Teddy schloss daraus, dass es sehr früher Morgen war. Die Tagesgeschäfte hatten schon begonnen, waren aber noch nicht in vollem Gange. Dazu passte, dass das Blut an seinem Arm schon getrocknet war und sein Fell verklebte. Was immer auch mit ihm passiert war, es musste schon eine Weile her sein.

Weiters hörte er ein Piepen, das er nicht gleich zuordnen konnte. Es kam von über ihm, vermutlich unter dem Dach des Gebäudes, in dem er sich befand. Es klang nach Vogelgeräuschen. Fliegende Vögel gab es nur selten, die meisten zogen es vor, sich wie zivilisierte Leute gehend zu bewegen, aber der Kater erinnerte sich daran, dass es in Hafennähe eine Kolonie Schwalben gab, die sich noch wie ihre Vorfahren verhielten.

Der Kater schöpfte Hoffnung. Die Anwesenheit von Schwalben bedeutete, dass das Gebäude eine Öffnung hatte, durch die sie jederzeit ein- und ausfliegen konnten. Ob dieser Zugang wohl groß genug für einen Kater war? Und erst einmal musste er ja aus dieser Kiste heraus.

In seine Überlegungen hinein wurde eine Tür geöffnet und Schritte kamen auf die Kiste zu. Direkt davor blieben sie stehen und eine kleine Klappe, die Teddy bislang übersehen hatte, wurde geöffnet. Für einen Moment fiel Licht in die Kiste. Der kleine Kater drückte sich in die hinterste Ecke der Kiste, fauchte und spannte jeden Muskel an, um sein Leben so teuer wie möglich zu verkaufen, sollten zwei todbringende Hände nach ihm greifen. Doch anstelle von Mordwerkzeugen schob eine schwarz behandschuhte Hand zwei stumpfe Blechnäpfe in die Kiste und schloss die Klappe wieder. Die Schritte entfernten sich, die Tür klappte zu und alles war wieder still.

Teddy hatte genau auf die Geräusche geachtet: Schritte und Türenschlagen hatten nicht nach einem großen Raum geklungen. In großen Räumen waren auch Geräusche größer. Es gab Hall, manchmal sogar Echo, die Geräusche reisten gewissermaßen durch den gesamten Raum. In kleinen Zimmern war die Reise kurz, deshalb klangen auch die Geräusche klein. Teddy schätzte den Raum – oder das Gebäude –, in dem er gefangengehalten wurde, auf nur wenig größer als seine Kammer bei Skarabäus Lampe und Mamsy. Es musste tatsächlich einer der kleinen Wartungsschuppen am Rande des Hafens sein.

Als er sicher war, dass die Person weg war, inspizierte er

die beiden Näpfe. In dem einen befand sich frisches Wasser, das er mit großen Schlucken trank. Was er in der anderen Schüssel fand, ließ ihn jedoch entsetzt aufschreien.

Ein toter Hahn lag darin. Er hatte keinen Kopf und keine Federn mehr und an seinen Knochen hing nur noch wenig Fleisch, aber Teddy erkannte die abgeknickten Flügel und musste würgen. Sicher, die verbliebene Haut war goldbraun und knusprig, das Fleisch verströmte einen verführerischen Geruch und etwas Sauce mit Kräutern war auch noch daran. Aber das hier war einmal ein Mitbürger gewesen und man erwartete offenbar von ihm, dass er ihn aß.

Teddy hatte noch nie verbotenes Fleisch gesehen, immer nur davon gehört. Wie die meisten Kinder war er mit wirbelloser Kost aufgewachsen und die toten Sardinen, die im Hafenmilieu gelegentlich zu bekommen waren, waren eindeutig etwas anderes als dies hier. Der kleine Kater wurde wütend.

»He! Kommen Sie zurück! Ich kann das hier nicht essen! Sie sollen zurückkommen!«

Er stampfte mit dem Fuß auf.

»Mein Partner Skarabäus Lampe wird Ihnen so sehr in den Hintern treten, dass Sie bis zum Südland fliegen! Bringen Sie mir etwas Ordentliches zu essen!«

Es blieb still. Teddy setzte sich hin, stützte das Kinn in die Hände und schmollte. Sein Magen knurrte mit Nachdruck. Nie im Leben würde er *das* essen! Skarabäus und seine Leute von der Polizei würden sicher rechtzeitig kommen. Und dann würde es am Abend Erdbeerblätter geben oder Käse oder kleingehackte Garnelen und er würde in der Kammer, seiner Kammer, auf seinem Kissen schlafen und alles würde gut sein und sicher. Und er würde nie wieder an diesen armen toten Vogel, der so ungemein lecker roch, denken. Er schob die Schüssel mit dem Fleisch so weit von sich, wie es die enge Kiste erlaubte, und untersuchte die Klappe, durch die sie zu ihm hineingereicht worden war.

Mit den Fingerspitzen fuhr er an ihrem Rand entlang und ertastete einen Spalt, der jedoch viel zu schmal war, um hineinzugreifen. Teddy fuhr seine Krallen aus, hakte sie in das Holz und versuchte, an der Klappe zu rütteln. Sie hatte kaum Spiel, vermutlich weil ein Riegel oder Vorhängeschloss sie fest an Ort und Stelle hielt. Sie als Ganzes zu öffnen, war unmöglich, das wurde dem kleinen Kater schnell klar. Allerdings schien das Holz selbst nicht sehr stabil zu sein. Es war spröde und trocken und er konnte ohne größere Anstrengung einige Splinte abkratzen. Vielleicht konnte er es schaffen, sich durch das Holz zu arbeiten. Das würde zwar lange dauern, aber er hätte etwas zu tun und könnte sich so von seinem Hunger, der Vogelleiche und ihrem köstlichen Geruch ablenken.

FLEDERMÄUSE MIT FÄHIGKEITEN UND EINE FEUERSBRUNST

Es dämmerte schon, als Skarabäus Lampe wieder am Hafen ankam. Die Suche nach Teddy würde ein Wettrennen gegen die Zeit werden, denn nachts war das Hafenvolk den Polizeihunden haushoch überlegen. Sie sahen mehr, sie hörten mehr und vor allem kannten sie jeden Schlupfwinkel. Der Detektiv fand Inspektor Sutten an der Hafenmeisterei, von wo aus er die Suchaktion koordinierte. Auf Lampes fragenden Blick hin schüttelte er nur den Kopf.

»Mann, Lampe, wir wirbeln hier ganz schön Staub auf. Sind Sie sicher, dass Ihr Junge hier ist? Wir haben eine einzige verdächtige Person aufgegriffen, die Ausbeute ist wahrhaftig mager. Diese Suchaktion gefährdet das empfindliche Gleichgewicht in Überstadt, normalerweise sickert die Nachricht von Razzien am Hafen zu den Jungs hier durch und sie ersparen uns viel Arbeit.«

Lampe sah ihn grimmig an und knurrte.

»Haben Sie schon einmal darüber nachgedacht, dass genau das der Grund dafür ist, dass Ihre Fangquoten so niedrig sind, *In-spek-tor*?! Die Polizei sollte mit dem Verbrechen nicht ›im Gleichgewicht‹ sein. Teddy ist hier und wir bleiben auch hier. Bis wir ihn gefunden haben.«

»Schon gut, regen Sie sich nicht auf. Es wird langsam dunkel, was schlagen Sie vor, wie wir weitermachen sollen?«

Skarabäus Lampe überlegte einen Moment mit zusammengezogenen Augenbrauen. Dann straffte er den Rücken, sein Gesicht glättete sich und er schaute Sutten entschlossen in die Augen. »Holen Sie die Fledermäuse.«

Der Beagle ließ ein überraschtes Lachen hören.

»Die Fledermäuse! Lampe, Sie machen Scherze! Sie wissen, dass der Fledermaustrichter Vorbereitungszeit braucht, bei einem Spontaneinsatz werden Sie niemals gute Bilder kriegen. Von den Kosten eines solchen Einsatzes ganz zu schweigen. Bei aller Lie…, bei allem gebührenden Respekt, ich habe heute fast eine ganze Mordermittlung auf Eis gelegt, um Ihren kleinen Kompagnon zu finden, und irgendwo hat meine Hilfsbereitschaft Grenzen. Außerdem haben wir eine verdächtige Person einkassiert, die wir erst einmal befragen können.«

»Auf Eis gelegt? Sutten, das hier *ist* die Mordermittlung. Ist Ihnen das noch immer nicht klar?! Wer Zacharias entführt hat, hat direkt mit dem Mord zu tun, wahrscheinlich ist es sogar der Mörder – oder die Mörderin – selbst. Wir müssen hier weitermachen – nicht nur, um Teddy zu finden, sondern auch Ihren Mörder – oder Ihre Mörderin. Kümmern Sie sich um die Fledermäuse, ich befrage Ihre verdächtige Person.«

Ohne auf Suttens Antwort zu warten, ging der Detektiv zu dem Mannschaftswagen, wo einige Polizisten die Identitäten von verschiedenen auffälligen Personen feststellten. Lampe fragte, wo sich die besonders verdächtige Person befand, und einer der Hunde nickte in Richtung Wagen.

Lampe stieg hinein und setzte sich einem betrunkenen Lykoikater gegenüber.

»Sie haben etwas gesehen?«, fragte der Detektiv, aber der Kater überging seine Frage einfach. Sein wolfsähnliches Gesicht wirkte verschlagen.

»Die Clans werden Ihnen nach dieser Aktion das Leben zur Hölle machen, ist Ihnen das klar?«

Lampe war nicht nach Geplauder zumute und so knurrte er zurück: »Und ich werde Ihnen das Leben zur Hölle machen, wenn Sie nicht reden. Was haben Sie gesehen?«

»Wer reitet so spät durch Nacht und Wind? Es ist der Kater mit seinem Kind.«

Die Art, wie der Lykoi sprach, zeigte Lampe, dass er Bildung genossen hatte. Doch seine Antwort war ohne jeden Wert.

»Was meinen Sie damit? Der Junge, den wir suchen, war Waise, er hat keinen Vater. Hören Sie auf mit den Spielchen, Mann, sonst wird es hier sehr ungemütlich für Sie. Wen haben Sie gesehen? War es ein Kater?«

Er griff in seine Manteltasche, zog seinen Schlagring heraus und hielt ihn gut sichtbar in beiden Händen.

»Ein Schatten war's, mit einer Last, er bracht' sie fort an einen Ort, mit festem Ziel, doch ohne Hast.«

Der Detektiv versuchte, sich zu beherrschen, doch dieses Spiel war einfach zu dämlich.

»Reden Sie, Mann! Was war diese Last? Der Junge? Wohin hat er ihn gebracht? Und wer war es?«

Der Lykoi zwinkerte belustigt, als hätte Skarabäus Lampe einen guten Witz gemacht, und wedelte mit seinem Zeigefinger.

»Ah, ah, ah, Hafenvolk verrät kein Hafenvolk.«

Lampe prallte zurück.

»Hafenvolk? Wollen Sie damit sagen, dass die Person mit der Last von hier war? Jemand vom Hafen?«

Immer noch lächelnd wiegte der Kater den Kopf und seine gelben Augen leuchteten kurz in seinem dunklen Gesicht auf.

»Am Hafen, vom Hafen, mit dem Hafen vertraut.«

Fieberhaft überlegte der Detektiv. Sicher, die Silberfinken hatten ihre Finger in nahezu allen zwielichtigen Geschäften der Stadt und ihre Schergen waren überall, aber würde man einen Clanschläfer als Hafenvolk bezeichnen? Der Clan steckte viel Geld in die Ausbildung seiner Handlanger und stattete sie auch finanziell gut aus. Ein Clanmitglied würde sich kaum unbemerkt am Hafen einschleichen können, weil schon sein Äußeres es von den anderen heruntergekommenen Gestalten unterschied. Andererseits gehörten auch beeindruckende Verkleidungskünste zu ihrem Ausbildungsrepertoire, damit sie sich in verschiedenen Milieus bewegen konnten.

Und Polonius? Er hatte über seine Herkunft gelogen, aber wenn er tatsächlich vom Hafen stammte, war ihm das auch nicht zu verdenken. Sein türkiser Ohrring konnten alles bedeuten oder nichts. Auch Teddy lebte am Hafen, aber lediglich eine holperige Kindheit hatte dazu geführt, er war nicht unmoralischer oder krimineller als jedes andere siebenjährige Kind. Außerdem fehlte bislang jedes schlüssige Motiv, das der Fuchsjunge gehabt haben könnte, Helios zu töten. Auch Minikos Motiv lag für Lampe noch im Dunkeln, aber da sie ein Silberfink war, wusste er, dass sie vermutlich eine ganze Reihe von Gründen hatte, Helios zu töten.

»Konzentrieren Sie sich. Ein Mann oder eine Frau?«

Der Lykoi schaute verträumt an die Decke des Wageninneren und lächelte.

»Ein Erdenkind war's, das scheint mir sicher.«

Skarabäus Lampe fuhr aus dem Autositz hoch, packte den Betrunkenen am Kragen und holte mit dem Ring auf den Fingern zum Schlag aus. Doch anstatt vor Angst zu reden wie ein Wasserfall, wedelte der Lykoi nur wieder lächelnd mit dem Finger.

»Ah, ha, ah, was würde das Inspektorchen sagen, wenn Sie mir die Nase verbiegen?«

Lampe ließ ihn los und schickte sich an, aus dem Wagen zu steigen.

»Die Schwalben, mein Bester. Haben Sie gesehen, wie niedrig sie fliegen?«

Lampe zögerte einen Moment und sah den Lykoi irritiert an. Dann schüttelte er den Kopf, stieg aus dem Polizeiwagen und ging zu Inspektor Sutten, der sich im Gespräch mit einigen Hunden befand. Wie immer unterbrach der Detektiv das Gespräch, ohne darauf zu warten, dass man sich ihm zuwandte.

»Bringen Sie die Schnapsnase aufs Revier. Er weiß etwas, will es aber nicht sagen. Ihre Leute sollen ihn ordentlich in die Mangel nehmen. Was ist mit den Fledermäusen?«

Die Frage klang, als hätte es nicht die kleinste Uneinigkeit über den Einsatz des Trichters gegeben. Sutten seufzte.

»Ich habe sie angefordert, mache mir aber keine großen Hoffnungen, dass dabei verwertbares Material herauskommt.«

Die Fledermausstaffel, oder der Fledermaustrichter, wie sie die Bevölkerung nannte, war gewissermaßen die Geheimwaffe der Polizei und ein Meisterwerk der modernen

Kommunikationstechnik. Die Staffel bestand aus einhundert informellen Mitarbeitern mit speziellen Fähigkeiten, die immer dann gerufen wurden, wenn ein Fall mit anderen Mitteln nicht zu lösen war. Vor allem bei der Fahndung nach Verdächtigen war der Trichter unschlagbar.

Der Erfolg der Einheit basierte auf der Kombination aus Echoortung und bildgebenden Verfahren. Bei einem Einsatz flogen die Fledermäuse in exakter Formation über ein Gebiet und stießen dabei ununterbrochen Töne im Ultraschallbereich aus. Die Töne wurden von allen Gegenständen, Gebäuden und Personen reflektiert und wie ein Echo zu der jeweiligen Fledermaus zurückgeworfen. Auf diese Weise erhielt sie ein exaktes Abbild ihrer Umgebung, wie ein Gipsabdruck. Mit dieser Fähigkeit unterschieden sich die Mitarbeiter der Staffel nicht von den heimischen Fledermausarten. Doch diese Fledermäuse kamen aus dem fernen Südland und gehörten Arten an, von denen man hierzulande noch nicht einmal gehört hatte. Sie sendeten Töne einer anderen Frequenz aus, wodurch der Schall sogar durch Wände dringen konnte. Das Echo, das zu ihnen zurückkam, lieferte nicht nur das Bild eines Hauses, sondern auch von allem, was sich darin befand. Die Wände der Gebäude wurden gewissermaßen durchsichtig und alles Mobiliar, aber auch alle Personen, die sich dort aufhielten, saßen quasi plötzlich auf einem Präsentierteller.

Jede einzelne Fledermaus war mit einem kleinen Signalwandler ausgestattet, der das Schallbild in ein tatsächlich sichtbares verwandelte und per Funk an das Bodenpersonal schickte. Dort wurde es von fünf Polizeizeichnern auf Papier übertragen. Obwohl schon beim ersten Überflug das komplette Bild an die Zeichner übertragen wurde, flogen die

Fledermäuse das betreffende Gebiet in der Regel dreimal ab, um den Zeichnern die Möglichkeit zu geben, alle Details zu sehen. Am Ende hielt die Einsatzleitung einen Stapel von Zeichnungen in der Hand, die den Polizeikräften die genaue Position jedes Verstecks und jeder verdächtigen Person zeigten. Wo wochenlange Fahndungen ohne Ergebnis blieben, konnte ein gezielter Einsatz des Fledermaustrichters innerhalb weniger Stunden zu einem erfolgreichen Abschluss der Ermittlungen führen.

Dass der Fledermaustrichter nicht häufiger eingesetzt wurde, hatte mehrere Gründe. Erstens verschlangen einhundert zusätzliche Kräfte viel Geld. Die südländischen Fledermäuse wussten genau, wie einzigartig ihre Fähigkeiten waren, und sie ließen sie sich teuer bezahlen. Das Gleiche galt für die Polizeizeichner, die stundenlang im Akkord arbeiten mussten, um mit den detaillierten, im Sekundentakt eintreffenden Signalen der Fledermäuse Schritt zu halten. Außerdem fand die Arbeit nachts statt, was weitere Gehaltszuschläge nach sich zog. Aus Kostengründen wurde der Einsatz der Fledermausstaffel nur in Fällen genehmigt, in denen keine andere Methode zum Erfolg geführt hatte.

Außerdem erforderte der Fledermaustrichter viel Vorbereitung, er ließ sich kaum spontan einsetzen. Das zu durchschallende Gebiet musste in Planquadrate aufgeteilt und die Einheiten ihrem Quadrat zugewiesen werden. Die Zeichner wiederum waren für je zwanzig Fledermäuse zuständig, die oft Signale aus mehreren Planquadraten lieferten. Bei exakter Planung waren die entstehenden Zeichnungen Meisterwerke, auf denen jedes Detail mit zartem Strich genau festgehalten war. Klebte man die Einzelbilder zusammen, erhielt man gewaltige, realitätsgetreue Panoramen, die manche gar als Kunst bezeichneten. Mangelnde Einsatz-koordination führte allerdings dazu, dass die Fledermäuse kreuz und quer flogen und die Zeichner durcheinander-malten, weil die Zuständigkeiten nicht eindeutig festgelegt worden waren. Dann kamen Bilder heraus, die von einem dreijährigen Kind ohne Zeichentalent hätten stammen können.

Der dritte Grund, den Fledermaustrichter nur in gut be-gründeten Fällen einzusetzen, war politischer Natur. Das Echolot der Fledermäuse arbeitete unspezifisch, das heißt, es bildete wirklich *alles* ab. Nicht nur Schmuggler, Mörder und Entführer fürchteten die Fledermäuse, sondern auch die unbescholtene Bevölkerung, die das Pech hatte, in dem zu schallenden Gebiet zu wohnen. Die Einrichtung der Son-dereinheit war von zahlreichen Protesten begleitet worden, weil Bürgerinitiativen darin einen massiven Eingriff seitens der Polizei in die Privatsphäre der Bevölkerung sahen. Bür-gerinnen und Bürger fühlten sich durch die Maßnahmen einem Generalverdacht ausgesetzt und forderten statt sol-cher Schrotschussmethoden eine Reform des Polizeiappa-rates hin zu mehr Effizienz und Präzision. Es entzündete sich so viel Volkszorn an den Einsätzen der Fledermäuse, dass die Polizei schließlich zusicherte, sie nur in absoluten Notfällen einzusetzen.

Inspektor Sutten wusste genau, dass ab morgen die Hölle in Überstadt losbrechen würde. Die Hölle, das waren wü-tende Leitartikel, Beschwerdebriefe und Disziplinarverfah-rensanträge. Im schlechtesten Fall kamen Demonstrationen und brennende Dreischnecks hinzu. Aber Skarabäus Lampe war eben Skarabäus Lampe; wenn er einen Notfall ausrief, war es ein Notfall. Und genau so hatte er es dem Polizeipräsidenten erklärt, als er telefonisch die Staffel angefordert hatte.

Bevor der Detektiv und der Inspektor ihren Streit über den Einsatz vertiefen konnten, ertönte in der Luft ein Rauschen, das von einem leisen Knattern begleitet wurde. Kurz darauf verdunkelte ein Schwarm Fledermäuse den violettblauen Abendhimmel. Lampe und der Inspektor wechselten wortlos einen Blick. Das Auftauchen der Staffel hatte etwas Naturgewaltiges, wie eine Lawine, die sich in Bewegung gesetzt hat. Ein Schatten löste sich aus dem Schwarm und landete direkt vor dem Inspektor. Es war der Staffelführer, ein Riese von Fledermaus, beinahe so groß wie Lampe. Dichtes rotbraunes Fell wuchs auf seinem Körper und auch im Gesicht, was ihm ein wildes, ungezügeltes Aussehen gab. Dass die Einsätze der Fledermäuse so viel Widerstand in der Bevölkerung erzeugten, lag auch an ihrem fremdartigen Aussehen. Viele Leute hatten Vorbehalte gegen die Wilden vom anderen Kontinent.

Inspektor Sutten erklärte der Leitfledermaus die Situation, immer wieder unterbrochen von Skarabäus Lampe, der wichtige Ergänzungen machte. Mit der tiefen Stimme und dem rollenden Akzent der Südländer antwortete der Staffelführer, dass es nicht leicht – und nicht billig – werden würde, dass er und seine Leute aber ihr Möglichstes versuchen würden.

Ohne sich darüber abzusprechen, überließ Inspektor Sutten dem Detektiv die Einsatzleitung. Mit seinem Gehirn, seinen Kenntnissen von Zacharias' Halbwelt und seinen Einblicken in den Fall konnten die Fledermäuse womöglich trotz des überstürzten Einsatzes einige brauchbare Bilder erzeugen. Es würde schwierig genug werden: Auf die

Schnelle waren nur achtundsiebzig der hundert Fledermäuse und drei der fünf Polizeizeichner abkömmlich gewesen. Ein Gebiet von der Größe des Hafenviertels würde normalerweise in mindestens zehn Planquadrate geteilt werden, heute waren mehr als sieben nicht zu schaffen. Statt wie üblich die Informationen von zwanzig Fledermäusen zu verarbeiten, mussten die Zeichner heute sechsundzwanzig Signale auffangen und direkt zu Papier bringen. Bei einem gut vorbereiteten Einsatz mit voller Besetzung reichten die drei Flugrunden der Staffel, damit die Zeichner alles mitbekamen. Unterbesetzt würden sie mindestens vier Runden benötigen.

Auf jedem der drei Tische lagen daher nicht nur ein ausreichender Vorrat an frischem Papier und gespitzten Bleistiften, sondern auch Bandagen, Salbe gegen Rheumatismus und Becher mit heißem Tee, um die Finger zu wärmen. Die Zeichner selbst bereiteten sich auf den Einsatz vor, indem sie Münzen über ihre Finger tanzen ließen, ihre Muskeln mit speziellen Handschuhen warm hielten und miteinander Fingertwist spielten. Die kalte und feuchte Herbstluft machte diesen Einsatz besonders schwierig. Für die Zeichner würde es eine höllische Nacht werden.

Skarabäus Lampe beugte sich mit dem Staffelführer über eine Karte des Hafens und gab ihm genaue Instruktionen. Er wies auf Teddys bevorzugte Aufenthaltsorte hin und auf die Plätze, an denen er gesehen worden war.

»Hauptverdächtige sind eine Eidechse und ein Fuchs. Halten Sie die Augen offen.«

Die Fledermaus sah ihn irritiert an.

»Ich meine die Ohren.«

Der Blick blieb unverändert.

»Na, Ihr Echoortungsorgan eben! Und denken Sie daran:
Es geht hier um das Leben eines Kindes.«

Der Staffelführer nickte und flog los, wobei Lampes Ohren ihm durch den Luftzug der gewaltigen Flügel ins Gesicht geweht wurden.

Die Zeichner setzten sich rasch an ihre Plätze, nahmen ihre Stifte zur Hand und warteten konzentriert. Schweigend schauten der Detektiv und Inspektor Sutten der Staffel zu, die sich jetzt am immer dunkler werdenden Himmel formierte. Ein leises Knattern drang an ihre Ohren und einen Moment später begann der erste Zeichner mit seiner Arbeit. Hoffentlich wurden die Bilder gut.

»Ich habe Ihnen doch gesagt, dass die Bilder schlecht werden würden! Habe ich Ihnen das gesagt oder nicht?!«

Inspektor Sutten kochte vor Wut und Skarabäus Lampe knirschte mit den Zähnen. Statt der anvisierten vier Flugrunden hatten die Fledermäuse den Hafen sechsmal durchschallen müssen, damit die Zeichner aus dem groben Raster der Planquadrate wenigstens einige Details herausholen konnten. Bis drei Uhr morgens hatten sie ohne Pause gezeichnet, und als Lampe den Fledermaustrichter schließlich für beendet erklärte, mussten zwei von ihnen auf dem Weg zum Polizeiwagen, der sie nach Hause bringen sollte, vor Entkräftung gestützt werden. Selbst die Fledermäuse, die in ihrer südländischen Heimat regelmäßig stundenlang über die offene Savanne flogen, wirkten erschöpft und ein oder zwei von ihnen taumelten bedenklich in der Luft, als sie abzogen.

Ausnahmslos jeder hatte in dieser Nacht sein Bestes gegeben, niemandem war ein Vorwurf zu machen, dass die Bilder verschwommen und schemenhaft waren. Niemandem außer dem Detektiv selbst. Seinem unbedachten Aktionismus, der von Gefühlen gelenkt wurde, statt von Vernunft, war es zu verdanken, dass die Suchaktion nicht so verlaufen war wie gehofft.

Er und Sutten waren direkt nach dem Ende der Aktion zur genaueren Auswertung der Zeichnungen ins Polizeipräsidium gefahren, aber schon vor Ort war klar geworden, dass es schwierig werden würde, etwas Brauchbares zu finden. Die Einzelzeichnungen hatten sie auf dem Tisch im Besprechungsraum zu einem großen Bild ausgelegt, so dass sich eine zusammenhängende Übersichtskarte des Hafengeländes ergab.

Lampe hatte alle Orte, an denen Teddy sich bevorzugt aufhielt oder gesehen worden war, mit einem roten Stift markiert. Gemeinsam mit Wachtmeisterin Mops und einem weiteren Beamten beugten sie sich über jedes einzelne Blatt Papier und betrachteten es sorgfältig.

Die Bilder aus dem Südteil des Hafens waren relativ gut; dort hatte die Suchaktion begonnen und Fledermäuse und Zeichner waren noch frisch und konzentriert. Die Gebäude und Straßen waren klar erkennbar und auch im Inneren der Häuser ließ sich einiges ausmachen.

In einer Sackgasse hinter der Hafenmeisterei hatten die Fledermäuse etwas empfangen, das verdächtig nach Schmuggleraktivitäten aussah, und auch, wenn es im Moment um ein anderes Verbrechen ging, machte der Inspektor sich Notizen, damit seine Leute das später untersuchen konnten. Hier und da lagen Körper am Boden, bei denen es sich aber wahrscheinlich nur um Pennbrüder und sonstige Schnaffopfer handelte. Um sicher zu gehen, notierte

Sutten auch die. Doch je weiter es nach Norden ging, desto unschärfer wurden die Bilder.

»Hier oben im Porzellanlager, ist das … das könnte … ist das ein Auto?«

»Nein, das ist ein Frachtcontainer!«

»Quatsch, das ist Lox O. Donta, der Elefant, der das Nordostviertel kontrolliert. Er ist seit letzter Woche wieder frei. Aber was macht er im Porzellanlager?«

Und so ging es bei jedem unförmigen Schatten. Sie rieten, interpretierten und widersprachen einander.

»Okay, okay, so kommen wir nicht weiter.«

Skarabäus Lampe wedelte beschwichtigend mit den Armen.

»Wir müssen akzeptieren, dass wir einen Großteil der Details auf der Karte nicht werden entschlüsseln können. Konzentrieren wir uns systematisch auf die Dinge, *die* wir entschlüsseln können. Die Gebäude, die Straßen, die Hinterhöfe und Gässchen. Hier zum Beispiel«, er zeigte mit dem Finger auf eine Stelle der Karte, »hier fehlt der kleine Tabakladen. Vermutlich ist er durch das grobe Flugraster gefallen. Fehlt noch etwas?«

Sie prüften gemeinsam die Vollständigkeit des Hafengeländes, konnten aber keine weiteren blinden Flecke finden. Wachtmeisterin Mops wies auf die Ecke hinter der großen Lagerhalle, wo die Zeichner einige kleine Häuschen so dicht beieinander festgehalten hatten, dass es aussah, als hätten sie doppelt gesehen.

»Was sind diese Häuschen hier? Sind das wirklich so viele?«

Sutten winkte ab.

»Ach, das sind nur einige selbstgebaute Wartungshäuschen und Geräteschuppen der Leute, die am Hafen arbeiten. Die haben sich ohne Baugenehmigung ein paar kleine Verschläge zusammengenagelt, weil sie Abstellplatz für ihre Gerätschaften brauchten.«

Im Büro klingelte das Telefon und kurz darauf rief ein Beamter nach Inspektor Sutten. Er nahm den Telefonhörer entgegen und meldete sich. Am anderen Ende herrschte einen Moment Stille und er fragte sich schon, ob die Person eingehängt hatte, als eine künstlich verzerrte Stimme sagte: »Folgen Sie den Schwalben.«

Der Inspektor fragte, wer dort sei, aber es klickte in der Leitung und dann war die Verbindung unterbrochen. Als er zurück in den Besprechungsraum kam, war er in Gedanken versunken. Skarabäus Lampe schaute auf.

»Schlechte Nachrichten?«

»Nein, eher ein dummer Telefonstreich. Glaube ich.«

Lampe horchte auf und ließ sich von Sutten den Inhalt des kurzen Anrufs wiedergeben.

»Der betrunkene Lykoi von gestern Nacht hat auch Schwalben erwähnt. Hat die Stimme gesagt, um welchen Fall es geht?« Inspektor Sutten schüttelte den Kopf.

Die Tatsache, dass die anrufende Person keinen konkreten Fall genannt hatte, konnte nur bedeuten, dass es um den prominentesten ging, und das war der Mord an dem Zirkusdirektor. Die Gazetten überschlugen sich seit Tagen mit Spekulationen und Sensationsmeldungen. Was hatte dieser Fall mit Schwalben zu tun?

Die Schwalben waren gut integriert in der Gemeinschaft der Stadt. Die meisten gehörten der soliden Mittelschicht an, sie waren durchschnittliche Leute mit durchschnittlichen Geschichten und durchschnittlichen Jobs, unauffällig und redlich. Im Gegensatz zu anderen Vogelarten hatten sie das Fliegen fast vollständig eingestellt und nahmen regelmäßig Medikamente, um die Zugunruhe im Herbst in den Griff zu bekommen. Sie machten einen Gutteil der mittelständischen Unternehmen von Überstadt aus, schufen Arbeitsplätze und zahlten brav ihre Steuern. Es kam nur selten vor, dass sie in Verbrechen verwickelt waren, und dann eher als Zeugen denn als Verdächtige.

Allerdings gab es im nördlichen Teil des Hafens eine wild lebende Kolonie. Sie hatten den Verein »Vogelfrei e.V.« gegründet, zu dessen Grundsätzen es gehörte, sich so weit wie möglich von den Errungenschaften der modernen Welt loszusagen und das einfache Leben der Naturvögel zu leben. Die Schwalben sprachen nicht, sie trugen keine Kleidung und sie flogen ohne jede Scham. Wenn sich die Vogelfrei-Mitglieder über den bürgerlichen Vierteln blicken ließen, hielten Mütter ihren Kindern entsetzt die Augen zu, um jede Form von rebellischer Wildheit von ihnen fernzuhalten. Hatte sie etwas mit der Angelegenheit zu tun?

Keiner von ihnen konnte sich einen Reim darauf machen und sie beschlossen, dass es am besten war, den Schwalben von Vogelfrei e.V. einen Besuch abzustatten. Der Inspektor bot an, Lampe im Polizeiwagen mitzunehmen, und so waren sie kurz darauf auf dem Weg Richtung Hafen. Es war bereits Nachmittag und das unbeschwerte Tageslicht wurde von einigen Wolken, die die Abenddämmerung ankündigten, verdunkelt. Skarabäus Lampe, der für gewöhnlich ständig redete und allen seine Gedankengänge aufzwang, war ungewöhnlich still und schaute aus dem Fenster. Einmal murmelte er etwas über Schwalben, war aber nicht dazu zu bewegen, seine Gedanken mit dem Inspektor zu teilen.

Als sie von einem Leiterwagen der Feuerwehr überholt wurden, kam sein Blick kurz zurück in die Wirklichkeit. Der Wagen überholte noch ein paar andere Verkehrsteilnehmer, blieb aber auf der gleichen Straße wie das Polizeiauto. Nach ein paar Kreuzungen wurde klar, dass die Feuerwehr ebenfalls zum Hafen wollte. Als sie in die Straße zu den Docks einbogen, sahen sie eine Rauchsäule, die von einem Punkt hinter der großen Lagerhalle aufstieg, und Sutten stoppte den Wagen.

»Meinen Sie, das hat etwas mit unserem Fall zu tun, Lampe?«

Skarabäus Lampe ließ die Rauchsäule nicht aus den Augen.

»Ich fresse meine Erstausgabe von *Professor Redlichs Kompendium der rezenten Gliederfüßer*, wenn es nicht so ist. Fahren Sie, ich glaube, in dem Feuer finden wir Antworten.«

Der Inspektor wendete das Automobil etwas umständlich und hielt dann auf die Lagerhalle zu.

Einige Hafenarbeiter hatten bereits eine Eimerkette gebildet und jetzt machten sich auch die Feuerwehrleute daran, Wasser in ihre Schläuche zu pumpen. Der Inspektor fragte den Leiter der Truppe, was passiert war, doch Lampe sah es auch so. Mehrere der kleinen Wartungshäuschen und Geräteschuppen waren in Brand geraten und zwei von ihnen waren bereits eingestürzt.

Einen Moment stand der Detektiv schweigend da und versuchte, das Feuer in den Fall einzuordnen, aber dann bemerkte er im Augenwinkel eine Bewegung. Ein Vogel flog über das Gelände. Ein kleiner und ziemlich wendiger Vogel. Der Inspektor war neben den Detektiv getreten und hatte den Vogel ebenfalls bemerkt.

»Das ist eine Schwalbe, oder nicht?«

Lampe antwortete nicht und folgte dem Flug der Schwalbe mit den Augen. Sie flog einige halsbrecherische Manöver über dem Feuer, als ob sie in Panik sei, und steuerte dann einen Schuppen an, der ebenfalls brannte. Direkt unterhalb des Daches verschwand sie in dem Gebäude.

Skarabäus Lampe flüsterte: »Teddy«, und ohne Inspektor Sutten weiter zu beachten, rannte er los und brüllte den Löschkräften zu: »Dieses Gebäude zuerst! Ein Kind ist da drin! Schnell!«

In diesem Augenblick gaben die Wände des Schuppens unter dem zehrenden Hunger der Flammen nach und er klappte wie ein Kartenhaus zusammen. Ohne nachzudenken, gab Lampe sich einfach dem Instinkt hin. Er spürte den Schmerz nicht, als er die brennenden Planken mit bloßen Händen zur Seite schaffte, selbst dann nicht, als das Feuer sein Fell längst weggeschmort hatte und nun die nackte Haut verbrannte.

»Helfen Sie mir, Sutten! Teddy ist hier drunter!«

Der Inspektor, der von Lampes Reflexen weit entfernt war, war völlig perplex und brauchte eine Sekunde, um zu reagieren. Dann aber stürzte er sich mit der gleichen Entschlossenheit – und einem Paar feuerfester Handschuhe, die ihm der Leiter der Feuerwehr in die Hand gedrückt hatte – auf die Reste des Schuppens. Lage um Lage schoben, schleppten und traten die beiden die verkohlten Trümmerteile weg, während das Löschwasser sie durchnässte. Die Feuerwehrleute kamen ihnen zu Hilfe und schließlich fanden sie den kleinen Kater in den Resten der hölzernen Kiste, in der er gefangengehalten worden war. Er lag leblos neben einem Blechnapf mit Hühnerknochen, sein rechtes Bein war unnatürlich verdreht und der Meisterdetektiv spürte einen Schmerz in der Brust, wie er ihn noch nie empfunden hatte.

Die Schwalbe, die kurz zuvor in das Gebäude geflogen war und Lampe so den Weg gewiesen hatte, lag tot daneben. Sie trug ein Abzeichen des Vereins »Vogelfrei e.V.« an der Brust. Hektisch legte er sein Ohr auf Teddys Brust und hörte einen schwachen Herzschlag.

»Eine Ambulanz! Schnell, er lebt noch!«

»Ist bereits auf dem Weg hierher.«

Inspektor Sutten hatte in einem seltenen Moment weiser Voraussicht mit dem Schlimmsten gerechnet und alles veranlasst, was nötig wäre, falls dieses Schlimmste eintreten würde. Skarabäus Lampe schob seine Hände vorsichtig unter Teddys schlaffen Körper, hob ihn hoch und trug ihn der Ambulanz entgegen. Hinter ihm explodierte etwas, so dass die anderen sich gleich wieder den aufflammenden Feuern zuwenden mussten. Sutten ging ein paar Meter hinter dem Detektiv; er spürte, dass Lampe diesen Sturm seiner Gefühle allein bewältigen musste, und er selbst konnte ohnehin nichts tun, um dessen Sorge zu lindern.

Nachdem die Sanitäter dem Detektiv das Kind abgenommen und ihm mehrfach versichert hatten, dass sie alles – ja, wirklich alles – tun würden, um Teddy wieder gesund zu machen, sah sich einer von ihnen Lampes Hände und Füße an. Er empfahl ihm, mit ins Krankenhaus zu kommen, dort würde man sich besser um seine Wunden kümmern können. Doch Skarabäus Lampe lehnte ab, und so beließen es die Helfer dabei, ihm Salbe aufzutragen und provisorische Verbände anzulegen. Mit immer noch zitternden Fingern – die Sanitäter hatten seine Rauchfinger frei von Verbänden lassen müssen – zündete er sich eine Zigarette an einem glühenden Trümmerstück an und ließ sich auf eine kleine Mauer sinken. Inspektor Sutten legte ihm eine Hand auf die Schulter.

»Sie haben alles getan, Lampe. Machen Sie sich keine Sorgen, der Junge ist zäh wie Unkraut, genau wie Sie.«

Lampe nickte schwach.

Der Krankenwagen war gerade abgefahren – zum Hospital der Kundigen Frauen, wie man ihm sagte –, als ein Leichenwagen vor ihnen hielt. Lampe schaute von dem schwarzen Wagen zu Inspektor Sutten, der verlegen die Schultern zuckte.

»Ein Leichenwagen?! Sie haben einen Leichenwagen kommen lassen?! Also wirklich, Sutten!!«

Der Inspektor schaute betreten.

»Na ja, ich wusste ja nicht, in welchem … Zustand wir Ihren Kleinen finden würden, da habe ich beide Wagen angefordert.« Lampe schnaufte empört.

Viel Zeit zur Klärung der Frage, ob in einer solchen Situation der Pietät oder dem Pragmatismus Vorzug zu geben war, blieb ihnen nicht, denn in diesem Augenblick ertönte der schrille Pfiff eines Polizeihundes, der Verstärkung anforderte. Sutten und Lampe liefen los, wobei Lampe mehr humpelte als lief. In einem der vielen Seitengässchen fanden sie einen jungen Beamten, der sich über eine am Boden liegende Kollegin beugte. Sie erkannten Wachtmeisterin Mops sofort.

»Verdammt, was ist passiert?«

Lampe kniete sich neben die Polizistin, die aus einer hässlichen Kopfwunde blutete.

»Lebt sie noch, Lampe?«, und als der Detektiv schwei-

159

gend den Kopf schüttelte, schnauzte Sutten den jungen Beamten an.

»Was ist passiert, Mann, reden Sie!«

Der Beamte war so nervös, dass er die Polizeischule gerade erst abgeschlossen haben konnte. Stotternd berichtete er.

»Wir waren ee-erst bei den Feuern und haben geholfen, aber dann hat Wachtmeisterin M-M-Mops etwas entdeckt. Eine Person, die sich herumdrückte.«

»Was soll das heißen, ›herumdrückte‹? Hat sie geholfen, gegafft, etwas gesucht?«

»Sie schien das Feuer zu beobachten, die L-Lösch- und Rettungsarbeiten, Sie wissen schon. Erst dachten wir, es sei nur eine schaulustige Person, aber etwas an ihr war seltsam. Sie war in einen langen dunklen Mantel gekleidet, hatte sogar die Kapuze übergezogen, obwohl es so dicht beim Feuer heiß wie im Backofen gewesen ist. Dann bemerkte sie, dass wir sie beobachteten, und flüchtete. Wachtmeisterin Mops ist sofort hinterher.«

Der junge Mann knetete betreten seine Hände.

»Ich auch, aber ich ... ich bin noch nicht so lange Polizist und kenne mich am Hafen noch nicht so genau aus wie sie. Ich verlor sie kurz aus den Augen, und als ich sie wiederfand, kämpfte sie mit der Person. Bevor ich eingreifen konnte, schlug sie Mops mit einem Stein nieder und lief davon. Ich habe sofort die Verfolgung aufgenommen.«

»Und wieso haben Sie nicht um Hilfe gepfiffen? Vielleicht könnte Mops noch leben!«

»Das habe ich, mehrmals sogar, aber ich glaube, die Sirenen der Ambulanz haben die Pfiffe übertönt. Ich habe die Person verfolgt, aber sie hat mich in dem Gewirr der

Gässchen und Durchgänge abgehängt. Aber sie hat das hier verloren.«

Er überreichte Sutten einen kleinen Gegenstand. Der warf einen Blick darauf und wurde zornig.

»Was soll das, Bursche, wollen Sie mich für dumm verkaufen?«

Noch bevor der junge Polizist etwas erwidern konnte, nahm Skarabäus Lampe Inspektor Sutten das Beweisstück aus der Hand und murmelte: »Interessant.«

Es war eine Pistazie.

Im Hospital der Kundigen Frauen hatten eben jene den kleinen Kater in einen künstlichen Schlaf versetzt, damit sein Körper in Ruhe heilen konnte. Neben den äußeren Wunden – sein Bein war mehrfach gebrochen und er hatte einige böse Brandwunden – hatte er viel Rauch eingeatmet. Ein Atm-O-Sauger half dabei, die giftigen Gase aus seinem Körper zu bekommen. Über eine Pumpe wurden über mehrere Stunden alle gelösten Stoffe, die in einem Kater nichts zu suchen hatten, abgesaugt und gegen frischen Sauerstoff getauscht. Die Methode hatte schon vielen Vergiftungsopfern zurück ins Leben geholfen, aber für Laien war dieser Vorgang dennoch gewöhnungsbedürftig, denn es sah aus, als würde die kranke Person aufgepustet und wieder ausgesaugt.

Skarabäus Lampe war zum Hospital gefahren, nachdem Wachtmeisterin Mops in dem Leichenwagen abtransportiert worden war. Eine Ärztin erklärte ihm, dass der Atm-O-Sauger absolut sicher sei und Teddy schon bald wieder unter den Lebenden weilen würde. Aber zu sehen, wie sich der kleine Kater abwechselnd in einen schlaffen Luftballon und eine pralle Kugel verwandelte, war zu viel für ihn. Er beschloss, nach Hause zu fahren, und am nächsten Tag wiederzukommen, wenn die Prozedur abgeschlossen war. Die Ärztin sah sich noch seine Wunden an, tauschte die provisorischen Verbände gegen ordentliche und gab ihm eine Spritze gegen die Schmerzen. Lampe vermutete Morphium, denn kurz darauf ließ nicht nur der Schmerz nach, sondern eine gewisse Eingelulltheit umfing sein Gehirn.

Als er die Haustür aufschloss, kam ihm Helene entgegen. Sie sah die dicken Verbände an seinen Händen und Füßen, die Stellen, an denen sein Fell verschmort war, sein verrußtes Gesicht, und ihre Augen weiteten sich vor Angst.

Er schloss die Augen, nickte und sagte matt: »Wir haben ihn. Er lebt.«

Helene sackte zusammen und begann auf der Stelle zu weinen. Alle Anspannung der letzten zwei Tage floss aus ihr heraus wie Wasser aus einem löchrigen Eimer. Einen Moment lang befürchtete der Detektiv, sie würde ohnmächtig werden, und streckte ihr die Arme entgegen, um sie aufzufangen, aber sie umarmte ihn einfach und dann hielten sie einander minutenlang und fanden Kraft in der Nähe des anderen.

Nachdem Skarabäus Lampe ihr alles Wesentliche erzählt hatte, nahm sie wortlos ihren Mantel, um zum Krankenhaus zu fahren.

Doch Lampe hielt sie zurück. »Glaub mir bitte, Mamsy, das willst du nicht sehen. Die Kundigen Frauen helfen ihm und er wird voraussichtlich wieder gesund, aber den Weg dahin willst du nicht sehen. Außerdem liegt er im künstlichen Schlaf. Wir werden ihn morgen gemeinsam besuchen.«

Das besorgte Huhn war kaum von seinem Vorhaben abzubringen, fügte sich aber schließlich. Sie machte eine Kanne

Tee, zauberte ein paar Orangen-Ingwer-Plätzchen hervor und setzte sich zu Lampe in die Stube. Sie schaute ihn mit tadelndem Blick an und atmete tief ein. »Skarabäus Lampe, für den Moment bin ich froh, dass ihr die Gefahr überstanden habt, aber darüber, dass du unseren Teddy leichtfertig in so große Gefahr gebracht hast, sprechen wir noch. Komm, ich bringe dich ins Bett, du hast seit zwei Nächten kaum geschlafen und wir müssen morgen ausgeruht sein.«

Inwieweit sich Lampes Unausgeschlafenheit auch auf ihre Ruhe auswirkte, führte sie nicht weiter aus, aber der Detektiv spürte, dass es jetzt an ihm war, keinen Widerstand zu leisten. Als er im Bett lag – Helene hatte achtgegeben, dass die dicke Decke nicht auf seinen wunden Füßen lag –, setzte sie sich noch einen Moment auf die Bettkante. Lampe fühlte sich, als wäre er wieder ein kleiner Junge, und Erinnerungsfetzen sausten durch sein immer noch vom Morphium benebeltes Gehirn. Sein ehemaliges Kindermädchen sah ihn zärtlich an, streichelte seine Wange und summte ein Schlaflied. Nach wenigen Minuten wurden ihm die Lider schwer und sie stand auf.

»Du bist ein Nagel zu meinem Sarg, Skarabäus Lampe, drei Nägel, ich verfluche den Tag, an dem ich in die Dienste deines Vaters getreten bin. Und ich habe dich sehr lieb«, sagte sie leise und strich seine Decke glatt.

Aber der Detektiv hörte sie schon nicht mehr.

HEILUNG UND EIN PAAR
AUSGELEGTE KÖDER

Am nächsten Morgen ging es Lampe zugleich besser und schlechter. Einerseits hatte er fast zwölf Stunden geschlafen und war so ausgeruht wie schon lange nicht mehr, andererseits hatte das Morphium aufgehört zu wirken und er spürte die Schmerzen seiner verletzten Haut mit aller Härte. Jeder Schritt tat weh und jeder Handgriff. Helene machte ihm ein Salatblattsandwich mit kleingehackten Löwenzahnköpfen, Gänseblümchen und Bockshornklee zum Frühstück. Er bestand darauf, dass sie auch etwas Gürteltier gegen die Schmerzen darüber streute, und sagte ihr, wo er seinen Vorrat aufbewahrte.

»Pah, Gürteltier! Wenn es nach mir ginge, müsstest du das ganze Teufelszeug bei Inspektor Sutten abgeben!«

»Ich weiß, Mamsy. Deswegen geht es nicht nach dir. Eine halbe Unze sollte genügen, danke.«

Maulend maß sie die Menge mit einem kleinen Löffel ab und kippte die Körnchen dann über die belegten Salatblätter. Gürteltier hatte keine ausdrücklich schmerzlindernde Wirkung, aber weil die Droge das gesamte Nervensystem etwas dämpfte, brachte die Dosis dennoch den gewünschten Effekt. Die schmerzerfüllten Zischlaute, die Skarabäus seit dem Aufwachen unentwegt ausstieß, wurden etwas seltener, wie Helene erleichtert feststellte.

Nach dem Frühstück rief Lampe den Inspektor an, Mamsy musste ihm dabei den Hörer halten und das Wählen übernehmen. Er informierte den Polizeihund, dass sie sich am Jahrmarkt treffen würden, nachdem er und Mamsy Teddy im Krankenhaus besucht hätten. Der Detektiv, der es für einen Moment ganz angenehm fand, dass Helene ihm den ganzen Tag seinen Puschelschwanz nachtrug, ließ sich von ihr anziehen, die Zähne putzen und die Ohren bürsten. Danach bestellten sie ein Motortaxi und fuhren zum Hospital der Kundigen Frauen.

Das Krankenhaus lag in der Weststadt, nicht weit von ihrem Zuhause entfernt.

Dass das medizinische Personal nur aus Frauen bestand, war gleichzeitig Ausdruck uralter Tradition wie auch moderner Gleichberechtigungsbestrebungen. Vor Jahrhunderten war das Gebäude ein Nonnenkloster gewesen. Es lag gewissermaßen in seiner Natur, dass es von Frauen geführt wurde. Als der religiöse Einfluss in Überstadt immer mehr zurückging und das Krankenhaus verstaatlicht wurde, hatte man die alte Sitte beibehalten, weil sie Frauen eine einzigartige Chance bot, einen angesehenen Kompetenzbereich gegen die vielen männerdominierten Branchen zu etablieren. In ungewohnter Einmütigkeit hatten sich ultrakonservative Religionsvertreter und die moderne Frauenbewegung für einen Fortbestand der rein weiblichen Führung ausgesprochen. Jede Frau in Überstadt hatte eine Phase in ihrer Kindheit erlebt, in der sie davon geträumt hatte, eine Kundige Frau zu werden. Männer waren im Hospital der Kundigen Frauen nur als Krankenbrüder und Hilfskräfte zugelassen.

Das Taxi hielt vor dem Gebäude, das durch seine schiere Höhe beeindruckte, auch wenn es ansonsten schlicht gehalten war. Die Eingangstüren waren sieben Meter hoch, vermutlich war der Eindruck der eigenen Winzigkeit der religiösen Demut der Nonnen zuträglich gewesen. Reliefs von Dämonenfratzen, die man nach der Entreligionisierung einfach zu Symbolen für alle möglichen Krankheiten umgedeutet hatte, säumten das Portal, doch darüber hinaus gab es keine weiteren baulichen Einschüchterungsversuche.

Sie betraten die riesige Eingangshalle und Helene bestürmte den jungen Mann am Empfang mit Fragen über Zacharias' Wohl. Lampe, der bereits wusste, auf welchem Zimmer Teddy lag, zog sie fort und nickte dem Krankenbruder entschuldigend zu. Sie mussten in den dritten Stock und nahmen den Fahrstuhl, der sich ratternd in Bewegung setzte. Als sie endlich Teddys Zimmer betraten und Helene zum ersten Mal das in einen Gips und unzählige dickere und dünnere Verbände eingemummte Häufchen Kind sah, fing sie wieder an zu weinen. Der Atm-O-Sauger war abgebaut, aber der kleine Kater hatte immer noch zwei Beatmungsschläuche in der Nase und sein halbes Gesicht war zugeschwollen. Vermutlich hatten ihn dort Trümmer des einstürzenden Schuppens getroffen.

Teddy schlief, nicht mehr künstlich, sondern natürlich und erholsam. Helene setzte sich schweigend an sein Bett und nahm vorsichtig seine Hand, damit der Verband am Ellbogen nicht verrutschte. Skarabäus Lampe spürte immer noch Schmerz in seinem Inneren, als er seinen kleinen Partner so sah, aber es war nicht mehr ganz so schlimm wie am Vortag. Er verließ das Zimmer kurz, um eine Ärztin zu suchen, die ihm über Teddys Zustand Auskunft geben könnte. Nachdem er versehentlich erst in die Damentoilette und dann in das Privatzimmer eines alten Lurchs geplatzt war, fand er die Ärztin schließlich. Es war dieselbe, die ihn und Teddy gestern schon versorgt hatte. Sie blätterte in Teddys Krankenakte.

»Also, Herr Lampe, gute Nachrichten. Wir konnten den Qualm vollständig aus Zacharias' Körper entfernen. Er bekommt heute noch zusätzlichen Sauerstoff, atmet aber selbstständig und ohne Probleme. Sein Bein hat uns etwas mehr Kopfzerbrechen bereitet. Einer der Brüche war ein Splitterbruch und wir mussten mehrfach nageln, um die verlorenen Bruchstücke zu ersetzen. Alles wird wieder zusammenwachsen und er wird wieder laufen können, aber stellen Sie sich darauf ein, dass Ihr Sohn sein Leben lang humpeln wird.«

Lampe machte sich nicht die Mühe, ihren Irrtum über die familiäre Gemengelage zwischen ihm und Teddy aufzuklären, und nickte. Die Nachricht schreckte ihn nicht, er wusste, dass der kleine Kater sich durch ein Humpeln kaum würde ausbremsen lassen. Nicht zuletzt war er selbst das lebende Beispiel dafür, dass eine körperliche Behinderung nicht zwangsläufig die eigene Mobilität und Freiheit einschränken musste.

»Wann können wir ihn wieder mit nach Hause nehmen?«
Die Ärztin dachte kurz nach.

»Wir beobachten ihn heute noch, der Bruch ist gut versorgt und wenn sein Zustand so stabil bleibt, kann er morgen entlassen werden. Mit dem Gips muss er natürlich strenge Bettruhe halten und seine Verbände müssen regelmäßig gewechselt werden, aber dafür muss er nicht hierbleiben. Das Schlimmste war die Rauchvergiftung.«

Mit einem erleichterten Lächeln bedankte sich der Detektiv und wollte gehen, aber die Ärztin hielt ihn zurück.

»Ich würde mir gerne noch einmal Ihre Hände und Füße ansehen, die haben ja gestern auch ganz schön was abbekommen. Dann kann ich auch gleich den Verband wechseln. Kommen Sie.«

Und sie führte ihn ins nächstgelegene Behandlungszimmer. Es ziepte etwas, als sie die Binden entfernte, und darunter kamen einige geplatzte Brandblasen zum Vorschein, aus denen klare Flüssigkeit sickerte. Dennoch war Lampe erstaunt, zwischen den Blasen noch intakte Haut zu finden.

»Na, das sieht doch wunderschön aus!«

Die Ärztin strahlte ihn an.

»Bei Brandwunden sieht man den eigentlichen Schaden meist erst am nächsten Tag. Als Sie gestern kamen, war ich unsicher, ob Sie die Hände jemals wieder würden benutzen können, aber das hier sieht doch schon ganz anders aus. Was macht der Schmerz?«

Erst wollte Lampe seine Schmerzen herunterspielen – die Ärztin war sehr hübsch und er wollte nicht wie ein Waschlappen wirken, aber dann erinnerte er sich an die wohltuende Wirkung des Morphiums.

»Oh, höllisch, Frau Doktor! Es mag wunderschön aussehen, aber es ist kaum auszuhalten, fast noch schlimmer als gestern!«

Er begleitete sein eigenes Gejammer mit einer schauspielerischen Darbietung größten Schmerzes, die es problemlos mit dem Ensemble des Staatstheaters hätte aufnehmen können.

Sie zog die Augenbrauen hoch, während sie eine Salbe auftrug und ihm dann neue Verbände anlegte.

»Tatsächlich? Eigentlich hätte es heute besser sein müssen. Na, ich gebe Ihnen mal ein paar Schmerztabletten mit, die Sie nehmen können, wenn es zu schl…«

Lampe unterbrach sie.

»Tabletten? Ich, äh, gestern habe ich eine Spritze bekommen.«

Er schaute unschuldig.

»Keine Ahnung, was da drin war, aber ich habe danach nichts mehr gespürt. Könnte ich das nicht …?«

Jetzt zog sie nur eine Augenbraue hoch und sah ihn misstrauisch an. Statt ihren Blick zu erwidern, gab er ein paar jener schmerzerfüllten Zischlaute zum Besten, die er am Morgen schon geübt hatte, auch wenn sie da noch nicht gespielt waren.

»Morphium? Das ist zwar ungewöhnlich, aber nun ja, manche Leute ertragen offensichtlich mehr Schmerz als …«, sie musterte ihn von Kopf bis Fuß, »… andere. Aber wenn Sie morgen Ihren Sohn abholen, wechseln Sie zu den Tabletten. Ich will nicht, dass Sie sich an das Morphium gewöhnen.«

Der Detektiv nickte artig und schaute erwartungsvoll zu, wie sie eine Spritze aufzog. Als er Teddy und Helene die gute Nachricht von der baldigen Entlassung mitgeteilt hatte, schwebte er mit Helene zum nächsten Taxistand, wo er zu ihrem Entsetzen einen Dreischneck nahm. Sie hing ohnehin schon hoffnungslos mit ihrer Hausarbeit hinterher, aber mit einer Dreischneckfahrt würde sie heute nicht einmal mehr die Hälfte von dem schaffen, was gemacht werden musste. Doch Skarabäus Lampe, der seit dem Krankenhaus seltsam beschwingt wirkte, ließ sich nicht beirren.

Er sank in den Rücksitz, er floss förmlich hinein, und lächelte selig. Helene blickte ihn befremdet an.

»Junge, was ist mit dir? Sind es die Schmerzen? Oder ist dir die gute Nachricht zu Kopf gestiegen?«

»Ach, Mamsylein, das Leben ist schön. Lehn dich zurück, genieß die Fahrt und freu' dich, dass unsere kleine Ringelsocke morgen wieder bei uns ist.«

»Ringelsocke?!«

Lampe gab Teddy nie Kosenamen. Da er aber nichts weiter sagte, sondern nur gelöst in die Weltgeschichte lächelte, begnügte sie sich damit, ihn anzuschauen, als hätte er den Verstand verloren.

Unterwegs kaufte er noch Zigaretten von einem Zigarettengecko und eine Zeitung von einem Zeitungsjungen. Bei einer Dreischneckfahrt brauchte man dazu nicht einmal anzuhalten; Straßenhändler konnten einfach gemächlich neben dem Gefährt her schlendern und ihr Geschäft mit dem Fahrgast tätigen.

Der Detektiv legte die Zeitung auf Mamsys Schoß, zündete sich eine Zigarette an, lehnte sich zurück und fragte: »Was schreiben sie?«

Helene wollte oben links beginnen, wie es sich gehörte, aber dort stand nur ein Bericht von der Börse, so dass Lampe sie auf den Bericht über das Großfeuer am Hafen lotste. Er stand weiter unten auf der ersten Seite, was Lampe Anlass zu einem enttäuschten Schnaufen gab. Helene las den Text vor, der die tatsächlichen Abläufe des Vorabends zwar korrekt wiedergab, sich dann aber in Spekulationen über die Hintergründe verlor. »Sie glauben, es waren Schmuggler, die in den Schuppen irgendwelche Beweise zerstören wollten.«

Lampe schnaufte über so viel Dilettantismus.

»Schwachsinn! Und wie erklären sie das entführte Kind?«

»Sie halten es für ein Zufallsopfer und dich für einen Helden.«

»Oh. Lies vor.«

»›Durch das beherzte Eingreifen des stadtbekannten Bürgers Skarabäus Lampe konnte ein unter Trümmern begrabenes Kind gerettet werden.‹ Sie loben auch Inspektor Sutten.«

»Das ist gut, das hat er verdient.«

Inspektor Sutten hatte gestern gezeigt, dass in ihm ein echter Polizist steckte. Einer, der sich in die Gefahr stürzte – nicht emotional wie Lampe, sondern geplant und überlegt. Einer, der nicht eine Sekunde zögerte, sein eigenes Leben für das Leben eines Bürgers aufs Spiel zu setzen, selbst wenn der Bürger erst sieben Jahre alt war. Ohne sein schnelles Handeln wären Teddys Verletzungen wahrscheinlich deutlich schlimmer ausgefallen. Das musste Lampe neidlos anerkennen und er beschloss, es dem Inspektor auch zu sagen.

»Sie erwähnen ehrend Wachtmeisterin Mops, die in Ausübung ihrer Pflicht gestorben ist. Für die Bürger, für Überstadt. Oh, hier ist noch ein Kommentar zu dem Artikel. Er sagt, dass du an allem schuld bist.«

Lampe verzog missbilligend das Gesicht.

»Auf Basis welcher Argumentation?«

»›Wie der Verfasser dieser Zeilen aus sicherer Quelle erfuhr, war das Kind keineswegs ein Zufallsopfer, sondern Teil der Ermittlungen um den Mord an dem Direktor eines Wanderzirkusses. Skarabäus Lampe, seines Zeichens Meisterdetektiv und in allen kriminologischen Angelegenheiten der Stadt so unvermeidlich wie kostspielig, hatte das obdachlose Kind ohne Not mit in den Mordfall gezogen. Die Brände am Hafen gehen ohne jeden Zweifel auf diese eklatante Fehlentscheidung zurück und es sollte geprüft werden, inwieweit Lampe für den Großeinsatz unserer Feuerwehr zur Rechenschaft gezogen werden kann.«

Verärgert schnipste der Detektiv seine Zigarette weg. Er war weniger verärgert über den Kommentar, sondern mehr darüber, dass der Verfasser im Wesentlichen Recht hatte. Und Lampe würde mit dem Wissen um seine Verantwortung, nein, seine Schuld leben müssen.

Als der Dreischneck in Lampes Straße einbog, stieg Mamsy aus, weil sie noch etwas auf dem Markt kaufen musste. Lampe stieg auf ein Motortaxi um, ihm war jetzt nicht mehr nach Schweben, und so fuhr er weiter zum Jahrmarktsgelände.

Es war das erste Mal, dass Skarabäus Lampe dem Gorilla Dante persönlich begegnete, und obwohl ihm natürlich klar gewesen war, dass Gorillas nicht eben klein waren, war er dennoch von der Massigkeit des Artisten überrascht. Dante streckte ihm die Hand zur Begrüßung entgegen, zog sie aber, als er Lampes Verbände sah, wieder zurück und entblößte seine Zähne zu einem sanften Lächeln. Es sah aus, als seien seine Zähne nur eine weitere weiße Tätowierung auf dem mächtigen Körper. Er bedankte sich überschwänglich für seine Freilassung – Rechtsanwalt von Oben hatte ihm erzählt, wie es zu dem Antrag gekommen war. »Jetzt können wir endlich nach vorne schauen! Uns überlegen, wie wir unseren Zirkus in Zukunft organisieren, welche Attraktionen wir ausbauen und wie wir unsere Finanzen besser verwalten.«

Sie setzten sich auf die Stufen von Dantes Wagen und Lampe bot dem Gorilla eine Zigarette an, bevor er sich selbst eine anzündete. Der Gorilla lehnte ab und zog ein zerdrücktes Päckchen Drahid & Falut aus der Hosentasche.

»Werden Sie den Zirkus jetzt übernehmen? Man hat mir gesagt, dass Sie ihn quasi mit Helios zusammen gegründet haben.«

Dante nahm einen tiefen Zug, pflückte sich einen Tabakkrümel von der Lippe und lächelte versonnen. Der Detektiv musste sich sehr konzentrieren, um nicht von den geisterhaften Tätowierungen abgelenkt zu werden, die durch das beeindruckende Muskelspiel des Gorillas bei jeder Bewegung zu tanzen schienen.

»Ja, das kann man vielleicht wirklich so sagen. Wir haben uns im Großen Krieg kennengelernt, waren beide in Romanzreich stationiert. Er kam gerade von einem Himmelfahrtskommando im Ostland. Hat mir nie erzählt, wie er das überlebt hat, aber ganz sauber ging es wohl nicht zu. Pavo war auch Teil des Kommandos, der kann Ihnen sicher mehr erzählen.«

Lampe nickte, um anzuzeigen, dass er den Teil der Geschichte bereits kannte.

»In Romanzreich hatten wir Glück; der Krieg lag in den letzten Zügen, unsere Arbeit bestand häufiger aus Aufräumarbeiten als Feuergefechten. Wir sind viel mit den Jungs aus unserem Regiment herumgezogen und hatten Spaß. Alle waren in einer gelösten Stimmung, auch die Romanzosen – und vor allem die Romanzösinnen. Sie verstehen?«

Er zwinkerte Lampe zu und blies einen Rauchkringel in die Luft. Lampe verstand nicht, weil er noch zu jung gewesen war, um zum Krieg eingezogen zu werden. Aber er hatte viel von diesem Männerspaß gehört, der oft mit einem Gerichtsverfahren, blutigem Urin oder regelmäßigen Unterhaltszahlungen endete. Oder mit allen drei.

»Am Ende unseres Dienstes sind wir noch ein paar Tage lang durch das Land gezogen und haben am Ende in der Hauptstadt einen Jahrmarkt besucht. Es war meine Idee, in der Heimat selbst so etwas auf die Beine zu stellen, und Helios, der immer froh war, wenn er auf leichtem Wege Geld machen konnte, war sofort begeistert. Der Zirkus bot ihm die Möglichkeit, mit *sich selbst* Geld zu verdienen. Einfach damit, wie er war. Er strahlte im Leben wie die Sonne, er lachte immer und er hatte eine so einnehmende Art und eine warme, sonore Stimme. Jede Person, die ihn zum ersten Mal sah, ob Frau oder Mann, war bezaubert oder wenigstens beeindruckt von seinem Wesen. Es war vollkommen natürlich, dass er der Direktor werden würde und ich die Attraktion, wir haben nicht einmal darüber diskutiert. Es dauerte eine Weile, bis wir die Pläne in die Tat umsetzen konnten, weil Helios Ärger mit einer seiner Eroberungen hatte. Ich glaube, sie konnte nicht akzeptieren, dass es für ihn nur eine Kriegsromanze gewesen war.«

Der Gorilla nahm einen tiefen Zug von seiner Drahid & Falut, die über seinem Monolog fast ungeraucht verglüht war, und schnipste den Stummel dann weg.

»Helios nahm Kontakt zu Pavo auf, der wie fast alle Ostländer einige Tricks beherrschte, die auf einer Mischung aus Selbstbeherrschung und Psychologie beruhten. Ein Jahr später kam noch Monsieur Coteau dazu, den wir in Romanzreich kennengelernt hatten. Er war während des Krieges auch mit besagter Eroberung verbandelt gewesen. Sie nahm es mit der Anzahl ihrer Liebhaber wohl nicht so genau.«

Er lachte ein schäbiges Lachen. Zum ersten Mal war der Gorilla Lampe unsympathisch. Sein vertrauenswürdiges Wesen endete offenbar genau dort, wo es um Frauen ging.

»Nachdem die Hälfte seines Körpers auf dem Schlachtfeld geblieben war, wollte sie ihn aber wohl nicht mehr. Genau weiß ich das nicht. Und so zogen wir vier übers Land. Damals hatten wir noch nur einen Wagen und ein Zelt. Dr. Johnson schloss sich uns etwas später an. Aber es wurde schnell klar, dass wir ohne Frauen nie so viel Geld machen würden, wie wir wollten, und so kamen in den folgenden Jahren Avalea, Florence und Miniko dazu. Avalea hatte übrigens auch mal etwas mit Helios.«

Skarabäus Lampe wurde ein wenig nervös.

»Und Miniko? War sie auch eine ... eine Eroberung?«

Doch der Gorilla winkte ab.

»Ha, wenn die überhaupt schon einmal einen Mann geküsst hat, fresse ich einen Besen. Absolut kaltblütig – also nicht nur, weil sie ein Reptil ist, sondern weil niemand von uns an sie herankam. Sie haben gesehen, wie schön sie ist, und ich gestehe unumwunden, dass wir es alle versucht haben. Helios, Pavo, Dr. Johnson und ich. Nur Monsieur Coteau hielt sich fern, der ist in seinem ewigen Herzschmerz eingefroren, glaube ich. Aber die Eidechse hat uns alle abgewiesen, da war nicht das kleinste Anzeichen, dass sie einen von uns attraktiv gefunden hätte. Nach einer Weile haben wir sie dann in Ruhe gelassen.« Innerlich atmete der Detektiv auf.

Seltsamerweise spürte er außer seiner gewissen elektrischen Hingezogenheit auch eine Art von Stolz auf sie, weil sie den Zudringlichkeiten dieses ... Männerhaufens nicht nur widerstanden hatte, sondern völlig uninteressiert gewesen war.

»Na ja, und als Letztes kam ja Polonius dazu«, fuhr Dante fort. »Der ist übrigens wieder da und wir können endlich unseren Neuanfang wagen.«

»Moment, der Fuchs ist wieder da? Hat er gesagt, wo er gesteckt hat?«

»Nein. Hat nur gesagt, dass er etwas zu erledigen hatte. Bestimmt irgendwas mit seiner Familie auf dem Land. Die sind sehr arm, wissen Sie? Vielleicht musste er aushelfen.«

Lampe stand auf, um Monsieur Coteau aufzusuchen, zögerte aber noch einen Moment.

»Gut. Eine Frage noch. Meiner Information nach investieren Sie in Pistazien. Essen Sie sie auch? Ich meine regelmäßig?«

Der Gorilla ließ ein dröhnendes Lachen hören.

»Ha. Sie sind ja wirklich köstlich! Wissen Sie, was die kosten?! Nein, ich besitze zwar ein paar Börsenanteile am Pistazienhandel, aber welche im Geschäft zu kaufen, kann ich mir nicht leisten.«

Wer war die geheimnisvolle Person, die während eines Mordvorhabens eiskalt Pistazien knabberte und nicht davor zurückschreckte, eine Polizistin zu erschlagen? Der Detektiv verschob seinen Besuch bei dem Messerwerfer und beschloss, Minikos Wagen, in den bislang nur Teddy einen Blick geworfen hatte, in Augenschein zu nehmen.

Von außen sah der Wagen nach nichts aus, verglichen mit den Wagen der anderen. Keine Wimpel und Lampions, keine bunten Schriftzüge oder Plakate – nur ein kleines Namensschild verriet, wem der Wagen gehörte. Zu Lampes Überraschung war die Tür unverschlossen, was darauf hindeutete, dass Miniko im Gegensatz zu Polonius nicht vorhatte, jemals wiederzukommen. Er spürte ganz hinten an der Rückwand seines Magens ein Gefühl von Enttäuschung darüber. Die offene Tür verriet ihm außerdem, dass er hier mit großer Wahrscheinlichkeit nichts mehr von Wert finden würde. Keine Geheimpläne über den Auftrag, mit dem die Silberfinken Miniko hierher geschickt hatten, keine Informationen über vergangene, gegenwärtige oder zukünftige Liebhaber, keine Kindheitserinnerungen. Und genauso war es.

Die Inneneinrichtung war beliebig und ohne Charakter, typische Zweiostsymbolik, wie man sie in jedem drittklassigen Kitschladen kaufen konnte – so echt wie die Südstaatentracht des Doktor Johnson. Der ganze Wagen war von dem Wandfächer bis zu den roten Lampions, die auch in Helios' Wagen hingen, ein einziges Klischee. Er schaute in eine Kommode und fand sowohl Alltagskleidung als auch die Bühnenkostüme vor. In der Schublade eines Tischchens lagen ein leerer Notizblock und ein Bleistift, es war fast wie in einem leeren Hotelzimmer. Nirgends gab es irgendetwas Persönliches, das einen Bezug zu Miniko oder ihrem Leben, ihrem wahren Leben, hergestellt hätte. Der Tätowierte Tod war verschwunden und mit ihm jeder direkte Weg herauszufinden, inwieweit die zweiöstliche Schönheit in den Fall verstrickt war. Mit einem seltsamen Gefühl der Leere verließ Skarabäus Lampe den Wagen und begab sich zu Monsieur Coteau, dem er noch einige Fragen über die bei ihm gefundene Garotte stellen wollte.

Er fand das Stachelschwein vor seinem Wagen, wo es im Schatten seines Vordachs den Umhang ausbesserte, der zu seinem Bühnenkostüm gehörte. Eine seiner Selbstgerollten hing kalt in seinem Mundwinkel.

»Der Schöw muhs weitergehn, Sie kenn den Spruhch?

Wenn die Zirkuhs lebe soll, wir muhse wieder Vorschtell gebe. Alles muhs tiptöp sei.«

Skarabäus Lampe tat der Kopf weh von dem schwer verständlichen Akzent des Romanzosen. Das Gürteltier am Morgen und der Schuss Morphium am Mittag hatten seiner Konzentration nicht eben einen Gefallen getan und nun musste er sich sehr anstrengen, den Reden des Artisten folgen zu können. Mitunter klangen sie, als würde man eine Schallplatte mit einem Phonographen rückwärts abspielen. Der Detektiv presste seine unverbundenen Finger auf die geschlossenen Augen, um sich zu sammeln, ließ sie aber wieder sinken, weil seine Hand schmerzte.

»Monsieur Coteau, haben Sie eine Vorstellung, wie die Garotte in Ihren Wagen gelangt ist? Ich vermute, sie ist vorgestern bei Ihnen platziert worden. Der Inspektor hat mir erzählt, dass die Waffe in Ihrer Wäscheschublade lag. Dort hätten Sie sie aber doch entdeckt, wenn sie bereits länger da gelegen hätte, nicht wahr?«

Monsieur Coteau schaute entrüstet aus seinem einen Auge.

»Aber selbverstandling! Iech binne vielleisch keine feine Pienk wie die Pfau, aber trotzden eine ssivilisirrte Personn! Selbverstandling hatte iech es gemerk, wenn der Shnür schon langer in die Ssublad gelegt hatte. Aber am Tag vorher war er noch niesch da, iech bin ganz siescher.«

Lampe schüttelte den Kopf, um die vielen IE-Laute zu bewältigen, es summte wie ein ganzer Schwarm Stechmücken in seinen Ohren.

»Gut, also vorgestern. Wer hatte Zugang zu Ihrem Wagen? War er zu irgendeinem Zeitpunkt offen und unbewacht?«

Das Stachelschwein schaute ihn an, als hätte er nicht alle Tassen im Schrank.

»Uhnbewach? Ssugang? Sie schertze! Wier Ssirkusleute vertrauen uns, wir konnte diese Arbeit niesch tun, wenn wier uns niesch vertraue. Meine Wagon ies immer aufen!«

Lampe atmete tief ein und ballte kurz die Fäuste. Dieser romanzösische Akzent machte ihn fertig.

»Lassen Sie es mich anders formulieren. Wissen Sie, ob jemand in Ihrem Wagon, ich meine Wagen war? Haben Sie jemanden oder etwas bemerkt?«

»Oh, das Sie meine! Ja, siecher! An Tag war Millie bei mir, sie ies mein Assisstenin bei den Messerschöw. Und dann Miniko. Sie ies eine gefahrlinge Frau, wissen Sie?«

Minikos betörender nachtblauer Geruch mit den jade-grünen und dunkelroten Sprenkeln rief sich wie von selbst in Lampes Erinnerung und er unterdrückte ein Seufzen.

»Ja, ich weiß.«

»Sie hatte siesch nur mein Fauersseug ausgeliehe, mehr niesch, aber sie ies eine gefahrlinge Frau.«

»Ihr Fauersseug?«

»Na, Fauersseug. Um Fauer ssu mache.«

»Ah, Ihr Feuerzeug!«

»Ja.«

Wieder traf den Detektiv ein misstrauischer Blick, der prüfen wollte, ob er sich einen Spaß erlaubte.

»Ja. Mein Fauersseug. Sage iesch ja. Und dann naturling der nackte Fuchs, er sollte nach unsere Koferenz im große Sselt bei miech schlafe. Iesch hatt nach die Beschpreche iehn gesagt, er kanne seine Sache schon ssu mir bringe, weil die Wagon iemmer aufen ies. Als ich spater auch kam, hatt er sein Sseug schon verstaut, ies aber nochmal weck. Hat

niesch gesagt, warum. Er ies dann niesch mehr wieder-
gekomm.«

Für einen Moment schloss Skarabäus Lampe die Augen.
Miniko und Polonius. Beide Hauptverdächtige waren bei
Coteau gewesen, beide hätten die Garotte platzieren können. Und Miniko hatte sich ein Feuerzeug geliehen. Die
vielen Puzzleteile in Lampes Kopf begannen langsam, ganz
langsam, sich zu größeren zusammenhängenden Stückchen
zusammenzufinden. Noch ergaben sie kein ganzes Bild, aber
einzelne Teile wurden allmählich in dem Durcheinander
sichtbar.

»Haben Sie nochmal in die Wäscheschublade geschaut,
nachdem die drei Personen bei Ihnen waren?«

»Nur nach Millie. Aber niesch nach die andere beide.
Denke Sie etwa, eine von ihne hat miesch der Shnür unter-
geschüben? Das ware ja wie Brudermorde!«

Skarabäus Lampe runzelte die Stirn.

»Na ja, jemand aus diesem Zirkus hat Ihren Direktor ins
Jenseits befördert und ich habe schon bei flüchtigem Lüpfen
des Vorhangs rechtschaffener Schaustellerei alle möglichen
Konflikte entdeckt. Nehmen Sie nur sich selbst. Wissen Sie,
wo ich Polonius finden kann? Ich hörte, er sei wieder da.«

»Iech weise niesch, aber versuch Sie es in die große Sselt.«

Tatsächlich fand er den Fuchs im Zelt, wo einige der Car-
nies miteinander sprachen. Das Zelt war so etwas wie ein
Aufenthaltsraum geworden – zumindest solange es keine
Vorstellungen gab. In der Mitte der Manege stand immer
noch der aus Kisten bestehende Tisch mit den Stühlen
drumherum. Auf einer separaten Kiste hatte jemand einen
Teller mit Keksen, einen großen Wasserkanister und zwei
Kannen Tee bereitgestellt.

An dem provisorischen runden Tisch saßen alle bis auf Miniko, Coteau und die beiden Hilfskräfte Millie und Sal und sprachen wieder einmal über die Zukunft des Zirkus. Die Artisten waren sich zwar einig, dass die Vorstellungen weitergehen sollten, aber ohne den Direktor mussten viele Aufgabenbereiche neu verteilt werden. Bis auf Weiteres würde Dante die Rolle des Direktors übernehmen, wollte aber auch selbst als Kraftprotz auftreten, wodurch einige Umstrukturierungen nötig wurden. Polonius, der als Neuling noch nicht über alle Vorgänge Bescheid wusste, saß etwas verloren daneben und trank eine Arma Dillo.

Der Detektiv setzte sich neben ihn. Tatsächlich wuchs nicht ein einziges Haar an dem Jungen. Und tatsächlich schien die Salbe von Dr. Johnson zu helfen, denn die schuppigen Flechten, die Polonius zusätzlich zu der Haarlosigkeit verunzierten, begannen zu verheilen. Überall zeigten sich Inseln neuer hellrosa Haut, wo einst juckende Ekzeme waren.

»Du hast einen kleinen Ausflug gemacht, ohne jemandem etwas zu sagen. Hast deine Kollegen ganz schön aufgescheucht. Was gab es?«

Ein misstrauischer Blick traf Lampe.

»Sie sind der Detektiv, oder?«

»Richtig. Ich bin Skarabäus Lampe, Meisterdetektiv und Partner von Zacharias Bärlein, mit dem du ja schon zu tun hattest. Also? Warum bist du einfach so verschwunden?«

Polonius schaute wie beiläufig zur Seite.

»Hatte was zu tun. Wegen meinen Eltern. Sie sind ...«

»Sehr arm, ja, das wurde mir schon mehrfach zugetragen. Aber so plötzlich? Monsieur Coteau sagte mir, dass du eigentlich bei ihm schlafen solltest und bereits deine persönlichen Sachen in seinen Wagen gebracht hattest. War es ein Notfall?«

In den Augen des Fuchses flackerte es kurz.

»Ja. Ja, ein Notfall. Musste dringend hin.«

Einen Moment lang schwieg Lampe und schien sich dem Gespräch der anderen zuzuwenden.

Wie beiläufig und ohne Polonius anzusehen, sagte er: »Schöner Ohrring. Ungewöhnlich für einen Jungen vom Land.«

Der Fuchs griff sich perplex an sein Ohr und schaute Lampe konsterniert an. Er wusste nicht, was er dazu sagen sollte.

»Warum gibst du nicht zu, dass du nicht auf einer ärmlichen Weizenfarm im Umland von Überstadt, sondern mitten in ihrem Herzen aufgewachsen bist, nämlich am Hafen?«

Lampe sah ihn jetzt wieder unverwandt an. Den Jungen packte Panik, er sah aus wie jemand, den man auf frischer Tat ertappt hatte.

»Wer hat Ihnen das gesagt?!«

»Du selbst hast es mir verraten, Junge. Wenn du eine Limonade haben möchtest, fragst du nach einer Dillo, nicht nach einer Arma Dillo. Jemand, der fern der Stadt groß geworden und überdies zu arm ist, sich jemals von eigenem Geld eine solche Limonade zu kaufen, würde mit mehr Respekt von diesem Luxus sprechen. Dein Ohrring ist ein Gang-Abzeichen, wie sie die Handlanger am Hafen tragen. Sie können sie erben oder müssen sie sich verdienen und du siehst nicht aus, als sei deine Mutter ein hohes Tier am Hafen. Du hast also längere Zeit am Hafen zugebracht und dir deine Sporen verdient.«

Lampe ließ dem Jungen einen Augenblick, um alles zu verarbeiten.

»Willst du mir nicht sagen, wer du wirklich bist?«

Eine Zornesfalte erschien zwischen Polonius' Augen, und sein Mund arbeitete. Er wusste, dass er die Lüge – *diese* Lüge – nicht mehr länger würde aufrechterhalten können.

»Na und? Komme ich halt vom Hafen!«, blaffte er.

»Wie bist du dort gelandet? Hast du keine Eltern?«

Polonius' Gesicht blieb verschlossen wie eine gepanzerte Tresortür, aber seine Stimme gab den Widerstand auf.

»Sind im Krieg gestorben. Bin aus dem Waisenhaus abgehauen und mit dem Schiff hergekommen, hab mich durchgeschlagen.« Skarabäus Lampe musste an Teddy denken. So viele gestrandete Kinder, so viele ähnliche Geschichten, so viele kriminelle Karrieren, aus der Haltlosigkeit geboren.

»Was hast du dort getan? Schmuggelei? Hehlerei? Drogen?«

Der Fuchs nickte nur.

»Ich wollte weg vom Hafen. Hatte Angst, dass Helios mich wegschickt, wenn er hört, wo ich herkomme. War vor einem Jahr schon einmal bei ihm, aber er fand mich noch zu jung. Außerdem hatte der Gorilla eine neue Nummer, die gut lief. Wollte nicht zu viel Neues auf einmal, um den Erfolg nicht zu gefährden. Sagte, ich soll dieses Jahr wiederkommen, und das hab ich gemacht.«

Schweigend holte Skarabäus Lampe seinen Notizblock und den Bleistift aus seiner Manteltasche und legte beides vor dem Jungen auf den Tisch.

»Schreibe mir doch bitte einmal deinen Namen auf.«

Zögernd nahm Polonius den Stift und malte dann sehr langsam drei krakelige X auf das Papier. Zufrieden nahm der Detektiv Block und Stift wieder an sich und bedankte sich bei Polonius, der ihn verwirrt ansah. Ohne eine weitere Erklärung stand Lampe auf und verließ das Zelt.

Weitere Puzzleteile fanden nach den heutigen Gesprächen in dem Durcheinander ihren Platz und langsam wurden einzelne Bereiche erkennbar. Er *spürte*, wer den Direktor Helios ermordet hatte, aber er spürte leider auch, dass er noch mehr Beweise brauchte, damit es für eine Verhaftung reichen würde. Und er fürchtete, dass noch weitere Gewalt zu erwarten war. Unzufrieden beschloss er, nach Hause zu fahren, die Anstrengungen und Verletzungen der letzten vierundzwanzig Stunden machten sich bemerkbar und er brauchte etwas Ruhe.

EIN ANRUF UND EIN
GESTÄNDNIS

Iss schneller, Junge, wir müssen los!« Helene rauschte mit Hut und Mantel in der Hand in die Küche, wo Skarabäus Lampe gerade sein Frühstück aus Ackerwinde, Löwenzahn und Sonnenblumenkernen aß. *Professor Redlichs Kompendium der rezenten Gliederfüßer* lag neben ihm, aufgeschlagen bei den Bienen. Bei Helenes Eintreten verschluckte er sich beinahe. Sie hatte Sonntagsstaat angelegt und ihre Federn zu kleinen Löckchen gedreht.

»Wo willst du denn hin, Mamsy?!«

Sie verzog beleidigt das Gesicht.

»Da gibt es gar nichts zu lachen, Skarabäus Lampe. Wir holen deinen Ziehsohn aus dem Krankenhaus und das ist ein feierlicher Anlass. Gewisse Leute tun vielleicht lieber so, als sei alles wie immer, aber ich möchte, dass Zacharias merkt, wie sehr wir uns freuen.«

Schmunzelnd kratzte der Detektiv seinen Teller leer.

»Aber Mamsy, ich freue mich doch auch auf den Kleinen. Aber er wird erst gegen Mittag entlassen, es gibt also keinerlei Grund für Hektik. Ist noch Tee da?«

Schnaubend legte sie Hut und Mantel auf einen Stuhl und goss ihm eine Tasse ein.

Der Detektiv beugte sich wieder über sein Buch und las

Mamsy vor: »Die Sandbiene baut eine lange Röhre in den Sand, an deren Ende sie ein einziges Ei legt.‹ Wusstest du das?«

Bevor Helene antworten konnte, klingelte das Telefon. Weitere Passagen zitierend, nahm Lampe den Telefonhörer ab.

»Oft finden sich mehrere Weibchen zusammen, um ihre Röhren nahe beieinander anzulegen.‹ Faszinierend, oder? Ja? Hallo?«

Einen Augenblick herrschte Stille am anderen Ende, vermutlich hatte die Person nicht damit gerechnet, etwas über die Eiablage von Sandbienen zu lernen, als sie Lampes Nummer gewählt hatte. Doch dann erklang eine vertraute Stimme und ein Gefühl wie von tausend Nadelstichen durchfuhr den Detektiv. Beinahe ließ er Professor Redlichs Kompendium fallen.

»Wie geht es Ihrem Kompagnon, Detektiv?«

Sofort ergänzte Lampes Gehirn die Stimme um den verführerischen nachtblauen Geruch mit den jadegrünen und dunkelroten Schlieren. Er war froh, dass Miniko ihn nicht sehen konnte, denn die Überraschung hatte ihn in einen landlebenden Glubschfisch ohne Briser verwandelt. Er brauchte eine Sekunde, um seine Selbstkontrolle wiederzuerlangen und möglichst ruhig zu klingen.

»Miniko. Wo sind Sie?«

Ohne auf seine Äußerung einzugehen, fragte sie: »Sind Sie den Schwalben gefolgt?«

Sein Gehirn sprang in schneller Folge zwischen Geruch, Farbe, Stimme und klaren Gedanken hin und her und sein Blut rauschte orientierungslos vom Kopf zum Bauch und wieder zurück, ohne zu wissen, wo es am dringendsten gebraucht wurde. Der Detektiv schüttelte den Kopf und atmete lautlos durch. Schließlich wurden seine Synapsen wieder stabil versorgt und ihm wurde alles klar.

»Sie waren die Anruferin! Und Sie haben auch das Feuer gelegt!«

»Für einen Meisterdetektiv haben Sie lange gebraucht, um darauf zu kommen. Was hat Sie aufgehalten?«

Ihre Stimme klang, als ob sie lächelte. Ärger kochte in Skarabäus Lampe hoch.

»Sind Sie wahnsinnig, Miniko?! Mein ... Partner hätte sterben können!« Das Wort »Sohn« hatte er sich gerade noch verkneifen können. »Wachtmeisterin Mops *ist* gestorben! Dafür gehen Sie zehn Jahre ins Gefängnis!«

Ein leises Klirren wie von einem gläsernen Windspiel erklang am anderen Ende der Leitung. Miniko lachte.

»Sie sind wie ein Kind, Detektiv. Süß und amüsant. Und sehr naiv.«

Bei dem letzten Satz wurde ihre Stimme wieder hart wie Stahl.

»Glauben Sie wirklich, Ihr Hundeinspektor kann mich fangen? Einen Silberfinken? Ohne Sie findet Sutten doch im Dunkeln seine eigene Nase nicht. Er glaubt, er weiß Bescheid über die Finken in der Stadt, dabei ist er vollkommen ahnungslos.«

Lampe ballte die Faust, bereute es aber sogleich, weil die Brandwunden ihn mit einem stechenden Schmerz daran erinnerten, dass seine Fäuste nicht zum Ballen aufgelegt waren.

»Verdammt, Miniko! Wo sind Sie?«

Wieder war das leise Klirren zu hören.

»Erraten Sie es nicht, Detektiv?«

Er konzentrierte sich auf das, was er außer ihrer Stimme hörte. Zischen. Stimmengewirr. Eine Lautsprecherdurchsage. Ein Pfeifsignal, das auf ihrer Seite des Hörers ohrenbetäubend sein musste. Der Detektiv schaute auf seine Uhr.

»Das ist die Ankündigung des 10-Uhr-Zugs nach Unterstadt. Sie sind also noch in der Stadt. Und bleiben es vermutlich auch, denn Silberfinken flüchten niemals. Erst recht nicht nach Unterstadt. Sie bleiben, bis das, weswegen sie da sind, erledigt ist. Was wollen Sie?«

»Ich wollte sichergehen, dass Sie meine Hilfe erkennen und wertschätzen.«

»Ihre Hilfe? Ihre Hilfe?! Ich würde die schwere Körperverletzung an einem siebenjährigen Kind kaum Hilfe nennen!«

»Sie verkennen die Situation, Detektiv. Ich bin sicher, ohne das Feuer hätte Ihr Kleiner die Nacht nicht überlebt *und* Sie wüssten noch nicht einmal, wo er ist.«

Lampes Antwort klang ein wenig atemloser, als ihm lieb war. »Was wissen Sie? Hören Sie auf mit diesen Andeutungen und reden Sie mit mir, verdammt!«

Doch der Tätowierte Tod dachte gar nicht daran, mehr als Andeutungen preiszugeben. Nach einem kurzen Moment der Stille sagte sie: »Der Gorilla ist der Nächste.«

Skarabäus Lampe regte diese Art der Kommunikation auf.

»Was meinen Sie damit?! Der Nächste, der entführt wird? Miniko? Miniko!«

Doch am anderen Ende der Leitung war nur noch atmosphärisches Rauschen zu hören. Sie hatte aufgelegt.

Der Detektiv nagte ärgerlich an seiner Unterlippe und starrte ins Leere. Der Gorilla sollte der Nächste sein? Der

Nächste was? Lampe erinnerte sich an sein ungutes Gefühl vom Vortag, dass die Gewalt im Zirkus noch nicht beendet war. Auch wenn ihm noch einige Verbindungsstücke fehlten, beschloss er, Miniko zu vertrauen. Sie war nicht nur jahrelang mit dem Zirkus umhergezogen, sondern als Silberfink standen ihr auch Informationsquellen offen, auf die nicht einmal er selbst Zugriff hatte. Und Inspektor Sutten, der sich immer an alle möglichen Dienstvorschriften halten musste, schon gleich gar nicht.

Er rief den Inspektor an, um Polizeischutz für Dante anzufordern. Nach dem üblichen Gerangel darum, ob Lampes Einschätzung begründet war oder er doch nur wieder zu tief an der Gürteltierpfeife gezogen hatte, gab Sutten zähneknirschend nach und stellte zwei Beamte ab, um den Gorilla und seinen Wagen zu bewachen.

Die Demütigung eines vergeblichen Versuches zur Ergreifung von Miniko ersparte der Detektiv sich und der Polizei. Vermutlich war sie jetzt schon nicht mehr am Bahnhof und es war sinnlos, eine Verfolgung aufzunehmen oder eine Fahndung einzuleiten. Unabhängig davon, ob sie in der Stadt untertauchen oder diese verlassen wollte, waren Sutten und seine Leute absolut chancenlos. Genau wie er selbst.

Dante sollte der Nächste sein. Ja, eigentlich war es logisch, selbst mit den Lücken, die noch in der Beweiskette klafften. Der Detektiv ärgerte sich, dass er Minikos Hinweis gebraucht hatte, um zu realisieren, in welcher Gefahr der Gorilla schwebte. Überhaupt hatte ihn sein messerscharfer Verstand in diesem Fall mehr als einmal im Stich gelassen. Die Sorge um Teddy Bärlein hatte ihm den Blick getrübt, ihn von einem nüchternen Beobachter zu einem emotional Beteiligten gemacht. Auch die zweimalige Morphiumdosis hatte nicht eben zu geistigen Höchstleistungen beigetragen. Und dann Miniko! Diese Frau machte ihn wahnsinnig. Ihre grünen Augen, ihr tätowiertes Bein, ihre Gefährlichkeit und ihr Geruch, dieser verdammte vielfarbige Geruch, der ihn nicht klar denken ließ. Wenn er diesen Fall lösen wollte, musste er sie und ihre überlegene Art aus dem Kopf bekommen.

Er blickte auf seine Uhr und merkte, dass es Zeit war, den kleinen Kater aus dem Krankenhaus abzuholen. Mamsy verfiel sofort in geschäftige Hektik, als er ihre baldige Abfahrt ankündigte. Er selbst nahm wie üblich nur Mantel und Stock und war sofort zum Aufbruch bereit.

Da sie genug Zeit hatten, nahmen sie die Elektrische, die vom Brunnenplatz direkt bis zum Krankenhaus der Kundigen Frauen fuhr. Helene hielt dem Detektiv auf der Fahrt eine lange Gardinenpredigt, den kleinen Kater nie wieder solch einer Gefahr auszusetzen, und wenn er es doch täte, würde sie fristlos kündigen und Zacharias mitnehmen, es sei seine Entscheidung. Lampe wusste, dass sie mit allem Recht hatte, die Aussicht, dass Teddy bleibende Schäden von seinen Verletzungen davontragen könnte, bescherte Lampe seit dem Feuer Schuldgefühle. Dennoch war ihm jetzt nicht danach, sich zu seiner Schuld zu bekennen, und er ignorierte Mamsys Monolog.

Im Krankenhaus kam ihnen Teddys Ärztin entgegen.

Während sie Mamsy einige Instruktionen gab, wie Teddys Wunden zu versorgen seien, ging der Detektiv ins Krankenzimmer. Der kleine Kater war bereits angezogen und saß – das Bein in einem Gips, der fast bis zur Hüfte reichte – abholbereit in einem Rollstuhl. Die Schwellung an seinem Auge war etwas zurückgegangen, strahlte aber dafür in allen

Farben des Regenbogens. Lampe machte sich daran, seine wenigen Sachen zusammenzupacken, und scherzte dabei über Teddys Gipsbein, für das er ja wohl jetzt einen Waffenschein beantragen müsse.

Der Kater, der sonst aufblühte, wenn Lampe Unfug mit ihm trieb, blieb überraschend still und der Detektiv vermutete, dass es an den Schmerzen oder den Drogen lag. Oder an beidem. Er schob Teddy auf den Flur, wo die Ärztin Helene gerade die Entlassungspapiere aushändigte. Sie bot Lampe an, ihm noch den Verband zu wechseln und etwas gegen die Schmerzen zu geben, doch der Detektiv winkte ab.

Für die Rückfahrt nahmen sie einen Dreischneck. Lampe hatte eigentlich keine Zeit für Gemütlichkeit, aber da Teddy immer noch Schmerzen hatte, wollte er ihm die Fahrt so erschütterungsfrei wie möglich machen. Er hob den Kater aus dem Rollstuhl, setzte ihn vorsichtig auf die Fahrgastbank und legte sein eingegipstes Bein auf dem Haus der Leitschnecke ab.

Teddy blieb auch während der Fahrt seltsam still und bedrückt.

»Partner! Freust du dich nicht, wieder nach Hause zu kommen? Mamsy macht dir heute Abend dein Lieblingsessen, nicht wahr, Mamsy?«

Das Huhn nickte eilfertig, doch der kleine Kater reagierte kaum auf die Aufmunterungsversuche und sagte, er habe keinen Appetit. Lampe versuchte es noch einmal.

»Was ist los, Teddy? Was bedrückt dich?«

Teddy nickte nur in Richtung der Leitschnecke, die ihr Gespräch unmöglich überhören konnte.

»Nicht hier, zu Hause.«

Überrascht und ein wenig betroffen über Teddys Ernst blickte der Detektiv seinen kleinen Kompagnon an, lehnte sich dann wieder im Sitz zurück und schwieg für den Rest des Weges.

Zu Hause trug er den Kater in sein eigenes Schlafzimmer und setzte ihn ins Bett, weil die Kiste in Teddys Kammer nicht genügend Platz für sein Gipsbein bot. Helene Pick kam hinterher und begann sofort, einen riesigen Berg Kissen hinter Teddys Rücken aufzuhäufen.

Lampe setzte sich auf die Bettkante.

»Also, Partner, was liegt dir auf der Seele?«

Helene wuselte noch eine Weile um das Bett herum, aber schließlich saß der kleine Kater sicher und aufrecht, gestützt von einer Vielzahl Kissen, von denen Lampe keine Ahnung gehabt hatte, dass sie überhaupt zu seinem Haushalt gehörten.

»Was würdest du machen, wenn ich etwas Schlimmes gemacht hätte?«

Lampe lächelte.

»Das weißt du doch, Teddy. Ich würde so tun, als sei ich böse, und anschließend bei Mamsys Ingwerkeksen Schmetterlinge mit dir sortieren.«

Doch der Kater wirkte keineswegs erleichtert.

»Aber wenn es etwas ganz Schlimmes wäre. Ganz, ganz schlimm. So schlimm, dass ich dafür ins Gefängnis kommen könnte. Würdest du mich dann fortschicken?«

Skarabäus Lampe verstand jetzt, dass es um mehr ging.

»Das hängt davon ab, was dieses Schlimme ist. Aber ehrlich gesagt, kann ich mir nicht vorstellen, dass du je etwas so Schlimmes tust, dass ich dich fortschicke. Du bist ja quasi mein … Partner.«

Wieder wollte ihm das Wort »Sohn« über die Lippen und wieder konnte er es nur im letzten Moment zurückhalten.

»Ohne dich bin ich praktisch völlig aufgeschmissen«, ergänzte der Detektiv lächelnd. »Also raus damit, was ist es?«

Teddy sah verlegen zu Helene.

»Ich weiß nicht, ob Mamsy es hören sollte.«

»Ha, so weit kommt es noch, dass ich nichts von deinen Schurkereien erfahre, Zacharias Bärlein!«

Helene hatte sich am Fußende des Bettes aufgebaut und blickte den Kater gespannt an. Sowohl Teddy als auch Skarabäus Lampe wussten, dass es unmöglich war, sie umzustimmen, wenn sie sich etwas in den Kopf gesetzt hatte. Teddy wandte sich zu Lampe, weil er Helene nicht in die Augen schauen konnte.

»Na gut. Als ich entführt war, ist etwas passiert.«

»Ja?«

»Ich hab zu trinken gekriegt, eine Schale mit Wasser. Und …« Er sprach nicht weiter, aber Lampe ahnte jetzt, welche Richtung diese Beichte nahm.

»Nur weiter.«

»Da war noch eine Schüssel, in der verbotenes Fleisch war. Es war …«

Er warf einen gequälten Seitenblick auf Mamsy.

»Es war ein junger Hahn. Ich habe so lange ausgehalten, wie ich konnte, aber ich war so hungrig und es gab nichts anderes.«

Bei diesen Worten bekam Mamsy, das weiße Huhn, fast einen Nervenzusammenbruch und lief aus dem Zimmer. Teddy brach in Tränen aus. Skarabäus Lampe fühlte eine Mischung aus Liebe, Belustigung und Stolz. Dieses borstige Straßenkraut log, dass sich die stärksten Balken bogen, wenn es darum ging, auf der Straße zu überleben. Ohne auch nur einmal mit der Wimper zu zucken, erleichterte er andere um alles, was sie in den Taschen hatten. Aber hier und jetzt wusste Lampe, dass Teddy Bärlein einer der anständigsten Straßenjungen war, die man in Überstadt finden konnte. Sein Gesichtsausdruck wurde weich.

»Aber Teddy, das weiß ich doch, ich habe die Schüssel gesehen, als wir dich gefunden haben. Du hast nichts zu befürchten.«

Er strich dem Kater über den Kopf, doch der schluchzte nur noch heftiger.

»Aber das war ein Mitbürger! Vielleicht sogar ein Verwandter von Mamsy!«

Lampe öffnete die Arme und drückte Teddy vorsichtig an sich.

»Ich bin sicher, es war niemand, den unsere Mamsy kannte. Weißt du, es war eine Notsituation, und du wusstest nicht, wie lange du dort noch ohne Essen ausharren musstest. Das versteht jeder, auch Mamsy.«

Teddy wischte sich mit dem heilen Arm durch das vollgeschnotterte Gesicht.

»Dann lieferst du mich nicht an Inspektor Sutten aus?«

Nur mit Mühe konnte Lampe sich ein Lachen verkneifen.

»Nun, ich bin sicher, dass wir die Angelegenheit ohne Polizei regeln könnten«, sagte er mit gespieltem Ernst. »Wir müssen natürlich herausfinden, wer der Hahn war, aber ich werde deinen Namen aus den Ermittlungen heraushalten.«

Der kleine Kater schniefte.

»Und Mamsy? Ich weiß, es ist deine Entscheidung, aber ich will nicht, dass sie fristlos kündigt.«

»Mach dir keine Sorgen, kleiner Partner, ich rede gleich mit ihr. Es war nur der erste Schreck, sie wird die Situation verstehen. Ruh dich jetzt aus, es war sehr viel für dich. Ich muss gleich unseren Mörder fangen, aber Mamsy wird den ganzen Tag hier sein.«

Er streichelte Teddy noch einmal über die Wange. Das Gesicht des kleinen Katers sah immer noch mitleiderregend aus.

»Du warst sehr tapfer, Zacharias. Und du hast nichts falsch gemacht, hörst du?«

In der Küche fand er Helene am Tisch sitzend, wo sie sich gerade einen Kräuterlikör eingoss.

»Für die Nerven«, sagte sie und prostete ihm mit gequältem Gesichtsausdruck zu. Doch bevor sie das Glas ansetzen konnte, nahm Lampe es ihr sanft, aber bestimmt aus der Hand. Er erinnerte sich zu gut daran, in welchem Zustand er sie vorgefunden hatte, als sie das letzte Mal Kräuterlikör *für die Nerven* getrunken hatte.

»Beruhige dich, Helene. Teddy hat schon genug durchgemacht, da muss er sich nicht auch noch mit deiner Weinseligkeit herumschlagen.«

»Aber was, wenn er auf den Geschmack gekommen ist? Was, wenn ihm künftig das Wasser im Mund zusammenläuft, wenn er mich sieht?«

Wieder musste der Detektiv ein Lachen unterdrücken. Er räusperte sich.

»Niemandem läuft das Wasser im Mund zusammen, wenn er dich sieht, Mamsy.«

Ihn traf ein böser Blick.

»Das ist nicht lustig, Skarabäus Lampe! Die Zeitungen sind voller Geschichten von Leuten, die gewissermaßen süchtig geworden sind, nachdem sie einmal verbotenes Fleisch probiert haben. Nur ein einziges Mal!«

Lampe schüttelte lächelnd den Kopf.

»Und weil sie überhaupt nicht mehr an diese Ernährung gewohnt sind, verfällt ihr Körper, sie werden ... wild!«

Angewidert schüttelte sie sich.

Lampe erinnerte sich gut an die Anti-Fleisch-Kampagne, die die Magistratur nach der Konferenz der Tiere beauftragt hatte, um der Bevölkerung das Verbot von Wirbeltierfleisch, nun ja, schmackhaft zu machen. Großformatige Plakate warnten seitdem davor, was der Verzehr für Folgen habe. Auf der linken Seite war ein zivilisierter Raubbürger dargestellt, gut gekleidet und frisiert, und rechts derselbe Bürger in einem ausgesprochen heruntergekommenen Zustand mit glühenden Augen und gefletschten Zähnen, in denen noch Speisereste hingen.

»WIRBELTIER«, stand darüber in grellroten Lettern, »NICHT EIN EINZIGES MAL! (Mit freundlichen Grüßen, Ihre Magistratur)«

Es war platt und populistisch, eine Angstkampagne, die auf niederste Instinkte setzte. Bei Helene hatte die Kampagne offenbar ihr Ziel erreicht.

»Schluss jetzt, Helene. Nichts davon wird passieren. Zacharias ist ein guter Junge und wird dich nicht beißen, jedenfalls nicht öfter als sonst.«

Das Huhn schwieg.

»Sei lieb zu ihm, ja? Er ist immer noch unser Junge und er braucht uns mehr als je zuvor. Ich muss jetzt zu von Oben und bin am Abend wieder da.«

Obwohl der Anwalt in Lampes Ermittlungen selten mehr als eine Hilfskraft war, gab es Momente, in denen er von unschätzbarem Wert war. Etwa wenn es um bürokratische Angelegenheiten ging. Nicht nur, dass der Detektiv kein Händchen für solche Dinge hatte, es fehlte ihm dann und wann auch an formeller Legitimation, um Informationen zu erhalten. Er unterhielt ein riesiges Netzwerk aus Straßenkindern, Obdachlosen und anderen Halbweltexistenzen, er war nicht an die polizeilichen Dienstwege gebunden und hatte Möglichkeiten, Fälle aufzuklären, von denen Inspektor Sutten nur träumen konnte. Doch selbst er stieß an seine Grenzen, wenn von offizieller Stelle ein Siegel, ein Stempel oder ein ausgefülltes Formular benötigt wurde. Freiherr von Oben brachte alle diese Voraussetzungen mit und öffnete Lampe so manche Tür.

Der Detektiv benötigte einige offizielle Auskünfte aus Zweiostland und Romanzreich, und eine amtliche Anfrage an die entsprechenden Stellen durch den Rechtsanwalt würde die benötigten Informationen schnell hervorbringen.

»Aus dem Großen Krieg? Mann, Lampe, älter hatten Sie es wohl nicht, was?«

Der Fisch gab einen seltsamen Blubberlaut von sich, und Lampe war nicht sicher, ob es ein Schnauben war oder bloß eine Luftblase die Pumpe seines Brisers kurzzeitig blockiert hatte. »Nun gut, was brauchen Sie?«

Lampe lehnte sich in dem kleinen Besucherstuhl nach vorne, nahm einen Zug von seiner Zigarette, die er diesmal aus Rücksicht auf den Anwalt nicht angezündet hatte, und zählte auf.

»Ich will wissen, wo sich die Wege von Helios, Dante und Coteau gekreuzt haben. *Genau*. Ich brauche Stationierungsunterlagen, Truppenurlaube, Lazarettaufenthalte, alles, und zwar sowohl von der hiesigen als auch der romanzösischen Armee. Außerdem brauche ich – huch!«

Ein Rattenbote war in das Büro gekommen und huschte zwischen Lampes Füßen hindurch, der sie erschrocken anhob. Etwas irritiert folgte er dem Lauf der Ratte, die mehrere winzig klein zusammengefaltete Zettel in eine Art Posteingang legte, und dann in dem Botenverschlag hinter von Obens Schreibtisch verschwand.

»Also, äh, wo war ich? Richtig. Ich brauche Informationen über eine junge Frau namens Clarimonde. Sie hat ein Kind zur Welt gebracht und weggeben, vermutlich Helios' Kind. Nach gegenwärtigem Stand hat Helios sie schwanger sitzenlassen, aber das will ich genauer wissen. Welche Rolle spielte Dante bei der Begegnung zwischen Helios und der Frau? Was wurde aus dem Kind? Lebt es noch? Was geschah nach dem Tod der jungen Mutter? Alles. Ich will einfach alles wissen, von Oben.«

Etwas überwältigt von dem Wortschwall lehnte von Oben sich in seinem riesigen Thron zurück.

»Na, Sie haben ja vielleicht Nerven, Lampe. Sie scheinen zu glauben, dass ich zu viel Zeit habe. Wissen Sie, wie viele andere Fälle noch auf meinem Tisch liegen?« Er wies mit seinem Flossenärmchen auf den Stapel Papiere auf seinem Schreibtisch, aber Lampe winkte ab.

»Alle unwichtig, das hier geht vor.«

Der Detektiv sagte es ruhig, als wäre es das Natürlichste von der Welt, seine Angelegenheit mit höchster Priorität zu behandeln.

»Kann ich vielleicht sonst noch etwas für Sie tun?«, fragte der Rechtsanwalt ironisch.

Lampe lächelte breit.

»Ah, ich sehe, jetzt verstehen wir uns! Ja, ich brauche aus dem Zweiostland alle Informationen über den Clan der Silberfinken. Aktuelle Fälle, vergangene Fälle, zukünftige … nein, die nicht. Ich will alles haben, was über die Silberfinken bekannt ist.«

Freiherr von Oben sah den Detektiv vollkommen reglos an. Hätte er Augenlider gehabt, er hätte sicher damit geklimpert.

»Der Clan der Silberfinken«, brachte er schließlich hervor.

»Aber sonst ist alles in Ordnung mit Ihnen? Der Clan der Silberfinken?! Wissen Sie, was eine solche Anfrage bedeutet? Nicht nur stapelweise Akten, sondern vor allem jede Menge aufgewirbelter Staub. Wenn der Clan mitkriegt, dass Sie sich für ihn interessieren, bricht die Hölle los, Lampe. Es könnten sogar Unschuldige sterben!«

»Beruhigen Sie sich, Anwalt. So schlimm wird es schon nicht werden. Ich beteilige mich ja nicht an laufenden Ermittlungen, ich möchte nur die Informationen, die schon da sind. Ich muss wissen, mit welchem Auftrag die Eidechse in den Zirkus von Helios eingeschleust worden ist. Sie hat dort jahrelang Schmierentheater gespielt, ohne aktiv zu werden. Warum interessieren sich die mächtigen Silberfinken für den fahrenden Jahrmarkt eines selbstverliebten Löwen, in dem nur Verlierer des Lebens arbeiten? Miniko hatte einen Auftrag, und Sie wissen so gut wie ich, dass internationale Finkenaufträge immer groß sind, dabei geht es nicht um Schutzgelderpressung oder kleinere Drogendeals.«

Skarabäus Lampe schaute den Anwalt erwartungsvoll an.

Der hielt seinem Blick einen Moment lang stand, dann machte er sich einige Notizen.

»Na schön, ich werde sehen, was ich tun kann«, knurrte er. »Wann brauchen Sie alles?«

»Gestern«, sagte der Detektiv und grinste.

»Also schön, dann Unterpost auf Ihr Risiko.«

Die Subterran- oder Unterpost war mit Abstand der schnellste Informationsübermittlungsweg der Welt, aber bedauerlicherweise auch der unzuverlässigste. Es handelte sich um ein unterirdisches Röhrensystem, das die Hauptstädte aller Länder miteinander verband. In den Röhren herrschte annähernd Vakuum, das für den nötigen Transportsog sorgte, wenn man eine Kapsel mit Post hineingab. Über ein kompliziertes Weichensystem wurde sichergestellt, dass die Sendung in der richtigen Stadt landete.

Es war ein Mammutprojekt gewesen, die Röhren über alle Landesgrenzen hinweg durch Gebirge und Meere, durch Wüsten und Seen zu verlegen. Für die grabenden Arten brachte der Bau der Unterpost jahrzehntelang Beschäftigung und Reichtum. Sie konnten Löhne verlangen, von denen andere Gewerke nur träumten und von denen auch sie nur geträumt hatten, bevor die ST-Post beschlossen worden war.

Die Staatengemeinschaft hatte die Unterpost als Symbol der Einigkeit gefeiert, doch tatsächlich sorgte sie für mehr diplomatische Verwerfungen als jeder Handelskrieg. Denn so ausgefeilt das System auch auf dem Papier war, so störanfällig zeigte es sich im praktischen Einsatz. Schon bei der Jungfernsendung, einem Rundschreiben mit Glückwünschen an alle Hauptstädte, war es zu einer folgenschweren Panne gekommen. Mitten im südlichen Ozean war die

Röhre geborsten und die luftgefüllte Kapsel unter den verdutzten Blicken einiger malwesischer Muschelsammler aus dem Meer aufgetaucht. Bei dem Versuch, die Ursache des Rohrbruchs festzustellen, wiesen alle Länder einander die Schuld zu, und beinahe wäre es zu einem Weltkrieg gekommen.

Doch leider blieb das System auch nach Nachbesserungen unzuverlässig. Zwar hielten die Röhren dank der Verstärkung nun den Sogkräften stand, aber sie waren klimatischen, geologischen und anderen Einflüssen weiter ausgesetzt. Erdbeben und Tsunamis rissen die Rohre aus den Verankerungen, so dass Weichen sich verstellten und Post nach dem Westland plötzlich im Meerland ankam. Wenn Schäden und Störungen auf hoher See auftraten, gab es sofort langwierigen multinationalen Streit, welches Land für die Wartung und Instandhaltung des betreffenden Abschnitts zuständig war.

Im Nordland verschwanden wiederholt ganze Röhrenabschnitte spurlos und man munkelte, die riesenhaften Steinleute hätten sie versehentlich gegessen, als sie sich einen Happen Gebirge gönnten. Die nordländische Regierung weigerte sich, die Schäden zu beheben, solange die Schuldfrage nicht eindeutig geklärt war, und forderte von den Steinleuten eine Stellungnahme. Da Steinleute aber so langsam dachten, wie sie sich bewegten, passierte seit Jahren gar nichts und das Nordland blieb von der Unterpost abgeschnitten.

Kurz und knapp: Die ST-Post war nur etwas für sehr Verzweifelte und solche, deren Anliegen es verschmerzen konnte, wenn die Postsendung nicht bei der Empfangsadresse ankam, sondern bei Nomaden der riggerischen Taiga. Klappte die Zustellung, konnte man Angelegenheiten, für die die Landpost Wochen brauchte, in Stunden erledigen. Klappte die Zustellung nicht, konnte man einen Krieg auslösen.

In dem aktuellen Fall hatte Skarabäus Lampe keine Wahl. Die herkömmliche Landzustellung würde Wochen dauern und selbst die modern ausgerüstete Luftpost würde von Zweiostland mindestens einige Tage benötigen. Zeit, die der Detektiv nicht hatte. Dante, der Gorilla, schwebte in Gefahr und Lampe brauchte die fehlenden Bausteine, um die Serie der Gewalt endlich zu beenden. Er zuckte mit den Schultern und grinste schief.

»Es nützt nichts, von Oben. Hoffen wir einfach, dass die Informationen nicht bei kortischen Obstbauern landen, die damit ihre nassen Schuhe trocknen.«

Der Rechtsanwalt nickte.

»Gut. Wenn alles gut geht, habe ich morgen Mittag schon etwas für Sie.«

Im Vorzimmer ließ Lampe sich wie gewöhnlich von Fräulein Pantanananarabi Feuer geben und sie rauchten gemeinsam.

»Er steht unter großem Druck«, sagte sie mit Blick auf von Obens Büro und nahm mit zitternden Händen ihren Kaffeebecher. Sie sah schrecklich übermüdet aus, und wie immer zuckte eine Reihe von Muskeln in ihrem Gesicht.

»Ständig rufen Zeitungsleute an und wollen wissen, ob der Gorilla wirklich und einhundertprozentig unschuldig ist. Die Bevölkerung denkt, wir hätten einen Mörder laufenlassen, du weißt ja, wie die einfachen Leute sind.«

Ihre Stimme wärmte Lampe von innen, und beinahe hätte er sich so sehr in ihrem Klang verloren, dass ihm der

Inhalt ihrer Worte entgangen wäre. Jetzt lächelte er melancholisch.

»Niemand ist unschuldig, Fräulein Pantanananarabi. Vielleicht nicht im Sinne des Gesetzes, aber wir alle haben schon Leid verursacht und Schuld auf uns geladen, du auch.«

Sie sah ihn spöttisch über den Rand ihrer Brille hinweg an.

»Na, das gebe ich den Presseleuten gerne weiter, es wird sie bestimmt ruhigstellen. Mit besten Grüßen des Meisterdetektivs und Hobbyphilosophen Skarabäus Lampe.«

»Ach, sei doch nicht so, Fräulein Pantanananarabi. Dieser Jahrmarkt ist eine Grube voller Leid, das die Beschäftigten sich selbst oder ihren Kollegen angetan haben. Ich bin ein bisschen schwermütig, lass mich. Ich muss jetzt los, Teddy ist wieder zu Hause und plagt sich noch mit den Eindrücken der Entführung. Ich will Helene damit nicht alleine lassen. Tschüss, bis morgen.«

In diesem Augenblick klingelte das Telefon und Fräulein Pantanananarabi rieb sich über die angestrengten Augen, bevor sie abnahm. Im Hinausgehen hörte Lampe, wie sie dem Anrufer mitteilte, niemand sei ganz ohne Schuld, auch er nicht.

EINE REISE IN DIE
VERGANGENHEIT UND
EIN MORDANSCHLAG

Zum ersten Mal seit Tagen war auf dem Jahrmarktsgelände Lachen zu hören. Es kam aus dem großen
Zelt, in dem die Zirkusleute einmal mehr Konferenz hielten und jemand etwas Witziges gesagt hatte. Das Lachen
klang hohl und deplatziert in dem feinen Nieselregen, der
sich wie eine Bleidecke über den Jahrmarkt gelegt hatte und
alle Geräusche dämpfte.

An ihrer Situation hatte sich formal nichts geändert und
die Person, die ihren Direktor getötet hatte, befand sich mit
großer Wahrscheinlichkeit noch unter ihnen, aber seit Dantes Rückkehr waren die Carnies beseelt von einem Gefühl
des Neuanfangs. Selbst wenn der Gorilla, wie heute, nicht
an der Besprechung teilnehmen konnte, weil er in seinem
Wagen gewissermaßen in Schutzhaft saß.

Inspektor Sutten hatte angeordnet, er solle sich so weit
möglich von den anderen fernhalten, weil die beiden abge-
stellten Beamten Clementine und Mandarine so besser für
seine Sicherheit sorgen konnten. Die beiden, die im Präsidium immer nur »die Zitrusfrüchte« genannt wurden, saßen
missmutig auf zwei Kisten vor dem Eingang und bewachten
den Gorilla. Während die Artisten wieder Hoffnung auf ein

Fortbestehen des Zirkus bekommen hatten, hatte der Tod von Wachtmeisterin Mops die gesamte Polizei erschüttert. Obwohl sie nur eine einfache Streifenbeamtin gewesen war, war sie mit ihrer heiteren Art und ihrem mopsigen Gesicht bei allen beliebt gewesen. Clementine zog seinen Kragen fester um den Hals und schüttelte sich.

»Und für so etwas ist Mops gestorben«, sagte er und nickte in Richtung des großen Zeltes. »Sitzen da und lachen sich eins. Als wär's um einen von denen schade. Sind doch alles Freaks.«

Wachtmeister Mandarine lachte bitter.

»So etwas kannst du vielleicht denken, aber nicht sagen, Clementine. Wir sind für den Schutz aller Bürgerinnen und Bürger da. Da gibt es keinen Unterschied, wer es wert ist und wer nicht.«

»Ja, schade eigentlich«, knurrte Clementine. »Ich meine, schon klar, jedes Leben ist wertvoll und alle haben ihre Würde und so, aber guck sie dir doch an. Abgerissene Existenzen, die nie etwas geleistet haben.«

»Na, so hart kannst du das jetzt auch nicht sagen«, sagte Mandarine, »ich würde es nicht nichts nennen, wenn eine Handvoll Außenseiter sich zusammentun, um uns Normale zum Lachen und Staunen zu bringen. Das ist doch auch etwas, da muss man sich doch nicht schämen. Außerdem … dieses Stachelschwein. Hast du gesehen, was der alles im Krieg gelassen hat? Buchstäblich?«

»Ich finde jedenfalls, man kann diese Leute nicht mit uns vergleichen. Mit anständigen Leuten. Unsere Mops war ein schlechter Tausch gegen diese Entwurzelten.«

»Unsere Mops wäre gegen jeden anderen ein schlechter Tausch. Wird mir fehlen, die kleine Dicke.«

Clementine nickte und sie schwiegen einen Moment zusammen, nur begleitet vom leisen Rauschen des Sprühregens und den gelegentlichen Stimmen aus dem großen Zelt.

In das Schweigen hinein öffnete sich die Wagentür und der Gorilla steckte seinen mächtigen Kopf heraus.

»Entschuldigen Sie, meine Herren, ich würde mir gerne etwas Tee aus dem Zelt holen, ich bin durstig. Wollen Sie da mitkommen?«, fragte er in seiner gewohnt ruhigen und freundlichen Art.

»Von Wollen kann kein…«, setzte Wachtmeister Clementine an, doch Mandarine fiel ihm ins Wort. »Schon gut, Herr Dante, wir erledigen das für Sie. Mit Zucker und Gebäck?«

»Oh, nur Tee, bitte.«

Wachtmeister Mandarine nickte, stand auf und ging zum großen Zelt hinüber. Die Unterhaltung am Kistentisch erstarb für einen Moment, als er das Zelt betrat. Die Aufmerksamkeit so vieler unheimlicher und ungewöhnlicher Zeitgenossen machte ihn ein wenig beklommen. Er deutete in Richtung des Tee-und-Gebäck-Tisches.

»Lassen Sie sich nicht stören, ich will nur einen Becher Tee für Ihren Kollegen holen.«

Dame Avalea, die schwertschluckende Giraffe, stand auf und sagte: »Die Kanne ist leer, warten Sie, ich mache eben neuen.«

»Warte, ich helf' dir«, bot sich Polonius an und griff die Kanne, bevor Mandarine bei ihr war. Beide verließen das Zelt, um draußen am überdachten Kochstand neues Wasser zu erhitzen.

Mandarine setzte sich auf den Rand der Manege und

hörte dem Gespräch zu, während er auf den Tee wartete. Er zweifelte nicht daran, dass sie das Gesprächsthema in seiner Gegenwart wechseln würden, aber die Anwesenheit der beiden Polizisten war schließlich kein Geheimnis und also hatte es keinen Zweck, so zu tun, als sei er nicht da. Sie erörterten gerade zum zweiten Mal die Frage, wer das neue Kassengold sein könnte und mit welcher Nummer.

»Iesch konnte brennde Messer werfe«, bot Monsieur Coteau an.

»Und ich auf einem brennenden Nagelbrett sitzen«, ergänzte Pavo, der gelbe Fakir.

»Nein, nein«, meinte Rosalie, die Hellseherin. »Fällt euch denn nichts Besseres ein, als alles anzuzünden?«

Bei der Frage schlug sie sich erschrocken die Hand auf den Mund, weil sie befürchtete, sich und die Zirkusleute einem polizeilichen Verdacht wegen des Großfeuers am Hafen ausgesetzt zu haben, aber Mandarine hörte nur neugierig zu.

Die Bärtige Dame schlug vor, dass Monsieur Coteau seine Messer nicht auf Millie, sondern auf ein Kind werfen könne. Die Idee scheiterte nicht nur in der Nichtverfügbarkeit eines Kindes, sondern auch an Coteaus Mangel an Kooperationsbereitschaft.

»Eine Bebe? Ein solsche Idee kann nur von eine diecke Walpferd öhne Gefuhle kommen, eine Kiend! Niemals werfe iesch auch nur eine Büttermesser auf eine Kiend!«

Florence schaute pikiert, doch bevor Wachtmeister Mandarine weitere Ideen hören konnte, kam Polonius mit einem Becher Tee zu ihm. Der Polizist schaute den Becher misstrauisch an.

»Schon eingegossen?«

Polonius zuckte die Achseln. »Können sich auch selbst einen Becher holen, wollte Ihnen nur den Weg abnehmen«, sagte er und wies auf den kleinen Tisch mit den Getränken für alle, wo Dame Avalea mehrere Becher füllte. Aber Mandarine nahm den Becher und ging zu Dantes Wagen zurück. Der steckte wie zuvor nur seinen Kopf aus der Wagentür und nahm den Tee dankend entgegen.

Mandarine setzte sich wieder auf seine Kiste.

»Weißt du, Clementine, vielleicht hast du Recht. Die sind schon seltsam, diese Zirkusleute, die wollen mit Messern auf Kinder werfen und alles anzünden.«

Clementine nickte, als hätte er es schon immer gewusst, und beide versanken wieder in regennassem Trübsinn.

Teddy saß aufrecht im Bett, als Skarabäus Lampe am späten Vormittag zu ihm kam. Oder zumindest so aufrecht, wie es mit seinem eingegipsten Bein und dem kaputten Ellbogen möglich war. Von der Schwellung an seinem Auge war dank Helenes Behandlung mit Eiswürfeln nichts mehr zu sehen, aber die schillernden Farben seines Veilchens ließen die irisierenden Schwanzaugen des Zitronenpfaus blass aussehen.

»Hübsch siehst du aus«, sagte der Detektiv zwinkernd und setzte sich auf die Bettkante. »Wie geht es dir, Kollege? Gut geschlafen? Was machen die Schmerzen?«

Dem kleinen Kater steckte das schlechte Gewissen über sein verbotenes Fleischmahl noch immer in den Knochen. Eine Falte zwischen seinen Augenbrauen zauberte einen Wirbel in sein schokobraunes Fell.

»Hast du … hast du schon mit Inspektor Sutten gesprochen? Wegen dem Hahn?«

»Nein, noch nicht. Weißt du, Inspektor Sutten ist im Moment sehr beschäftigt. Wir stehen kurz vor der Aufklärung des Mordes.«

Lampe sprach bewusst in der Einzahl. Teddy wusste noch nicht, dass Wachtmeisterin Mops bei seiner Befreiung getötet worden war, und Lampe fand, es hatte noch Zeit, es ihm zu sagen. Sein kleiner Partner quälte sich schon genug mit seiner völlig unnötigen Schuld, da wollte er ihm nicht noch mehr zumuten. Wachtmeisterin Mops und der Kater hatten einen gewissen Draht zueinander gehabt. Natürlich keinen, der auf Vertrauen oder gar Zuneigung beruht, aber sie hatte eine Art ruppigen Zugang zu ihm gehabt und war die Einzige bei der Polizei, die nicht immer sofort mit seiner Verhaftung drohte. Es würde den kleinen Kater sicher sehr treffen, dass sie bei dem Einsatz zu seiner Rettung ums Leben gekommen war.

»Ihr klärt den Fall auf? Ohne mich?«

Teddys Stimme klang enttäuscht und verletzt. Lampe sah ihn mit gespieltem Entsetzen an und legte ihm eine Hand auf den Arm.

»Doch nicht ohne dich, Partner! Nein, du hast die wichtigsten Informationen überhaupt herausgefunden. Ohne dich wäre ich immer noch völlig ahnungslos. Und Inspektor Sutten sowieso.«

Trotzig schüttelte der Kater Lampes Hand ab und wollte seine Arme vor der Brust verschränken, doch der Schmerz in seinem Ellbogen erinnerte ihn daran, das zu lassen.

»Du weißt, was ich meine«, maulte er. »Ich will dabei sein. Bei deinem Molog und alles.«

»Monolog«, korrigierte der Detektiv, aber Teddy maulte weiter.

»Die Überführung ist doch der beste Teil. Alle gucken immer wie ertappt, wenn du sie durchschaust. Und dann – bamm!«, er schlug mit seinem gesunden Arm auf die Bettdecke. »Dann reißt du der schuldigen Person die Maske runter, wie immer. Ich will so gerne dabei sein. Lass mich doch mit, ja?«

Lampe lächelte und fragte: »Bin ich wirklich so vorhersehbar?«

Teddy schaute beinahe gelangweilt.

»Ach, so machst du das doch jedes Mal, das ist deine … wie sagt man das nochmal, wenn jemand ganz feste und komische Angewohnheiten hat?«

»Meinst du ›Marotte‹?«

»Ja, genau. Das ist deine Marotte. Du führst sie alle schön vor und dann einen von ihnen ab. So machst du das immer.«

»Na schön, dann ist das wohl meine Marotte«, sagte der Detektiv schmunzelnd. »Trotzdem kann ich dich dieses Mal nicht mitnehmen. Der Jahrmarkt ist ein gefährlicher Ort und die Person, die Helios ermordet hat, zu allem bereit. Denk doch nur, wir hätten dich nicht rechtzeitig gefunden. Dann wärst du jetzt eines der Opfer. Außerdem kriegen wir dich mit dem Gipsbein weder in die Elektrische noch in ein Motortaxi. Und für einen Dreischneck ist der Weg zu weit.«

Mitten in ihre Verhandlungen hinein kam Mamsy ins Zimmer und meldete, dass der Rechtsanwalt am Telefon sei. Skarabäus Lampe sagte ihr, er werde das Gespräch in seinem Arbeitszimmer entgegennehmen. Als er den Hörer schließlich in der Hand hielt, brüllte er zu Helene in die Stube, sie könne jetzt auflegen.

»Mann, Lampe, müssen Sie so brüllen, das Piepen in meinem Schädel reicht von hier bis nach Zweiostland?!« Ein dumpfes Blubbern, das wohl ein verärgertes Brummen sein sollte, begleitete von Obens Worte. Lampe überhörte die Tirade und fragte geradeheraus, worum es ging.

»Gute und schlechte Nachrichten. Die Akten aus Romanzreich sind schon angekommen, die sind da ziemlich auf Zack. Gut organisiert, gutes Ablage- und Botensystem, alles, was recht ist. Die Informationen aus Zweiostland bezüglich der Silberfinken hingegen wurden mir zwar schon telefonisch angekündigt, aber geliefert wurde bisher nichts. Wir müssen den Tag abwarten und hoffen, dass die Sendung noch kommt. Soll ich Ihnen die Unterlagen der romanzösischen Kollegen schicken oder kommen Sie vorbei und sagen mir endlich, was Sie eigentlich suchen, damit ich Ihnen helfen kann?«

Der Detektiv entschied sich, direkt zum Büro des Anwalts zu fahren, um keine unnötige Zeit zu verlieren. Sollte er in den Akten die Informationen finden, auf die er hoffte, würde er umgehend zum Zirkus fahren, der vom Finanzdistrikt schneller zu erreichen war als von Lampes Zuhause.

Im Büro des Anwalts ging es zu wie auf einem Bahnhof. Im Minutentakt flitzten Rattenboten mit Ordnern, Umschlägen und Dokumentenkisten durch die Tür.

»So geht das schon den ganzen Morgen«, seufzte Freiherr von Oben und schaute den Detektiv unglücklich an. »Sie hören einfach nicht auf, mir Unterlagen zu bringen. Mal von der Armeeverwaltung von Überstadt, mal aus Romanzreich. Und aus Zweiostland habe ich immer noch nichts gehört. Ein ganz schönes Chaos haben Sie mir da beschert, eigentlich müsste ich Ihnen eine Rechnung stellen und nicht umgekehrt.«

Stirnrunzelnd blickte der Detektiv auf das Durcheinander von Papieren und Ratten und spürte einen Moment lang lähmende Erschöpfung. Papiere und er waren wie Spinnen und Fliegen und er war immer die Fliege. Papiere waren eine ständige Herausforderung für sein sonst überlegenes Gehirn. Wo er Lebensläufe wildfremder Leute anhand winziger Details in Minuten entschlüsseln konnte, hinterließ Bürokratie bei ihm immer ein Gefühl der Überforderung. Dass er zu dem Rechtsanwalt gefahren war, hatte nicht nur logistische, sondern auch ganz und gar eigennützige Gründe. Freiherr von Oben war ein Magier mit Papier. Formulare, Anträge, Belege – das alles auszufüllen und zu sortieren, kostete ihn nicht die geringste Mühe. Lampe hatte ihm mehr als einmal staunend dabei zugesehen, wie ganze Berge von Unterlagen in wenigen Minuten in sauber beschrifteten Ordnern verschwanden. Sein bürokratisches Talent würde Lampe dabei helfen zu finden, was er suchte.

»Ich weiß. Aber die internationale Anfrage war unerlässlich, um herauszufinden, worum es bei diesem Mord im Kern geht. Schauen Sie, ich bin überzeugt, dass der Grund für alles in der Vergangenheit zu suchen ist. Einer weit zurückliegenden Vergangenheit, in der Helios, Dante und Monsieur Coteau eine Rolle spielen. Und eine junge Frau namens Clarimonde. Die Wege dieser vier kreuzten sich in tragischer Weise und hier muss das Motiv für den Mord liegen. Ich habe schon viele Teile dieses Mosaiks, aber ich brauche einen handfesten Beweis, verstehen Sie? Es ist zu ärgerlich, dass die Dokumente aus Zweiostland nicht angekommen sind.«

»*Noch* nicht«, korrigierte der Anwalt, aber es klang nicht sehr hoffnungsvoll.

»Helfen Sie mir, von Oben. Irgendwo in diesem riesigen Papierhaufen steckt der Beweis, den ich suche.«

Der Rechtsanwalt sah Lampe einen Moment unbewegt an, als ob er nachdachte, nickte dann, knöpfte sich die Manschetten seines Hemdes auf und rollte die Ärmel hoch.

»Fräulein Pantanananarabi, Kaffee für alle bitte. Und wir möchten in den nächsten Stunden nicht gestört werden.« Und zu Lampe gewandt: »Kommen Sie, wir haben zu tun.«

Unbarmherzig brannte die Sonne vom wolkenlosen Himmel. Seit Monaten hatte es nicht mehr geregnet, der Boden war überall rissig und das Gras der Savanne gelblichbraun. Zwei Löffelhunde liefen mit löchrigen Gießkannen auf einem kleinen mit Pflöcken abgesteckten Acker durch die Reihen der angebauten Pflanzen und versuchten zu retten, was zu retten war. Sie trugen breitkrempige Hüte zum Schutz vor der Sonne und sprachen einen Stammesdialekt des Subischen. Sie waren Brüder und darüber hinaus Heuschreckenfarmer, die sich vorgenommen hatten, auf diesem Fleckchen Erde ein blühendes Kleinunternehmen aufzubauen. Aufgeben kam für sie nicht in Frage, Heuschrecken waren das Lebensmittel der Zukunft. Leider hatten sie nicht bedacht, dass Heuschrecken selbst auch ein zukunftsfähiges Lebensmittel benötigten, und nun schufteten sie sich Tag für Tag in einem Wettlauf gegen die Sonne ab. Selbst in guten Zeiten mit ausreichend Regen reichte das Futter selten für größere Heuschreckenerträge, so dass sie sie oft gleich selbst aßen, anstatt den mühsamen Weg über die Geldwirtschaft zu nehmen.

Der größere von beiden rupfte einige verdorrte Setzlinge aus, richtete sich seufzend auf und schob sich den Hut in

den Nacken. Er wollte dem kleineren gerade zum wieder-
holten Male vorschlagen, eventuell doch auf Holzkohle um-
zusatteln, weil die in diesem Klima leichter herzustellen war,
als die Erde bebte.

Das kam im Subenland öfter vor, der Untergrund war
hier sehr instabil. Doch diesmal war es anders. Direkt neben
dem großen Feldstein, der den Beginn ihres Landes anzeigte, wölbte sich der Boden auf, als versuchte etwas oder
jemand, sich zu befreien. Maulwürfe kamen in diesen Brei-
tengraden nur selten vor, das Erdreich war so trocken und
hart, dass ihre Krallen davon rissig wurden und abbrachen.
Erschrocken schauten sich die Brüder an und traten vorsichtig näher.

Die beiden Farmer wussten nicht, dass die häufigen Erdbeben keine Erdbeben waren, sondern eine vorbeisausende
Rohrpostsendung. Die Röhren der Unterpost führten direkt
an ihrem Acker vorbei, aber auch das wussten sie nicht. Sie
lebten in einem Teil des Subenlandes, der fast völlig von
der Zivilisation abgeschnitten war. Es gab keine Elektrizität,
keine Zeitungen und bei ihren Ausflügen ins nächste Dorf
tauschten sie meist nur Nachrichten, die sie persönlich be-
trafen. Und weil die an ihrem Grundstück vorbeirauschen-
den Liebeserklärungen, Staatsgeheimnisse, Kriegserklärun-
gen und Testamente keinerlei Bedeutung für sie hatten, war
der unterirdische Bau der Subterran-Post unbemerkt an ihnen vorübergegangen.

Dort, wo sich die Erde auftürmte, schien etwas an die
Oberfläche zu drängen. Schließlich gab der harte Boden
nach und mit einem Plopp-Geräusch flog etwas über die
Köpfe der beiden Brüder hinweg und landete schließlich
auf dem kleinen Farmhaus. Genauer gesagt landete es in

dem kleinen Farmhaus, denn es durchschlug das Dach und fiel direkt in den gepolsterten Lehnstuhl, wobei eine Staubwolke aufstieg.

Verwundert stellten die Löffelhunde ihre Gießkannen ab und gingen ins Haus. Auf der Sitzfläche des Sessels lag eine ovale Kapsel aus mattglänzendem Metall. Da der Gegenstand keine weiteren Anstalten machte, die beiden Männer anzugreifen oder die Weltherrschaft zu übernehmen, trat der größere Bruder vor und nahm ihn in die Hand. Er hatte so etwas noch nie gesehen und untersuchte die Kapsel von allen Seiten. Ein hauchfeiner Spalt führte quer um das Metall herum; offenbar konnte man sie öffnen. Es dauerte einen Moment, bis er den Mechanismus durchschaut hatte, aber dann sprangen die beiden Hälften der Kapsel auseinander und eine Flut von Papieren und Fotos verteilte sich auf dem Boden.

Den ganzen Tag hockten die beiden Brüder über den verstreuten Papieren, der kleinere sichtete die Bilder, der größere die Texte, denn er hatte einige Jahre die Landschule besucht und konnte lesen. Er verstand nicht viel, denn seine sprachlichen Fähigkeiten reichten nur geringfügig über das Subische hinaus. Aber es ging auffallend oft um eine Firma namens Silberfinken, die weltweit in unterschiedlichen Handelsbereichen das Sagen hatte. Sie kontrollierten Lieferwege, Preise, Zoll und Rohstoffmärkte.

Als der größere Farmer las, dass die Silberfinken auch im Heuschreckengeschäft waren, eigene Farmer hatten und fremde Bauern mit minderwertigem Saatgut belieferten, damit deren Futterpflanzen möglichst mickrig blieben, wurde er nachdenklich. Und je länger er nachdachte, desto mehr dämmerte ihm, dass ihre Heuschreckenfarm nie wirkliche

Gewinne abwerfen würde. Aber da er durch die rätselhafte Kapsel wusste, dass diese Finkenfirma auch den Holzkohlehandel kontrollierte, fiel sein Alternativplan ebenfalls in sich zusammen.

Bis tief in die Nacht überlegten die Löffelhunde, was sie nun tun sollten, denn darüber, dass sie das mit den Heuschrecken sofort sein lassen wollten, waren sie sich schnell einig. Sie hatten schon zu viele Jahre an dieses unfruchtbare Fleckchen Land (und das schlechte Saatgut) verloren, um den aussichtslosen Kampf weiterzuführen.

Als der dämmernde Morgen den Himmel in ein sanftes Lavendel tauchte, das einen weiteren brütend heißen Tag versprach, fassten die beiden einen Entschluss. Sie packten einige persönliche Dinge auf einen Handkarren, nahmen die restlichen Heuschrecken als Wegzehrung mit und brachen auf in eine ungewisse Zukunft. Auf dem Markt hatte der größere Bruder einmal von einer prächtigen Stadt im Norden gehört, in der jeder sein Glück machen konnte. Auch in den Papieren aus der seltsamen Kapsel war der Name Überstadt mehrmals aufgetaucht.

Einige Wochen später, die Brüder Löffelhund hatten gerade die Grenze zum Nordkontinent übertreten, fanden Inspektoren der Unterpost die abgelegene Farm. Sie waren vom fernen Zweiostland gekommen, um nach einer bestimmten nicht zugestellten Sendung zu fahnden. Nach einer langen Reise, bei der Züge, Dreischnecks, Beine und Einräder eine wichtige Rolle gespielt hatten, waren sie endlich in dieser Einöde angekommen. Antworten fanden sie keine, wohl aber das Loch, aus dem die Unterpost hervorgeschossen war. In dem heruntergekommenen Farmhaus, dessen Türen und Fenster schief in den Angeln hingen, entdeckten sie nur noch die Teile der Sendung, die der unbarmherzige Wind nicht in alle Richtungen verstreut hatte. Da es vollkommen aussichtslos war, die fehlenden Papiere nach so langer Zeit und in einer so ländlichen Gegend wiederzufinden, blieb ihnen nur, den Rohrbruch zu melden, damit er zeitnah – das heißt frühestens in einigen Monaten – durch Wartungsingenieure repariert werden konnte.

Ebenfalls in einem Stapel Papier saßen der Rechtsanwalt Freiherr von Oben und der Meisterdetektiv Skarabäus Lampe. Seit Stunden durchforsteten sie Dienstpläne, Krankenhausberichte und andere Unterlagen über die romanzösischen Nonnenklöster.

Fräulein Pantanananarabi hatte die beiden in regelmäßigen Abständen mit Kaffee, Zigaretten und Zuckmückenlarven versorgt, damit die Konzentration nicht versagte. Normalerweise mied von Oben alles, was mit Feuer zu tun hatte, aber jetzt erlaubte er ausnahmsweise, dass Lampe in seinem Büro rauchte, weil Entzugserscheinungen ihn noch unerträglicher machten, als er ohnehin schon war. Und sie hatten zu viel zu tun, als dass Lampe jedes Mal für eine Zigarette ins Vorzimmer hätte gehen können. Außerdem verstand er sich für von Obens Geschmack ein bisschen zu gut mit Fräulein Pantanananarabi und der Anwalt fürchtete, mit diesem Wust an Papier die meiste Zeit allein zu sein, wenn er Lampe zum Rauchen aus seinem Büro schickte.

Im Augenblick stand der Detektiv rauchend am offenen Fenster und blätterte durch einige Briefumschläge, um zu sehen, ob sie etwas Brauchbares enthielten. Der Anwalt hingegen saß auf dem Fußboden, umgeben von Unmengen Fotos und Zetteln.

»Wozu, Lampe, wozu?!«, fragte er mit kläglicher Miene. »Sind Sie wenigstens *sicher*, dass wir hier Ihren Beweis finden, oder ist das am Ende alles umsonst?«

»Machen Sie weiter, von Oben. Ich verwette meinen gesamten Gürteltiervorrat, dass das Motiv für den Mord in der gemeinsamen Vergangenheit von Helios, Dante und Monsieur Coteau zu finden ist. Und all das hier«, er wies auf die verstreuten Papiere, »*ist* die gemeinsame Vergangenheit der drei. Der Beweis *ist* hier, weil er hier sein *muss*. Und jetzt suchen Sie weiter.«

Bisher hatten sie herausgefunden, dass der Löwe und der Gorilla einen Großteil ihrer Ausflüge in die Hauptstadt von Romanzreich ohne Erlaubnis ihres Kommandanten unternommen hatten. Das hatte die Affäre mit der jungen Hündin Clarimonde sicher noch problematischer gemacht. Sich zu ihr zu bekennen, nachdem er sie geschwängert hatte, war für jemanden mit seiner Persönlichkeit ohnehin nur der letzte Ausweg, aber sich zu ihr zu bekennen, nachdem er sie *während einer Fahnenflucht* geschwängert hatte, war ausgeschlossen. Die Entdeckung seiner Ausflüge hätte sicher disziplinarische Folgen bis hin zum Ausschluss aus dem Militär nach sich gezogen.

Und das hatte sie auch, wie Lampe erfuhr. Als seine und Dantes Freizeitaktivitäten aufgeflogen waren, hatte man beide in einem verkürzten Verfahren unehrenhaft entlassen – allerdings war die romanzösische Romanze da bereits lange Vergangenheit und Clarimonde längst Mutter eines Kindes, dessen sie sich schämte.

Zu Lampes Überraschung schien der Gorilla der Anstifter der verbotenen Ausflüge gewesen zu sein. Er war bereits zum zweiten Mal in Romanzreich stationiert, als er Helios kennenlernte, und war vertraut mit den Schlupflöchern der dortigen Regimenter. Und er kannte sich aus mit den Orten, an denen jener Männerspaß zu finden war, von dem er dem Detektiv gegenüber gesprochen hatte. Die Besuche in der Hauptstadt, bei denen Helios die unglückliche Clarimonde kennengelernt hatte, hatte Dante initiiert. Das war ein wertvolles Verbindungsstück in dem Puzzle, das Skarabäus Lampe zusammensetzte.

Fräulein Pantanananarabi kam herein und balancierte die nächste Kanne Kaffee auf einem Tablett. Sie bahnte sich vorsichtig und auf Zehenspitzen ihren Weg durch die verstreuten Papiere und stellte das Tablett auf dem mächtigen Schreibtisch ab.

»Kommt ihr voran?«, fragte sie und füllte drei Tassen.

»Ja, sehr gut«, sagte der Detektiv.

»Nein, es hört nie auf, es ist ein Albtraum«, jammerte der Anwalt.

»Ich könnte euch helfen«, schlug Fräulein Pantanananarabi vor, während sie am Schreibtisch lehnte und einen Schluck Kaffee nahm.

»Danke, nicht nötig«, sagte der Detektiv.

»Oh ja, helfen Sie, um Himmels willen«, sagte der Anwalt.

Die Vorzimmerdame lachte und setzte sich dann neben von Oben auf den Fußboden. Sie ließ sich kurz zeigen, welche Papierstapel die Männer schon durchgeschaut hatten, und nahm sich dann einen Ordner von einem anderen.

Der Messerwerfer hatte angegeben, vor dem Krieg mit Clarimonde verlobt gewesen zu sein, doch es gab keine Unterlagen darüber. Auch nicht während der Kriegsjahre. Ihr Nachname, den Monsieur Coteau Lampe genannt hatte, war ein Allerweltsname, zu dem es hunderte Einträge in den Melderegistern gab.

Die junge Frau war wie ein Phantom, das die Leben von drei Männern maßgeblich beeinflusst hatte und doch unauffindbar war. Im Geburtenregister fand Lampe sechs Frauen namens Clarimonde, die in dem fraglichen Jahr ein Kind bekommen hatten. Aber da in ihm lediglich das Ereignis der Geburt festgehalten war, jedoch nichts über den weiteren Verbleib von Mutter oder Kind, kam er darüber nicht weiter. Er musste die Daten der einzelnen Frauen also auch mit dem Sterberegister und den Informationen über die nahegelegenen Nonnenklöster abgleichen. Freiherr von Oben war derweil mit Monsieur Coteaus Soldatenkarriere beschäftigt und Fräulein Pantanananarabi wühlte sich durch unzählige vergilbte Fotografien.

Eine Weile arbeiteten sie schweigend, die Stille wurde nur von dem regelmäßigen Klicken zweier Feuerzeuge unterbrochen, denn der Detektiv und Fräulein Pantanananarabi rauchten wie die Schlote.

»Wissen Sie«, sagte der Anwalt gereizt, »Sie beide hätten ins Fabrikviertel ziehen sollen, da würden Sie gar nicht weiter auffallen.«

Er hustete demonstrativ, was zu einem starken Blubbern seines Brisers führte.

»Ach, wenn Sie nicht so viel jammern, sondern konzentriert arbeiten würden, könnten wir schon viel weiter sein«, blaffte Lampe zurück.

Bevor der Rechtsanwalt ihm antworten konnte, unterbrach Fräulein Pantanananarabi die beiden.

»Still! Ich glaube, ich habe etwas gefunden!« Sie hielt den beiden Männern eine Fotografie hin und beide beugten sich darüber. Das Bild zeigte die gleiche zierliche Hündin, die Lampe von dem Bild mit dem Geibelturm aus Helios' Wagen kannte. Sie lag in einem Bett und und hielt ein Baby im Arm, das sie offenbar gerade zur Welt gebracht hatte.

»Das ist sie«, sagte Skarabäus Lampe aufgeregt.

»Und hier«, sagte die Vorzimmerdame und hielt ein Buch hoch. »Das war auch dabei. Scheint ein Tagebuch zu sein. Die Sachen waren in einem Karton vom …«, sie nahm den Deckel des Kartons, um den Namen zu lesen, »hier, vom Kloster der Unbekümmerten Einfalt. Beides war bei den Sachen, mit denen ein Säugling den Nonnen übergeben wurde.«

Lampe nahm das Buch und schaute es ungläubig an.

»Das Kind, ein Junge, ist irgendwann weggelaufen und konnte nicht wiedergefunden werden. Er blieb verschwunden.«

»Fräulein Pantanananarabi, du bist ein Goldstück!« Skarabäus Lampe gab ihr einen schmatzenden Handkuss und schnappte sich seinen Mantel.

»Kommen Sie, von Oben, wir haben einen Mörder zu überführen! Und du, Fräulein Pantanananarabi, ruf den Inspektor an, er soll zum Jahrmarkt kommen und ein paar Beamte mitbringen.«

Überrascht von dem plötzlichen Aufbruchsgebaren des Detektivs, stand der Anwalt, der immer noch auf dem Boden saß, auf und suchte seinen Gehrock. Fräulein Patananananarabi sprang ein, reichte ihm den Mantel und griff dann zum Telefon. Und dann waren beide zur Tür hinaus und wie immer musste der kleine Anwalt beinahe rennen, um mit den langen Sätzen des Detektivs mitzuhalten. Sie nahmen ein Motortaxi zur Oststadt, denn die Sonne neigte sich bereits dem Horizont zu und Lampe wollte keine Zeit mehr verlieren.

DAS ENDE EINER JAGD

Die Dämmerung hatte die Hügel im Osten bereits mit einem violetten Schleier überzogen, in dem die kleinen Lampions am Zaun des Jahrmarkts unwirklich leuchteten. Es gab noch nichts für sie zu erhellen und doch fiel ihr Licht sofort ins Auge. Am Eingang zum Zirkus erwartete Inspektor Sutten die Männer bereits mit den beiden Zitrusfrüchten und zwei weiteren Uniformierten.

»Lampe, Sie Pestbeule! Was ist nun schon wieder?! Sie können mich nicht zu jeder Zeit herbeizitieren wie einen Lakaien!«

»Beruhigen Sie sich, Sutten. Es gibt Arbeit für Sie. Kommen Sie, ich will, dass sich alle Zirkusleute im großen Zelt versammeln«, erwiderte Lampe und ging zügig an dem Inspektor vorbei, ohne sich mit einer Begrüßung aufzuhalten.

»Und sorgen Sie dafür, dass die Stühle so stehen, dass mich alle sehen können«, fügte er über die Schulter hinzu.

Der kleine Rechtsanwalt hastete hinterher und fühlte sich etwas nutzlos. Ohne auf ihn zu achten, gingen Lampe, Sutten und die beiden Polizisten in verschiedene Richtungen, um das Zirkusvolk zusammenzutreiben.

Im großen Zelt brannte die Manegenbeleuchtung und tauchte alles in ein weiches gelbes Licht, das nicht recht zu dem passen wollte, was allen bevorstand. Die Polizeibeamten hatten die Kisten und Stühle, die normalerweise als

Tisch zusammenstanden, zu einem Halbkreis umgeräumt. Es dauerte einen Moment, bis sich alle einen Platz gesucht hatten und Ruhe eingekehrt war. Die beiden Polizisten blieben am einzigen Ausgang des Zeltes stehen.

Skarabäus Lampe blieb zunächst etwas abseits und rauchte noch eine Zigarette. Ein angenehmes Kribbeln zog seine Wirbelsäule hoch bis in sein Gehirn. Er mochte diesen Zustand ruhiger Konzentration, bevor er sich dem entlarvenden Monolog, seiner *Marotte,* überließ. Der Monolog war die eigentliche Belohnung in jedem Fall, besser als die Bezahlung. Alle Teile fügten sich dann zusammen, mitunter erst in dem Augenblick, in dem Lampe sie aussprach.

Er bluffte nie, aber er arbeitete oft mit Wahrscheinlichkeiten. Es gab Fälle, in denen nach Betrachtung aller Fakten keine Gewissheiten übrigblieben, sondern nur Möglichkeiten. Aber weil die Welt viel vorhersehbarer und einförmiger war, als die Leute so gemeinhin behaupteten, war die wahrscheinlichste Antwort häufig auch die richtige Antwort. Er hatte noch nie falsch gelegen, wusste aber, dass es nur eine Frage der Zeit war, bis es passierte. Doch heute lagen die Dinge anders: Er hatte Beweise, die unumstößlich waren, und brauchte nicht mit Möglichkeiten zu arbeiten. Also stand er rauchend, fühlte in das Kribbeln hinein und genoss die Gewissheit, dass etwas in wenigen Minuten sauber enden würde, was nicht nur komplex, sondern auch gefährlich gewesen war.

Er ließ die Zigarette in den Manegensand fallen und fragte Sutten, ob alle bereit wären. Der Inspektor nickte.

Lampe trat in den Halbkreis aus Stühlen und Kisten und blickte in die Runde. Er holte tief Luft.

»Meine Damen und Herr… Moment, wo ist der Gorilla?«

Tatsächlich fehlte Dante. Der Inspektor wandte sich mit fragendem Blick an die Wachtmeister Clementine und Mandarine, die zu Dantes Schutz abgestellt worden waren.

»Na los! Wo ist er?«

Die beiden schauten sich hektisch an.

»Wir hatten an die Tür geklopft und ihm gesagt, dass er ins Zelt kommen soll«, sagte Mandarine.

»Ja und?«, fragte Inspektor Sutten ungeduldig. »Warum ist er nicht hier?«

»Keine Ahnung, Chef, ich gehe nochmal hin.«

Jetzt griff Lampe ein.

»Moment. Sie haben geklopft, sagen Sie. Hat er geantwortet?« Clementine wand sich verlegen. »Nicht direkt.«

Und wie in dem Moment, als die Schwalbe über das brennende Hafengelände geflogen war, schaltete der Detektiv auch jetzt sofort.

»Schnell, Sutten, kommen Sie! Hoffentlich ist es noch nicht zu spät.«

Beide rannten zu Dantes Wagen, Sutten mit den ausgreifenden Schritten eines entschlossenen Hundes, Lampe mit dem Humpeln eines körperbehinderten, aber nicht weniger entschlossenen Hasen mit Brandwunden. Der Inspektor wollte an die Tür des Wagens klopfen, aber Lampe hielt sich nicht damit auf. Er riss die Tür auf und stürzte in den Wagen.

Der Gorilla lag mit geschlossenen Augen auf seinem Bett und zeigte kein Lebenszeichen. Lampe kniete sich neben den massiven Körper und nahm seinen Puls. Sutten war in der Tür stehengeblieben.

»Ist er …?«

»Nein, er lebt.«

Skarabäus Lampe untersuchte den Gorilla, konnte jedoch keine Verletzungen oder Male entdecken. Er schaute sich kurz in dem Wagen um und entdeckte den leeren Teebecher, der Dante aus der Hand gefallen war und neben dem Bett lag. Sofort roch der Detektiv den bläulichweißen Blitz.

»Er wurde mit Bromid vergiftet. Schnell, Sutten! Holen Sie einen Krankenwagen!«

Mittlerweile hatten sich auch die Carnies um den Wagen versammelt, aber Lampe schickte sie zurück ins Zelt. Er wusste, dass der Gorilla in diesem Augenblick um sein Leben kämpfte. Er atmete sehr flach, das Heben und Senken seines mächtigen Brustkorbes war kaum zu erkennen. Es war fraglich, ob die Ambulanz schnell genug eintreffen würde. Solange der Gorilla ohnmächtig war, war es zu gefährlich, ihn dazu zu bringen, sich zu übergeben, also versuchte der Detektiv, ihn mit Hilfe eines nassen Lappens aus der Waschschüssel aufzuwecken. Vielleicht konnte er zumindest einen Teil des Giftes, das noch in seinem Magen sein musste, aus ihm herausbekommen.

»Kommen Sie, Dante, wachen Sie auf!«, sagte er und gab dem Gorilla ein paar nasse Klapse ins Gesicht. Doch der Gorilla blieb reglos.

»Helfen Sie mir, Sutten, wir müssen ihn aufrichten.«

Gemeinsam griffen sie dem Gorilla unter die Arme und zogen mit aller Kraft. Es fühlte sich an, als wollten sie ein Gebirge verrücken. Ohne den Ohnmächtigen loszulassen, rief Sutten die Zitrusfrüchte zu Hilfe. Clementine fasste in die Kleidung des Gorillas, und als sie ihn ein Stück angehoben hatten, schob Mandarine mehrere Kissen in seinen Rücken. Skarabäus Lampe schlug dem Gorilla erneut ins

Gesicht, diesmal etwas fester. Sutten träufelte etwas Wasser direkt über Dantes Stirn, aber nichts geschah. Nach einem grässlich rasselnden Atemzug hörte der Gorilla auf zu atmen.

»Verdammt!«, schrie Lampe in einem plötzlichen Gefühlsausbruch und schlug dem ohnmächtigen Dante mit aller Kraft auf die Brust.

Die Stille, die von dem Gorilla ausging, breitete sich wie eine bleierne Decke im ganzen Wagen aus. Der Inspektor spürte, wie sie ihm an die Kehle griff. Lampe, der seine Gefühle wieder unter Kontrolle hatte, begann mit einer Herzmassage. Er arbeitete koordiniert, abwechselnd pumpte er den Brustkorb des Gorillas auf und gab ihm Atemstöße in seinen Mund. Die Sekunden dehnten sich zu Minuten und Schweißtropfen perlten von seiner Stirn. Warum atmete dieser verdammte Affe nicht?

Sutten wollte Lampe gerade anbieten, ihn abzulösen, als der Gorilla einen unendlich tiefen Atemzug tat. Unwillkürlich atmeten der Inspektor und Lampe auch ein und die extreme Anspannung der letzten Minuten ließ ein wenig nach. Dante stöhnte, seine Augenlider flatterten, blieben aber geschlossen.

»Dante! Hören Sie mich? Ich bin es, Skarabäus Lampe! Sie sind vergiftet worden und dürfen jetzt nicht schlafen, hören Sie! Bleiben Sie wach!«

Als der Gorilla keine weiteren Zeichen des Aufwachens zeigte, griff der Detektiv nach der Waschschüssel und kippte Dante den gesamten kalten Inhalt ins Gesicht. Ein schwaches Husten erschütterte den schwarzen Fleischberg, seine Atemreflexe funktionierten wieder. Seine Augen waren immer noch geschlossen, aber Skarabäus Lampe merkte, dass sie auf dem richtigen Weg waren. Bevor er weitere Erweckungsversuche unternehmen konnte, drängten ein Arzt und zwei kräftige Sanitäter mit einer Bahre in den Wagen und schmissen alle, auch Lampe, hinaus.

Vor der Tür lehnte sich der Detektiv gegen die Wagenwand, wischte sich über die Stirn und zündete sich eine Zigarette an. Die beiden Zitrusfrüchte standen daneben und der Inspektor ließ es sich nicht nehmen, beide gehörig zusammenzufalten.

Mandarine erklärte schuldbewusst, wie er den Tee geholt hatte. Nachdem Lampe einige Züge von seiner Zigarette genommen hatte, fragte er, woher der Tee kam, wer ihn gekocht und eingeschenkt hatte. In diesem Moment trugen die beiden Sanitäter den vergifteten Dante aus dem Wagen, und obwohl sie selbst große und kräftige Männer waren, einer war ein Orang-Utan, der andere ein Stier, ächzten sie unter dem Gewicht. Der Arzt hatte dem Gorilla eine Kanüle gelegt und zwei Atemschläuche steckten in seiner Nase. Schweigend schauten die vier Männer auf die Prozession. Erst dann antwortete Mandarine auf Lampes Fragen. Der Detektiv knurrte grimmig und mit zusammengekniffenen Lippen.

Darauf nahm er das große Zelt ins Visier und warf die Kippe weg.

»Kommen Sie, Sutten. Wir haben einen Mörder zu überführen«, sagte er und ging auf das Zelt zu.

Zum zweiten Mal an diesem Tag versammelten sich alle im großen Zelt mit dem einzigen Unterschied, dass jetzt alle wussten, warum Dante fehlte. Die Zirkusleute bestürmten Lampe und Sutten mit Fragen nach Dantes Zustand. Noch eine tote Führungskraft würde dieser Zirkus nicht überleben. Sie brauchten Dante – als neuen Direktor, als Kassengold, als Rückgrat. Die kleine Millie weinte.

»Hoffen Sie«, sagte Lampe mit ernster Miene. »Beten Sie, wenn Sie dafür etwas übrighaben. Ihr Kollege wird Glück brauchen. Mehr kann ich Ihnen im Moment nicht sagen. Wenn ich Sie nun bitten dürfte, sich wieder hinzusetzen.«

Er wies auf die Stühle und kurz darauf blickten ihm die siebzehn Augen von Dame Avalea, Florence, Madame Rosalie, Polonius, Dr. Johnson, Pavo, Monsieur Coteau, Millie und Sal entgegen. Skarabäus Lampe schwieg. Er stand in der Mitte des Halbkreises, die Szenerie wirkte fast wie die Bühne eines Amphitheaters. Er sah jedem von ihnen durchdringend in die Augen, in Monsieur Coteaus Fall in das Auge. Sie sollten spüren, dass es vorbei war.

Schließlich begann der Detektiv zu sprechen.

»Sie alle wissen, warum ich heute hier bin. Jemand hat Ihren Direktor Herrn Helios getötet und dieser Jemand sitzt heute Abend hier.«

Sofort erhob sich ein Raunen unter den Zirkusleuten, teils empört, teils überrascht.

»Ja, der Mörder ist einer von Ihnen. Kein Ehrenkodex und kein Guba-Gaba haben ihn davon abgehalten, seinesgleichen zu töten. Am Ende dieses Tages werden Sie die Idee vom Zirkusvolk, das als Gruppe von Ausgestoßenen, als Familie zusammenhält, überdenken müssen.«

Lampe machte eine kurze Pause.

»Herr Helios wurde ermordet, der strahlende Herr Helios. Aber warum? Sie alle haben Ihren Direktor als einnehmende Persönlichkeit geschildert. Er sah gut aus und achtete sehr auf sein Äußeres. Er war charmant, amüsant, großzügig. Jemand, der andere leicht für sich einnehmen kann, um den Finger wickeln, bezirzen. Sicher, er war auch eitel, aber im großen Ganzen war er ein sympathischer Kerl, nicht wahr?«

Die Blicke waren jetzt abwartend und gespannt.

»Und doch war das nur eine Seite an ihm. Helios war ein Feigling. Er war ein Opportunist ohne Prinzipien oder Ehre. Wo sich ein leichter Weg für ihn auftat, ging er ihn, ohne sich von moralischen Bedenken aufhalten zu lassen.«

Madame Rosalie, die hellsehende Eule, die sich schon bei dem Streit mit Monsieur Coteau für Helios ausgesprochen hatte, schlug mit der Hand auf den Tisch.

»Das ist Verleumdung! Helios war ein guter Junge!«

Monsieur Coteau, der neben ihr saß, lachte bitter.

»Eine gute Jung, dass iech niesch lach. Es ies genau wie die Hase sag, Helios war eine Schwien!«

Skarabäus Lampe hob beschwichtigend die Hände, um fortzufahren.

»Helios war vor allem unberechenbar. Solange er bekam, was er wollte, überhäufte er Sie alle mit Charme und Zuneigung. Aber er war auch ohne zu zögern bereit, seine Richtung zu ändern, wenn es unbequem für ihn wurde. Und Sie alle wussten das oder spürten es zumindest. Für niemanden galt die romantische Idee vom eingeschworenen Zirkusvolk weniger als für ihn. Es ist vermutlich nur Dante zu verdanken, dass der Direktor sich bis zu seiner Ermordung noch nicht zu der Entscheidung durchgerungen hatte, Ihnen den Zirkus unter Ihren Hintern weg zu verkaufen, und Sie wissen das.«

Gegen diese Feststellung gab es nur wenig Protest. Die drohende Übernahme des Zirkus durch das Varieté Choucas hatte sie alle bedrückt.

»Das Angebot der Hupfdohlen hätte für die meisten von Ihnen das Aus von allem bedeutet, was Ihnen in den letzten Jahren Heim, Sinn und Identität gab. Ein sehr starkes Motiv, wie auch die Polizei findet.«

Er warf einen Seitenblick auf Inspektor Sutten.

»Die Ermordung von Helios machte das Angebot der Choucas null und nichtig, denn wer immer auch von Ihnen die Leitung des Zirkus übernommen hätte, hätte sich niemals auf das Geschäft eingelassen. Der Mord brachte den Zirkus zwar in personelle Unannehmlichkeiten, Sie mussten den Posten des Direktors neu besetzen und einige Zuständigkeiten neu organisieren, aber das war ein relativ geringes Problem verglichen mit der völligen Auflösung des Zirkus, nicht wahr? Unterm Strich bedeutete Helios' Tod für Sie ein Problem weniger. Nicht für alle freilich, denn Pavo und Miniko wären von den Choucas übernommen worden, für sie war gesorgt.«

Die Information löste lautes Stimmengewirr aus. Sie war für die Zirkusleute offenbar genauso neu wie sie für Lampe gewesen war, als der Zitronenpfau ihm davon erzählte.

Ohne auf die Aufregung einzugehen, sprach der Detektiv weiter.

»Dumm nur, dass ausgerechnet Dante verhaftet wurde, nicht wahr? Er wäre als Gründungsmitglied die erste Wahl gewesen, den Zirkus weiterzuführen, eine Art natürlicher Nachfolger auf Helios' Thron. Die Indizien, die zu seiner Verhaftung geführt hatten, erwiesen sich schnell als ...«, er räusperte sich und spürte Suttens bohrenden Blick auf sich, »unvollständig und so konnte ich mit Hilfe von Dantes Anwalt Freiherr von Oben«, er schaute sich um, weil er den kleinen Fisch nicht gleich entdeckte, und wies dann mit der

Hand auf ihn, »dessen Freilassung erwirken. Was seltsam an dem Ganzen war, war die Tatsache, dass einige Indizien vorsätzlich am Tatort platziert worden waren. Jemand *wollte*, dass der Verdacht auf den Gorilla fiel. Das deutete darauf hin, dass die Sache etwas komplexer war als der Versuch, die drohende Zirkusauflösung abzuwenden.«

Alle sahen ihn jetzt gespannt an.

»Und dann die Mordmethode. Ihr Direktor wurde betäubt, gefesselt, gedemütigt, indem man ihm seine prachtvolle Mähne abrasierte, und schließlich erwürgt. Bei diesem Mord ging es um etwas sehr viel Persönlicheres als den Verkauf des Jahrmarkts.«

Wieder ging ein Raunen durch die Artisten und sie sahen einander fragend, aber auch etwas misstrauisch an.

»Und richtig: Bereits bei oberflächlicher Befragung zeigte sich, dass mehrere von Ihnen Konflikte mit Helios, und damit ein Motiv hatten. Florence zum Beispiel.«

Lampes Stimme klang ein wenig dramatischer als notwendig, sofern eine dramatische Stimme jemals notwendig war. Alle Blicke richteten sich auf das Walross, das mit einem Schlag errötet war.

»Florence. Die Bärtige Dame. Sie war als Einzige von Ihnen gleich doppelt in ihrer Existenz bedroht, denn Helios war unzufrieden mit ihrer Publikumswirkung. Auch ohne die Übernahme durch das Varieté musste Florence befürchten, ihren Job hier bei Ihnen zu verlieren, weil der Direktor plante, sie durch ein Pferd mit Schnurrbart zu ersetzen.«

Tränen stiegen der Bärtigen Dame in die Augen und sie wurde wütend.

»Aber das macht mich doch nicht zu einer Mörderin!«,

rief sie und wischte sich mit ihrem mächtigen Arm über die Augen, wobei sie zwei Gläser vom Tisch wischte.

»Ja«, sagte Skarabäus Lampe. »Ich weiß. Ohne Ihnen zu nahe treten zu wollen, aber einen so filigranen Mordplan hätten Sie mit Ihrem Format niemals in die Tat umsetzen können, ohne dass Sie dabei den halben Tatort zerlegt hätten.«

Florence schaute irritiert, weil sie nicht wusste, ob der Satz sie nun versöhnte oder wegen der Anspielung auf ihre Leibesfülle noch mehr erboste.

»Sie waren es nicht.«

Der Detektiv wandte sich dem Fakir zu.

»Als Nächstes stieß ich auf einen Soldaten der legendären Dreiviertelzwölften Armee von Ostland. Ein stolzer Mann mit Ehre und Anstand, der durch Helios' Feigheit beides verloren hat. Nicht nur verhinderte der Löwe den planmäßigen Heldentod als Palibad, sein Handeln sorgte auch noch für eine unehrenhafte Entlassung aus der Ostlandarmee. Eine schwere Schmach für einen Soldaten der Dreiviertelzwölften und mehr als Grund für persönliche Rache.«

Wie immer waren die Augen des Pfaus undurchdringlich, seine Miene unbewegt, als er Lampes Blick eisern standhielt. Spontane Gefühlsausbrüche wie von Florence entsprachen nicht seinem Wesen, er ließ sich nicht provozieren. Er wusste, was er getan hatte und was nicht, und das war das Einzige, was zählte.

»Doch obwohl Pavo ein starkes Motiv hatte, Helios für immer zu hassen, richtete sich seine Anklage gegen sich selbst. Dass er sich trotz der Demütigung, der Helios ihn ausgesetzt hatte, seinem Zirkus anschloss, zeigt einen Selbsthass, der mir nur selten begegnet ist. Hier zu arbeiten, unter

Helios, war Ihre Art der Selbstbestrafung. Mehr noch als Helios verachteten Sie sich selbst, nicht wahr, Pavo?«

Der Pfau verharrte wie aus Stein gemeißelt, nur ein dunkler Schatten über seinen Augen verriet Lampe den Aufruhr in seinem Inneren.

»Schlangenöl«, sagte der Detektiv und drehte sich abrupt zu dem Wunderheiler um. »Eine nicht nur illegale, sondern auch sehr teure Zutat, mit der Sie Ihre Tinkturen und Salben versetzen, Dr. Johnson. Auf dem freien Markt hätte das Schlangenöl Ihnen erlaubt, Ihre sogenannte Medizin zu horrenden Preisen zu verkaufen und sich so eine goldene Nase zu verdienen. Aber der gewohnheitsmäßige Einsatz dieser Substanz hätte auch ein Leben in der Illegalität bedeutet, Hand in Hand mit Drogenhändlern. Ob es ein letzter Rest Anstand oder bloß Feigheit war, die Sie davon abhielt, weiß ich nicht, aber Sie zogen es vor, mit Helios' Wissen und Duldung nur halbillegal zu leben. Ihr Deal war, dass Sie Ihre Mittelchen gelegentlich etwas ... frisieren und Ihr Direktor dafür an den Umsätzen beteiligt wurde. Aber Helios wurde immer gieriger, schraubte seinen Anteil immer höher, bis Sie merken mussten, dass die Beschaffungskosten für das Schlangenöl, Ihr persönliches Risiko und Ihre Gewinne in keinem Verhältnis mehr standen.«

Während der Detektiv sprach, tat der Dachs unbeteiligt. Er pflückte sich einige nicht vorhandene Fusel von seinem cremefarbenen Südstaatenanzug und machte ein Gesicht, als hätte dieser Monolog nicht das Geringste mit ihm zu tun.

»Möglich«, fuhr der Detektiv fort, »dass diese Gemengelage irgendwann zu Gewalt geführt hätte, wenn nicht jemand Dr. Johnson zuvorgekommen wäre. Mit Ihren Schlangenölvorräten wird sich sicher noch die Polizei beschäftigen, aber am Tod Ihres Direktors trifft Sie keine Schuld.«

Skarabäus Lampe machte eine dramatische Pause und dehnte sie künstlich aus. Jeden Einzelnen der Zirkusleute sah er prüfend an, bis sich Unruhe regte.

»Aber wer ist denn nun der Mörder?«, fragte Dame Avalea. »War es Miniko?«

Ein Lächeln über die kurzsichtige Frage erschien auf Lampes Lippen.

»Miniko. Die meisten von Ihnen vermuten zu Recht, dass Miniko etwas vor Ihnen verborgen hat. Dass sie nicht ist, wofür sie sich ausgab. Sie gehörte nie richtig dazu, hielt sich aus allem heraus, ging keine engeren Bindungen ein, obwohl einige von Ihnen ...«, er fixierte die anwesenden Männer, »... versucht haben, sich ihr zu nähern. Sie gab nie etwas von sich preis, aber man hatte immer das Gefühl, dass sie alles sah und alles hörte, ist es nicht so?«

Zustimmendes Gemurmel war die Antwort.

»Nun, Ihnen allen kann ich sagen: Sie hatten Recht mit Ihrer Einschätzung. Sie *hat* etwas verborgen.«

Mit einem lauten Poltern schlug Monsieur Coteau auf die Kisten, die als Tisch dienten. »Ha! Iech hab immer gewühs, dass sie ies ein gefahrlinge Frau!«

Lampe wandte sich ihm zu.

»Gefährlich ist sie, das ja. Aber ihr Geheimnis ist größer, viel größer als persönliche Rache. Es ist größer als dieser Zirkus und womöglich sogar größer als Überstadt. Ich bin sicher, sie und ihr Geheimnis werden der Polizei und mir noch manches Kopfzerbrechen bereiten, aber am Tod von Helios ist sie ebenso unschuldig wie Millie oder der Rabe Sal. Nein, trotz all ihrer Besonderheiten hat Miniko Ihren

Direktor nicht umgebracht. Ebenso wenig wie Monsieur Coteau, obwohl er von allen hier vielleicht das stärkste Motiv hatte.«

Die Blicke richteten sich jetzt auf den Messerwerfer.

»Die Liebe seines Lebens wies ihn nicht nur zurück, als er schwer kriegsversehrt von der Front in Romanzreich heimkehrte. Nein, er hatte sie ausgerechnet an Helios verloren, diesen attraktiven, charmanten, aber durch und durch rücksichtslosen Charakter. Mehr noch: Die kurze Romanze zwischen den beiden trug Früchte. Clarimonde wurde schwanger. Jemand wie Ihr Direktor hätte niemals zu seinen Verpflichtungen gestanden, eine Ehe mit einem einfachen romanzösischen Mädchen, ein bürgerliches Leben mit einem Kind und regelmäßiger Arbeit wäre für einen strahlenden Fantasten wie ihn absolut undenkbar gewesen. Und weil Helios immer den leichten Weg ging, machte er sich einfach aus dem Staub. Als der jungen Frau dämmerte, mit wem sie sich eingelassen hatte, ertrug sie die Schande nicht. Sie gab das Kind direkt nach der Geburt in die Obhut von Nonnen und machte ihrer unglücklichen Existenz mit Gift ein Ende. Der Verlust seiner geliebten Clarimonde traf Monsieur Coteau so schwer, dass er fortan nur noch einen Gedanken kannte: Rache. Er schloss sich Ihrem Jahrmarkt an, um Helios irgendwann dafür büßen zu lassen, dass er ihm alles genommen hatte, was sein Leben mit Licht erfüllte.«

»Moment«, sagte Florence. »Aber sagten Sie nicht gerade eben, Monsieur Coteau hat Helios *nicht* getötet?«

»Das hat er auch nicht.«

»Also, dann verstehe ich jetzt gar nichts mehr«, schloss das Walross und schaute verwirrt zwischen Lampe und Coteau hin und her.

Die Pause, die entstand, war gleichsam eine Schweige-
minute für eine tote junge Frau. Der Messerwerfer wischte
sich über sein Auge und unterdrückte ein Schluchzen.
Betroffenheit und Ratlosigkeit stand in den Gesichtern
der Zirkusleute. Als der Detektiv weitersprach, war seine
Stimme ruhig und leise.

»Sie war deine Mutter, nicht wahr, Polonius?«

Alle Köpfe drehten sich zu dem Angesprochenen herum
und Laute der Überraschung erfüllten das Zelt. Der junge
Fuchs schreckte auf, seine Augen irrlichterten auf der Suche
nach einer Antwort umher, fanden aber nichts Brauchbares.

»Weiß nicht, was Sie meinen, ich komm' vom Hafen, das
wissen Sie doch.«

Lampes Stimme wurde noch sanfter, als er antwortete.

»Es ist vorbei, Polonius. Ich habe ihr Tagebuch.«

Ohne etwas zu sagen, verbarrikadierte sich der Fuchs hinter einer grimmigen Miene und verschränkte die Arme vor
der Brust. Monsieur Coteau, der neben Polonius saß, sah
ihn an und eine Mischung aus Schmerz und Liebe zeigte
sich auf seinem Gesicht. Hier war das Einzige, was es noch
von seiner Clarimonde gab, direkt neben ihm, zum Greifen nah.

»Deine Mutter war von dem, was ihr Helios angetan
hatte, so verletzt und beschämt, dass sie sich keinen anderen Ausweg wusste, als dich auf der Türschwelle eines
Nonnenklosters auszusetzen. Sie hatte dem Körbchen ein
Foto und ihr Tagebuch beigegeben, weil sie wollte, dass du
irgendetwas behältst, was dich an sie erinnert. Und weil sie
wusste, dass sie dir nicht mehr geben konnte.«

Da Polonius auch weiterhin schwieg, fuhr der Detektiv fort.

»Natürlich gaben die Nonnen dir das Buch nicht. Anfangs warst du zu klein, später, nachdem sie dir eine grundlegende Schulbildung gegeben hatten, waren sie vermutlich der Meinung, die Lektüre sei nichts für ein Kind. Hast du es zufällig gefunden? Wie dem auch sei – als es dir in die Hände fiel, traf es dich wie ein Schlag. Du kannst nämlich sehr gut lesen und schreiben, auch wenn du versucht hast, mich mit dem ältesten Trick der Welt vom Gegenteil zu überzeugen. Die Nonnen entdeckten, dass du das Tagebuch deiner Mutter gesehen hattest, und nahmen dir beides wieder weg, doch der Fluchtplan, der in dir zu reifen begann, blieb dein Geheimnis. Und eines Nachts gelang es dir, aus dem romanzösischen Kloster wegzulaufen. Die folgenden Jahre verbrachtest du wie alle entwurzelten Kinder: Bettelei, Taschendiebstahl, Obdachlosigkeit. Aus dem Tagebuch wusstest du, dass Helios aus dem Norden kam, also machtest du dich auf den Weg dorthin. Mit einem Schiff kamst du schließlich nach Überstadt und verdientest dir am Hafen als Handlanger zwielichtiger Gestalten deine Sporen, die in diesem Fall ein auffälliger Türkisohrring waren. Du warst in Schmuggeleien verstrickt, die dir – unter anderem – Zugang zu unbezahlbaren Köstlichkeiten wie Pistazien ermöglichten. Du verlorst deinen romanzösischen Akzent und eignetest dir diesen vernuschelten Hafenslang an. Und dann tauchten vor ein paar Jahren plötzlich überall die Plakate des Wanderzirkus auf und du wusstest sofort, dass du deinen Vater gefunden hattest, nicht wahr? Deine ungewöhnliche Haut schien plötzlich wie ein Wink des Schicksals, sie war es, die dir Zugang zu dem Zirkus verschaffte. Das, was jeder in deinem Umfeld für eine unappetitliche Hautkrankheit hielt, machte dich zu einem idealen Bewerber für Helios' Sammlung seltsamer Attraktionen.«

Bei diesen Worten zeigte sich Überraschung im Gesicht des Fuchses.

»Ganz recht, Polonius. Du bist nicht krank. Im Gegenteil. In der Blutlinie deiner Mutter gab es berullische Nackthunde, das ging aus den Abstammungsunterlagen hervor, die mir die romanzösischen Behörden freundlicherweise zur Verfügung gestellt haben. Berullische Nackthunde sind eine edle Rasse, der man in ihrer Heimat viel Bewunderung entgegenbringt. Der Zufall spülte dieses Erbe bei deiner Zeugung an die Oberfläche und du kamst ohne ein einziges Haar am Körper zur Welt. Niemand wusste davon, noch nicht einmal deine arme Mutter, aber du hast wahrscheinlich edlere Vorfahren als wir alle zusammen, eingeschlossen Helios, der so stolz darauf war, der König der Tiere zu sein.«

Die Atmosphäre in dem großen Zelt war zum Zerreißen gespannt, alle Augen waren auf den Detektiv und den Fuchs gerichtet.

»Vor geraumer Zeit bist du schon einmal bei ihm vorstellig geworden, um dich unter dem Vorwand, eine von seinen Attraktionen werden zu wollen, in den Zirkus einzuschleusen. Er erkannte dich nicht, sah nicht die Ähnlichkeit mit deiner Mutter. Für ihn warst du nur eine weitere Existenz, die er in klingende Münze umzuwandeln gedachte. Aber noch fand er dich zu jung. Außerdem befürchtete er vermutlich, dass sich an deiner Haarlosigkeit mit Einsetzen der Geschlechtsreife doch noch etwas ändern könnte. Er schickte dich wieder weg. Du musstest eine quälend lange Zeit abwarten, bevor du ihn erneut fragen konntest. Doch so sehr dich das Warten auch quälte, so gab es dir auch die Gelegenheit, einen formvollendeten Racheplan auszuarbeiten. Das Angebot des Varieté Choucas hätte deinen Plan durchkreuzt, doch Helios' Gier kam dir zu Hilfe. Solange er sich noch nicht entschieden hatte, war er entschlossen, alles zu Geld zu machen, was sich ihm darbot. Und du warst neu, unverbraucht, einen nackten Fuchs hatte nicht jeder Zirkus.«

Im Hintergrund bekam Inspektor Sutten plötzlich einen Hustenanfall und Lampe sah sich verärgert zu ihm um. Der Beagle hob entschuldigend die Hände, ließ sich von Wachtmeister Mandarine ein Glas Wasser geben, das er in einem Zug leer trank.

»Wo war ich? Richtig. Dein Plan sah vor, deinen Vater zu ermorden und Dante dafür bezahlen zu lassen. Denn der Gorilla war es, der Helios damals in Romanzreich dazu angestiftet hatte, das Land zu verlassen, ohne sich noch einmal umzudrehen, und hierzulande einen Wanderzirkus zu gründen. Dante ist ein guter Kerl, viel anständiger als sein Kompagnon, aber damals war auch er nur ein junger Mann, der sich nach den Kriegswirren nach Zerstreuung und Lebenslust sehnte. Ich bezweifle, dass er von Clarimondes Schwangerschaft wusste, als er Helios den Vorschlag machte, alles hinter sich zu lassen und neu anzufangen. Er hielt das junge Mädchen für eine von Helios' vielen oberflächlichen Eskapaden. Clarimonde wusste das nicht, für sie war er die treibende Kraft hinter Helios' Weggang. Ihr verletztes Herz wollte nur zu gern glauben, dass der Direktor sie nicht aus eigenem Antrieb verlassen hatte. Und weil sie es so in ihr Tagebuch schrieb, glaubtest auch du, dass der Gorilla ebenso Schuld daran war, dass du ohne liebende Eltern aufwachsen musstest, wie Helios selbst. Dass es wenige Tage, bevor du deinen Plan in die Tat umsetztest, Streit zwischen Dante und deinem Vater gegeben hatte, spielte dir förmlich in die Karten.«

Mittlerweile starrte Polonius nur noch brütend vor sich hin.

»Die Garotte war leicht herzustellen. Alles, was du brauchtest, waren zwei kleine, aber stabile Holzstücke und etwas Draht. Mit dieser Waffe wäre es auch für einen schmächtigen Jungen wie dich ein Leichtes, Helios zu töten. Doch selbst mit Garotte musste der 300-Pfund-Löwe erst einmal überwältigt werden, und so bedientest du dich fröhlich aus dem Fundus deiner Zirkuskollegen. Von Florence kam das Rasiermesser, von Madame Rosalie der Handspiegel, von Pavo der Fesselstrick und von Dame Avalea das Schlafmittel.«

Die Schwertschluckerin, die bis zu diesem Augenblick der Meinung gewesen war, dass niemand etwas von ihrer Abhängigkeit wusste, schaute erschrocken und prüfte verstohlen, ob etwas von ihrem Ausschlag zu sehen war.

»Die Tatsache, dass du seit deiner Ankunft im Zirkus reihum die Wagen mit den anderen teilen musstest, erleichterte den Diebstahl. Du konntest dich frei bewegen und hattest genug unbeobachtete Momente, um dir deine Hilfsmittel zusammenzusammeln.«

»Aber warum musste er die Dinge von uns stehlen? Wenn sein Plan so ausgeklügelt war, warum hat er das alles nicht mitgebracht?«, warf Dr. Johnson ein und zustimmendes Gemurmel der anderen bekräftigte den Einwand.

»Die geteilten Wagen waren Fluch und Segen gleichermaßen, denn so ungestört wie Polonius Ihre Sachen durchstöbern konnte, hätten Sie es umgekehrt natürlich auch gekonnt. Ein Rasiermesser bei einem angeblich von Geburt an haarlosen Fuchs zu finden, hätte ihn sicher in hohem Maße verdächtig gemacht. Nicht als Mörder zwar, aber als Hochstapler, der Ihnen etwas vormachte, was er nicht war.

Er wollte nicht riskieren, gleich wieder rausgeschmissen zu werden, kaum dass er bei Ihnen Fuß gefasst hatte. Da die Gegenstände, die er für die Umsetzung seines Planes benötigte, allesamt Alltagsgegenstände waren, konnte er sich darauf verlassen, sie hier vorzufinden. Und genau so war es ja auch.«

Langsam schritt der Detektiv das Halbrund der Kisten ab, hinter denen die Zirkusleute saßen. Er hatte Lust auf eine Zigarette, aber rauchen störte die Inszenierung. An Polonius gewandt sprach er weiter.

»Du suchtest ihn am fraglichen Abend unter einem Vorwand in seinem Wagen auf. Er hatte schon etwas Wein getrunken und du hattest keine Mühe, ihm unbemerkt das Schlafmittel in sein Glas zu schütten. Als er immer träger wurde, fesseltest du ihn an den Stuhl und begannst dein grausames Spiel. Hast du ihm erzählt, wer du bist, wer er ist, während du ihm seine Mähne abrasiertest?«

Es dauerte einen Augenblick, bis der Fuchs antwortete. Seine Kiefer arbeiteten, sein Gesicht war so verschlossen wie zuvor. Schließlich hob er den Blick und sah Skarabäus Lampe direkt an. »Er wusste zuerst nicht, von wem ich sprach, als ich ihm den Namen meiner Mutter nannte. Ich musste ihm minutenlang Details aufzählen, die ich aus dem Tagebuch hatte, bis er sich erinnerte. Sie war ein Nichts für ihn, keine Person mit Gefühlen. Das Schwein hatte den Tod verdient.«

Bei Polonius' Erzählung stöhnte Monsieur Coteau neben ihm schmerzerfüllt auf. Er unterdrückte den Impuls, den Jungen zu umarmen.

Lampe lächelte mitfühlend.

»Da saß er nun, dieser Schuft, der dein Vater war, und du

hast ihn gedemütigt, wie er deine Mutter und viele der hier Anwesenden gedemütigt hat.«

»Er hat gebettelt wie ein Baby, hat mir sogar Geld geboten. Ich sollte nach der Übernahme eine Beteiligung erhalten, er wollte extra den Vertrag ändern lassen. Aber ich hasste ihn nur noch mehr für seine armseligen Versuche, sich zu retten. Ich hatte eigentlich vor, viel länger mit ihm zu spielen, die halbe Nacht wollte ich ihn foltern, aber bereits nach wenigen Minuten hat mich sein Gewinsel so angeekelt, dass ich ein Ende machte.«

Mit einem Seufzen rutschte die kleine Millie ohnmächtig von ihrem Stuhl. Madame Rosalie und Dr. Johnson kümmerten sich um sie und legten ihre Beine hoch. Der Dachs fächelte ihr mit seinem Südstaatenhut Luft zu.

»Und danach hast du Dantes Unterhemd versteckt, damit der Geruch die Polizei auf eine falsche Fährte führt. Aber es lief nicht wie geplant. Freiherr von Oben erlaubte sich, mich um Hilfe zu bitten, und mir war sofort klar, dass hier etwas nicht stimmte. Als ihr erfuhrt, dass wir Dantes Freilassung beantragt hatten, musstest du improvisieren.«

Am Zelteingang gab es Tumult. Clementine und Mandarine versuchten, jemanden zurückzudrängen, der offenbar nicht beabsichtigte, sich zurückdrängen zu lassen.

Einen Moment später standen Mamsy und Teddy im Zelt. Vielmehr saß Teddy, denn Helene schob ihn in seinem Rollstuhl.

»Es tut mir leid, Junge«, rief Helene, »aber er hat keine Ruhe gegeben!«

»Sind wir zu spät?«, krähte Teddy und Skarabäus Lampe verdrehte die Augen. Dann drehte er sich wieder um, um mit seiner Marotte fortzufahren.

»In einem Verzweiflungsakt hast du versucht, wenigstens Monsieur Coteau in den endgültigen Untergang zu schicken, indem du ihm deine Garotte untergeschoben hast. Danach bist du abgehauen und hast Zacharias Bärlein, meinen Partner, entführt. Du hast ihn gezwungen, Huhn zu essen, verbotenes Fleisch, und ihn damit in ein moralisches Dilemma gebracht, das eindeutig drei Nummern zu groß ist für einen Siebenjährigen.«

»Was, der hat mich entführt?!«, rief der kleine Kater, als er mitbekam, an wen Lampes Anklage ging. Auf dessen strafenden Blick hin verstummte er wieder.

»Ohne Minikos Feuer und Hinweis hätten wir Zacharias womöglich nicht gefunden. Doch auch, wenn seine körperlichen Verletzungen Minikos Schuld sind, trägst du die alleinige Verantwortung dafür, dass er sich in dieser Situation befand. Sieh dir ruhig an, was du aus ihm gemacht hast.«

Lampes Stimme hatte jetzt einen Anflug von Wut, weil ihm der Moment, in dem er den zerschmetterten Körper des kleinen Katers gefunden hatte, in den Sinn kam.

»Wir kamen gerade noch rechtzeitig, um Teddy zu retten. Aber ...«, er schaute kurz auf den Kater und beschloss, dass er ihn nicht länger schonen konnte. »Aber Wachtmeisterin Mops konnten wir nicht retten. Sie hatte dich beim Feuer gesehen und in deiner blinden Panik hast du sie erschlagen, als sie dir bei deiner Flucht immer näherkam.«

Teddys Augen weiteten sich vor Entsetzen, aber bevor er etwas sagen konnte, drückte ihn Mamsy, um ihn zu trösten, in die weichen Rundungen ihres Körpers.

»Zwei Morde gingen jetzt auf dein Konto. Zwei Morde, Polonius. Doch anstatt es dabei zu belassen und für immer aus der Stadt zu verschwinden, kamst du noch einmal zurück. Dass Dante frei war, ließ dir keine Ruhe, und so versuchtest du, auch ihn zu töten. Durch den Polizeischutz hattest du nicht so viele Möglichkeiten wie bei Helios, es blieb dir nur ein Becher mit unpersönlichem Gift. Dante würde nie erfahren, warum er sterben musste, aber das war jetzt unwichtig. Wieder setztest du das bromidhaltige Schlafmittel von Avalea ein, doch du schätztest die Dosis falsch ein. Fünfhundert Pfund gut trainierte Gorillamuskeln sind etwas anderes als dreihundert Pfund schlaffes, selbstzufriedenes Löwenfleisch. Dante lebt – noch –, aber für dich ist der Weg hier zu Ende.«

Schweigen legte sich über das Manegenrund, niemand wusste etwas zu sagen. Eine seltsame Mischung aus Schock und Betroffenheit hatte die anwesenden Artisten gelähmt. Doch der Moment währte nicht lange, denn Polonius, der die ganze Zeit wie versteinert dagesessen hatte, handelte jetzt blitzschnell. Er griff sich ein Buttermesser, das noch von der letzten Besprechung auf einer der Kisten lag, nahm Monsieur Coteau in den Schwitzkasten und hielt ihm das Messer unter sein unversehrtes Auge.

»Niemand bewegt sich, sonst wird Coteau nie wieder etwas sehen können! Helios war ein Mistkerl, ich habe die Welt besser gemacht, indem ich sie von ihm befreit habe, und ich werde nicht dafür ins Gefängnis gehen!«

Langsam bewegte er sich in Richtung Zeltausgang und zog den entsetzten Messerwerfer mit sich. Vorsichtig und ohne hastige Bewegungen schob sich Skarabäus Lampe in seinen Weg.

»Ich weiß, dass du nicht zögern würdest, Monsieur Coteau zu verletzen«, sagte er mit ruhiger Stimme. »Aber du solltest wissen, dass er gänzlich unschuldig am Leid Deiner

Mutter ist. Niemand in dieser ganzen unglückseligen Geschichte hat so viel getan wie er, um sie zu retten. Er hat ihr angeboten, für euch beide zu sorgen. Obwohl du nicht sein Kind warst. Aber deine Mutter wollte es nicht. Er hat nach ihrem Tod versucht, dich zu sich zu holen, und nachdem die Nonnen ihm das verwehrten, wenigstens herauszufinden, wer und wo du bist.«

Langsam streckte Lampe seine Hand in Richtung des Messers aus.

»Hätten deine Mutter oder die Nonnen sich anders entschieden, wäre Monsieur Coteau jetzt der einzige Vater, den du je kennengelernt hättest.«

Polonius' Hand, die das Messer hielt, begann zu zittern. »Dieser Mann«, fuhr der Detektiv fort, ohne den Fuchs eine Sekunde aus den Augen zu lassen, »hatte viel Liebe zu geben. Liebe für eine Frau, aber auch für ein Kind, das er bereit war aufzuziehen wie sein eigenes. Doch er wurde abgewiesen, immer wieder, bis nur noch sein Hass auf Helios ihn am Leben hielt. Am Ende war er so allein wie du. Nur zu, Polonius, stich ihm das Auge aus, dem Mann, mit dem dich mehr verbindet als mit deinem leiblichen Vater oder irgendeiner anderen Person hier.«

Verzweiflung mischte sich in Polonius wütenden Blick und seine Stimme wurde leiser.

»Aber Helios hatte den Tod verdient.«

Lampe machte einen weiteren behutsamen Schritt auf Polonius und seine Geisel zu. »So einfach ist es nicht und das weißt du auch. Vor einer anderen Moral war Helios zweifelsohne ein Mistkerl und womöglich hatte er vor ihr auch den Tod verdient, aber vor dieser, die sich in einem Gesetzbuch ausdrückt, hatte er sich außer ein paar Betrügereien und den gelegentlichen Schlangenölpanschereien von Dr. Johnson nichts zuschulden kommen lassen, und du hast ein schweres Verbrechen begangen, als du ihn getötet hast. Komm, gib mir das Messer.«

Die Schultern des Fuchses sackten ein wenig herab. Einen Moment noch hielt er Lampes Blick stand, dann gab er auf.

Die beiden Zitrusfrüchte, die sich dem Mörder während der letzten Minuten unauffällig genähert hatten, griffen sofort seine Arme von hinten und legten ihm Handschellen an. Es war vorbei.

Als wären sie alle aus einem üblen Traum erwacht, kam plötzlich wieder Leben in die anderen Zirkusleute. Laute der Erleichterung, aber auch des Mitleids waren zu hören. Florence, die Bärtige Dame, tupfte sich einige Tränen aus dem Gesicht, wobei sie eine Kiste umstieß, Mamsy schluchzte hemmungslos und Millie, die sich nach ihrer Ohnmacht wieder auf ihren Platz gesetzt hatte, sank erneut seufzend zu Boden.

Inspektor Sutten klopfte Skarabäus Lampe auf die Schulter und wies die Wachtmeister Clementine und Mandarine an, Polonius abzuführen. Alle, bis auf Dr. Johnson, der Millie mit einem Fläschchen Riechsalz vor der Nase wedelte, gingen mit hinaus. Mittlerweile war es stockfinstere Nacht und nur die kalten Scheinwerfer des Polizeiwagens sowie die bunten Lampions spendeten etwas Licht.

Monsieur Coteau löste sich aus der Menge und ging auf Polonius zu. Inspektor Sutten wollte ihn zurückhalten, wurde aber seinerseits von Lampe zurückgehalten. Der Messerwerfer legte dem Jungen mit der Menschenhaut seine verbliebene Hand auf die Schulter.

»Iech hab dein Mutter gelieb, Jünge«, er machte eine Pause, »und diesch hatte iech auch gelieb, wann man miech gelasst hatte.«

Florence schluchzte laut auf und selbst Skarabäus Lampe hatte das Gefühl, dass sein Hemdkragen plötzlich enger geworden war. Dann fuhr das Automobil mit dem gefassten Mörder ab und zurück blieb nur Dunkelheit. Mamsy stellte sich mit dem Rollstuhl neben den Detektiv und Teddy schob seine kleine Hand in Lampes große. Niemand sagte etwas, aber das war auch nicht nötig.

ABSCHIEDE

Junge, wie siehst du wieder aus?!«, rief Mamsy, als er aus seinem Schlafzimmer kam.

Er warf einen Blick in den großen Spiegel im Flur und fand sich eigentlich ganz passend gekleidet. Er trug seinen rosa Anzug, dazu ein weißes Hemd und eine rosa Fliege. Aber Mamsy, ebenfalls ganz in Rosa gekleidet, stürmte auf ihn zu, als sähe er aus wie ein Obdachloser. Sie zupfte seinen Hemdkragen zurecht, der sich minimal in der Fliege verheddert hatte, leckte sich die Finger an und strich einen Fellwirbel auf seinem rechten Ohr glatt. In solchen Momenten fühlte sich der Meisterdetektiv Skarabäus Lampe wie ein Fünfjähriger und verhielt sich entsprechend.

»Bäh, nicht anlecken«, protestierte er und wischte sich angewidert das Ohr ab, wodurch der Wirbel wieder in Aufruhr geriet.

Teddy kam mit seinem Rollstuhl aus der Stube und blickte finster drein. Auch er trug Rosa, genauer eine rosa Weste und ein rosa Halstuch über weißem Hemd.

»Mann, Mamsy«, maulte er, »das juckt überall. Muss ich das wirklich anziehen?«

Helene sah ihn mit strengem Blick an.

»Du musst und du wirst, Zacharias, du willst Wachtmeisterin Mops doch auch die letzte Ehre erweisen. Na, siehst du. Also sei brav, zupf nicht immer an deinem Tuch herum und hör um Himmels willen auf, dich ständig zu kratzen. Die Leute werden noch denken, wir hätten Flöhe im Haus!«

Als sich Lampe und Teddy schließlich in einem Zustand befanden, in dem das Kindermädchen sich mit ihnen blickenlassen konnte, riefen sie ein Motortaxi. Es war etwas umständlich, den kleinen Kater, dessen Bein immer noch in dem hüfthohen Gips steckte, auf die Rückbank zu bugsieren und den Rollstuhl auf dem Dach festzuschnallen, aber schließlich saßen sie alle drin und konnten zum Polizeipräsidium fahren.

Der Polizeipräsident hatte sich erst geweigert, eine förmliche Trauerfeier für Wachtmeisterin Mops auszurichten. Sie hatte der Glaubensgemeinschaft der Pröken angehört und deren Begräbnisriten waren aufwändig und damit teuer. Erst als die gesamte Belegschaft des Präsidiums Geld für die Trauerfeier spendete, und auch Skarabäus Lampe einen nicht unerheblichen Teil der Kosten übernahm, gab der Präsident klein bei.

Im Prokentum war es Sitte, die verstorbene Person zu verbrennen und ihre Asche in siebenunddreißig kleinen Portionen mit Lampions in die Atmosphäre aufsteigen zu lassen. Spätestens bei Wolkenkontakt lösten sich die Papierballons auf und entließen die Asche in den Himmel. Für eine prökische Bestattung war trockenes Wetter vorgeschrieben, weshalb die Verstorbenen vor allem im Herbst und Winter mitunter längere Zeit in der städtischen Leichenhalle gelagert werden mussten. Selbst leichte Niederschläge erhöhten das Risiko, dass die Lampions zu früh zerfielen und sich die Asche auf die Bewohner von Überstadt legte, was nicht nur zu unschönen Niesanfällen führte, sondern auch zu einem gewissen Ekel vor dem Umstand, von den Überresten einer toten Person berieselt zu werden.

Die siebenunddreißig Lampions mit der darin enthaltenen Asche wurden zu gegebener Zeit in einer langen Prozession zum Friedhof gebracht, was regelmäßig zu Verkehrsbehinderungen führte. Aus all diesen Gründen lehnten viele Bewohner Überstadts die ungewöhnlichen Rituale ab und forderten immer wieder ein Verbot des Prokentums.

Einen festen Bestattungsort brauchten Pröken eigentlich nicht; theoretisch konnten die Gläubigen ihre verblichenen Liebsten im eigenen Garten in den Himmel schicken. Doch das war selbst der Magistratur zu viel Freiheit und so einigte sie sich mit der Religionsvorsteherin darauf, dass prökische Beerdigungen nur vom Zentralfriedhof aus durchgeführt werden durften.

Um dem Verbot zu entgehen und weil für eine formvollendete Zeremonie viel Arbeit und ein günstiger Wetterzufall nötig waren, erklärten sich viele Pröken einverstanden, lediglich eine symbolische Portion Asche in den Himmel steigen zu lassen und sich den Rest in einer Urne auf den Kaminsims zu stellen. Dass für eine Polizeibeamtin das volle Programm aufgefahren wurde, veranlasste einen Schreiberling des »Mutigen Anarchisten« anderntags, einen empörten Leitartikel über die Sonderstellung der Polizei zu verfassen und Überstadts Bevölkerung zu mehr Ungehorsam aufzurufen.

Mops' Trauerumzug startete am Polizeipräsidium, wo Inspektor Sutten eine bewegende Rede über ihr Pflichtgefühl und ihren Respekt sowohl vor dem Gesetzbuch als auch vor der Bevölkerung Überstadts hielt. Die Polizeibeamten mussten zwar nach Vorschrift ihre dunkelblaue Uniform tragen, doch fast alle hatten eine rosa Armbinde angelegt. Einige Polizeihunde salutierten am Ende der Ansprache, während andere sich unauffällig über die Augen wischten. Als Nächstes waren fünf Salutschüsse vorgesehen, aber auf dem Revier gab es zur Zeit nur drei Schusswaffen, von denen eine eine Ladehemmung hatte. Die restlichen Beamten konnten nur ihre Bananen in die Luft werfen. Auf den Resten des Bananensaluts rutschten im weiteren Tagesverlauf sieben Bürgerinnen und Bürger aus, was den Proteststurm gegen die Polizei in den folgenden Tagen noch weiter befeuerte.

Langsam setzte sich der Tross Richtung Zentralfriedhof in Bewegung, abwechselnd schoben Mamsy und Lampe Teddys Rollstuhl. Neben ihnen ging Inspektor Sutten und hinter ihnen die beiden Zitrusfrüchte. Die Sonne hatte ungewöhnlich viel Kraft nach dem nasskalten Wetter der letzten Zeit und überall zeigte sich Schweiß auf den Gesichtern der Trauernden.

Niemand sprach, nicht einmal Teddy, der sonst zu allen Ereignissen seiner unmittelbaren Umgebung etwas beizutragen hatte. Man spürte, dass dies nicht nur eine Trauerfeier der Form halber war, sondern dass alle Anwesenden die kleine, dicke Wachtmeisterin Mops aufrichtig gerngehabt hatten.

Ein baumloser Grashügel war die Stelle auf dem Friedhof, von wo aus die Lampions üblicherweise steigengelassen wurden.

Hier stoppte der Umzug, alle versammelten sich um die höchste Stelle des Hügels und die Lampionträger traten vor. Sie hielten die halboffenen Ballons vor sich und entzündeten ein kleines Licht darin, ließen sie jedoch noch nicht steigen.

Ein prökischer Priester sprach das Totengebet auf Prik-kisch, der traditionellen Sprache des Prokentums. Keiner der Polizisten verstand das Gebet, aber sie alle waren dankbar für den Einblick in Mops' Kultur, den sie im Leben nicht bekommen hatten. Mops war nicht nur eine Frau und gute Polizistin, sie war auch eine spirituelle Person, die die Regeln und Gepflogenheiten ihrer Religion gewissenhaft befolgt und ausgeführt hatte. Während ihres Polizeidienstes hatte sie an bestimmten Tagen fleischliche Nahrung abgelehnt, womit ihre meist männlichen Kollegen sie immer wieder aufzogen. Nun, da sie die würdevolle Zeremonie erlebten, tat ihnen ihre Respektlosigkeit leid.

Das letzte Wort des Priesters verklang und der prökische Teil der Trauergemeinde stimmte ein schwermütiges Lied an. Das war das Zeichen für die Lampionträger und siebenunddreißig Portionen Mops stiegen auf in den ewigen Frieden des Sonnenscheins.

Als Lampe, Mamsy und Teddy anschließend langsam den Hügel hinabgingen, sprach Teddy zum ersten Mal, seit sie das Haus heute Vormittag verlassen hatten. Er hatte der Zeremonie ebenso sprachlos und respektvoll beigewohnt wie alle anderen auch.

»Du, Skarabäus? Warum schießen diese Pröken ihre Toten in den Wind?«

Der Detektiv musste über die Formulierung lächeln. »Sie schießen sie nicht in den Wind, Teddy, sie sorgen dafür, dass sich die Energie ihrer Toten frei entfalten kann. Sie glauben an etwas, das sie Energieerhaltungssatz nennen. Danach sind Leute nichts als Energie, die nach dem Tod frei wird.«

»Hä? Das verstehe ich nicht. Wir sind doch da, man kann uns sehen und anfassen.«

»Das ist richtig, aber Pröken glauben, dass unsere physische Existenz nur ein vorübergehender Zustand beim ewigen Wandel der Energieformen ist.«

»Was haben jetzt Füße damit zu tun?«

»Nicht Füße, Teddy, *physisch*. Das bedeutet unsere feste Form, wenn du so willst. Das, was du sehen und anfassen kannst. Im Prokentum ist diese feste Form nur vorübergehend, davor und danach hat die Energie andere Formen. Es gibt Wärmeenergie, Bewegungsenergie und eben Bindungsenergie, wenn wir fest oder physisch sind. Nach prökischer Überzeugung kann die Energie besser ihre Form ändern, wenn sie nicht in einem tiefen Loch vergraben ist, also lassen sie ihre Toten fliegen. So hoch, wie es geht. Die Winde und Temperaturen dort oben bewirken, dass die Totenenergie frei und ohne jeden Widerstand zu dem werden kann, was sie eben werden soll. Im prökischen Glaubenssystem geht keine Energie jemals verloren, sie wandelt sich nur immer in andere Formen.«

Teddy schwieg einen Moment nachdenklich.

»Weißt du eigentlich, was aus dieser toten Schwalbe geworden ist, die euch den Weg gezeigt hat?«, fragte er dann.

Wieder lächelte Skarabäus Lampe, denn er ahnte, welche Richtung dieses Gespräch nahm. »Sie liegt, soweit ich weiß, noch in der Gerichtsmedizin, aber ich frage gerne Inspektor Sutten, wenn du möchtest.«

»Ja, bitte«, sagte Teddy mit einer Stimme, die irgendwie belegt klang. »Sie hat mich doch irgendwie gerettet und ich möchte gerne, dass ihre fysische Energie frei werden kann.«

Lampe streichelte dem kleinen Kater liebevoll über den Kopf.

»Weißt du, die Schwalbe gehörte zu den Vogelfreien, die

beinahe alle Gepflogenheiten unserer Gesellschaft ablehnen. Ich bin nicht sicher, ob wir sie einfach so nach unseren Regeln bestatten können. Ich kläre das mit der Vereinsvorsitzenden der Vogelfreien und frage, ob sie etwas dagegen hat, dass du die Schwalbe so bestattest. Einverstanden?«

»Hmhm«, machte Teddy und es klang nach einem sehr schweren Herzen.

Am Friedhofstor wartete bereits das Taxi, das sie wieder nach Hause bringen sollte. Diesmal hatten sie schon etwas Übung mit Teddys Gipsbein und es war leichter, ihn und seinen Rollstuhl zu verstauen. Nachdem auch Mamsy sich auf die Rückbank neben Teddy gequetscht hatte, ging Lampe um das Auto herum, um auf dem Beifahrersitz Platz zu nehmen. Doch etwas ließ ihn zögern. Ein diffuses Gefühl, beobachtet zu werden, kroch ihm den Nacken hinauf. Er schaute die Straße hinauf und hinunter, konnte aber nichts Ungewöhnliches entdecken. Auch hinter den Fenstern auf der anderen Straßenseite hinter ihm war nichts zu sehen.

Schließlich entdeckte er sie.

Der Tätowierte Tod stand hinter einem fast mannshohen Grabstein und sah ihn an. Sie stand absolut bewegungslos und wirkte beinahe wie eine Statue. Sofort spürte der Detektiv das elektrische Kribbeln in jeder seiner Nervenzellen. Sein Fell richtete sich auf und Minikos atemberaubender Geruch rief sich ihm ins Gedächtnis. Er fragte sich, ob sie bereits hinter dem Stein gestanden hatte, als er ihn mit Helene und Teddy passiert hatte. Er machte einen Schritt auf die Eidechse zu und streckte die Hand nach ihr aus, aber sie verschwand sofort hinter dem Stein und Skarabäus Lampe wusste, dass er sie niemals wiedersehen würde, wenn sie es nicht wollte. Es hatte keinen Sinn, die Verfolgung aufzunehmen. Nachdenklich und ein wenig durcheinander setzte er sich in das Taxi, das sie nach Hause fuhr.

Im Unterhaltungsteil des Stadtanzeigers las Lampe vier Tage später, dass der Gorilla Dante gesund aus dem Krankenhaus entlassen worden war und der Zirkus, der nun unter dem Namen DIE GLORREICHEN SIEBEN firmierte, wieder Vorstellungen gab. Der Name zeigte, dass die Zirkusleute sich von der Unternehmenshierarchie verabschiedet und tatsächlich eine Gesellschafterführung eingerichtet hatten. Inspektor Sutten hatte Dr. Johnson unter der Bedingung, künftig auf Schlangenöl zu verzichten, noch einmal davonkommen lassen. Ein gutes Ende. Für alle.

»Was macht Teddy denn da?«

Helene war von ihrem Platz am Kamin aufgestanden und blickte durchs Fenster in den Garten. Lampe stand ebenfalls auf und stellte sich neben sie. Teddy befestigte gerade ein winziges Beutelchen Asche am Boden einer Art Papiertüte. Danach stülpte er die Tüte um und schnitt ein Loch hinein, das groß genug für seine Hand war. Jetzt erkannte auch Mamsy, was es war, und bekam feuchte Augen.

»Ach, der gute Junge.«

Der kleine Kater wollte das Lichtchen anzünden und es kostete ihn einige Mühe, mit beiden Händen ein Streichholz anzureißen, ohne dass der Lampion umfiel. Helene wollte hinauslaufen und ihm helfen, aber Lampe hielt sie am Arm zurück.

»Lass nur, Mamsy, es ist wichtig für ihn, dass er das allein tut.«

Schließlich brannte das Licht und nach ein paar Augenblicken spürte Teddy, dass der Auftrieb durch die warme Luft reichen würde. Er ließ den Lampion los und er stieg in den Himmel, der bereits erste Zeichen von Abenddämmerung zeigte. Mit seinem gesunden Arm winkte er dem Lampion nach.

»Weißt du, Junge«, sagte Mamsy, »ich habe nachgedacht.«

Ihr Ziehsohn Skarabäus Lampe lächelte sie an. »Und zu welchem Schluss bist du gekommen?«

»Ich habe gedacht, vielleicht … ja, vielleicht solltest du Zacharias doch adoptieren.«

Immer noch lächelnd blickte der Detektiv jetzt wieder auf Teddy, der dem Flug des Totenballons mit den Augen folgte. Wärme machte sich in ihm breit und er war nicht sicher, ob sie von dem Kräuterschnaps auf Eis, dem lodernden Kaminfeuer oder Mamsys Idee herrührte.

»Ja«, sagte er. »Vielleicht.«

ENDE

EPILOG

Nummer 23! Post für dich!«

Fido, der früher Polonius war und heute nur noch Nummer 23 hieß, schaute von seiner Pritsche auf. Bis zur Verkündung seines Strafmaßes saß er in Einzelhaft und dachte über seine Taten nach. Er war froh, dass der kleine Kater überlebt hatte. Irgendwie hatte er ihn gemocht, aber er hatte auch seiner Rache im Weg gestanden und das hatte Fido nicht dulden können. Das Hühnerfleisch war die gerechte Strafe dafür.

Auch über seine Mutter Clarimonde dachte er nach und jedes Mal, wenn er es tat, überlief ihn eine Welle der Wut und des Hasses. Dann war er von Reue weit entfernt und fühlte in seinem Herzen, dass es richtig gewesen war, den Zirkusdirektor zu töten. Auch wegen dieser Widersprüche zwischen Reue und Nicht-Reue hatten die drei Richter des Strafgerichts sich nicht gleich auf das Strafmaß einigen können. Und so lag er die meiste Zeit in der kleinen Zelle und brütete vor sich hin.

Jetzt rasselte es an der Tür, die Essensklappe wurde geöffnet und ein Brief hereingereicht. Fido nahm ihn und las.

»Liebe Jünge«, stand da und er wusste sofort, von wem der Brief kam.

»Es ware niech riechtig, was Du getat hatten, aber iech moschte, dass Du weist, dass iech da sien werde, wann Du rauskomm. Wenn Du moschtes, wir konnte von ganz vorn begienn. Wenn Du moschtes, Du bies niech mehr allein. Und iech auche niech.

Herzlinge Grüße,

Dein Monsieur Coteau«

Fido las die Zeilen noch einmal. Ein seltsames Stechen machte sich in seiner Brust breit. Einen Moment schaute er aus dem kleinen vergitterten Fenster, dann setzte er sich an den Tisch, nahm ein leeres Blatt Papier und ein Stück Kohlekreide (Stifte waren verboten) und setzte zu einer Antwort an.

»Lieber Monsieur Coteau«, schrieb er.

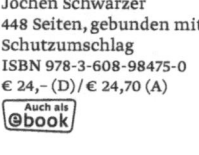

Bernhard Pörksen
Die Unsichtbarkeit
der Täter...

Klett-Cotta